【3訂版】

税理士、行政書士、コンサルタント、
医療法人オーナーのための実務マニュアル

医療法人の設立・運営・承継・解散

一般社団法人 医業経営研鑽会 著

JN002349

日本法令

3訂版によせて

　本書は、医療法人制度について基本を押さえながら、従来の書籍では触れられていない話題も取り上げたいという企画のもと、医業経営研鑽会会員の共著によって、平成27年3月に初版がスタートしました。

　その後、本会は医業経営に関する書籍を連続的に発刊していますが、クリニックの開設から運営、解散までのコンサルティングのポイントを網羅する内容になっています。いずれも医業経営の現場においてコンサルタントとして知恵を絞って実践したものを毎月の事例研究会で報告し、検証を経てまとめたものがベースになっていますので、シリーズ本としてぜひ読んでいただきたいと思います。

　本書は平成27年の医療法改正時には改訂版にしましたが、その後も医療法人制度改革は続き、新たな内容による新訂版を出すべきとの意見が起こりました。医療法人の類型は歴史的にも多く存在しますが、現行の医療法人制度に内在する課題を明らかにすることも本書の役割です。その代表的なものとして、経過措置型医療法人とされる持分あり医療法人は、現在も私的医療機関の中心的な開設主体であるにもかかわらず、出資社員の相続発生等によって、その存続が危ぶまれる事態が懸念され、その対策は急務となっています。厚生労働省は、持分なし医療法人への移行マニュアルや事例調査報告書を作成し、移行計画の認定を受けた医療法人には、相続税や贈与税の猶予、免除を受けられる新たな認定医療法人を制度化しました。

　経過措置型医療法人にとって選択肢が増えた中で、持分なしに移行するかしないか、移行するならどのカテゴリーの医療法人を目指すのか、後戻りのできない重要な判断となります。医療法人の経営者や出資社員、コンサルタントの方々には、それぞれの長短を理解し、検討や判断の拠り所と

して、この3訂版を活用していただければ幸いです。現在、期待されていた認定医療法人の延長が停止していますが、その再開は強く望まれるところです。

　かつて経験したことのない緊急事態宣言も出された新型コロナウィルスへの対応で、医療の現場は大変厳しい状況にあります。一刻も早い終息を願うとともに、医療関係者の多大なご尽力に感謝申し上げます。また3訂版の機会をいただきました日本法令様、最後まで面倒をみていただいた編集の大澤様、田村様に紙面を借りて感謝申し上げます。

　　　　令和3年1月
　　　　　　一般社団法人医業経営研鑽会　監事　小林弘

も く じ

第 1 章　医療法人についての基礎知識

1-1　医療制度の変遷 ··· 12

　　① 明治以前 ··· 12
　　② 明治〜戦前まで ··· 12
　　③ 戦争による混乱 ··· 14
　　④ 戦後の復興期〜医療法人制度の誕生 ······························· 15
　　⑤ 高度成長期〜一人医師医療法人の解禁 ····························· 16
　　⑥ 平成以降 ··· 17

1-2　医療法人制度の類型 ··· 28

　　① 社団法人と財団法人 ··· 28
　　② 医療法人社団と医療法人財団 ····································· 29
　　③ 公益性の高い医療法人類型 ······································· 34
　　④ その他の医療法人類型 ··· 39

1-3　医療法人制度の変遷 ··· 43

　　① 医療法人制度の成立ち ··· 43
　　② 制度創設以降の変遷 ··· 45

1-4　医療法人の機関（組織形態） ····································· 54

　　① 医療法人の機関 ··· 54
　　② 社　　員 ··· 54
　　③ 社員総会 ··· 56
　　④ 医療法人の役員 ··· 58
　　⑤ 理　事　会 ··· 61
　　⑥ 医療法人の役員の責任 ··· 62

　　[7]　医療法人の理事の解任 ……………………………………… 63
　　[8]　出資者と社員の違い ………………………………………… 63

1-5　医療法人と個人開業の違い ………………………… 66

　　[1]　税　　　金 …………………………………………………… 66
　　[2]　手続き・運営 ………………………………………………… 69
　　[3]　事業の拡大性 ………………………………………………… 71
　　[4]　事業の承継 …………………………………………………… 71
　　[5]　所有財産の自由度 …………………………………………… 72
　　[6]　業務の制限 …………………………………………………… 72
　　[7]　医療法人設立のシミュレーション ………………………… 73

1-6　医療法人と社会保険 ………………………………… 76

　　[1]　健康保険料 …………………………………………………… 77
　　[2]　医療法人成り後の健康保険の手続き ……………………… 80
　　[3]　適用除外承認申請手続を行う場合の注意点 ……………… 81

1-7　医療法人の会計基準 ………………………………… 83

　　[1]　病院会計準則 ………………………………………………… 83
　　[2]　医療法人会計基準の新設 …………………………………… 85
　　[3]　会計基準の新設と会計監査の導入 ………………………… 89

1-8　医療法人の附帯業務 ………………………………… 91

　　[1]　附帯業務とは ………………………………………………… 91
　　[2]　附帯業務の具体的内容 ……………………………………… 92
　　[3]　附帯業務の具体例 …………………………………………… 98

1-9　医療法人と税金 …………………………………… 100

　　[1]　法　人　税 …………………………………………………… 100
　　[2]　地方法人税 ………………………………………………… 104

　　③　法人事業税 ································· 104

　　④　法人住民税 ································· 105

　　⑤　消　費　税 ································· 105

1-10　**医療法人の税務申告と税務調査** ················· 108

　　①　法　人　税 ································· 108

　　②　法人事業税 ································· 112

　　③　消　費　税 ································· 115

1-11　**医療法人の理事長や理事の兼務** ················· 118

　　①　医療法人の非営利 ······························ 118

　　②　医療法人の理事と営利法人の役員との兼務 ············· 120

　　③　医療法人の理事長と営利法人の代表者との兼務 ········· 121

　　④　医療法人の理事長の兼務 ····················· 122

第2章　医療法人設立の実務

2-1　**医療法人設立の流れ** ······················· 128

　　①　全体のスケジュール ····················· 128

　　②　医療法人の設立まで ····················· 131

　　③　診療所の開設まで ······················· 132

　　④　保険診療の切替えまで ··················· 134

2-2　**医療法人設立認可申請書類の作成** ············· 137

　　①　法人の名称のポイント ··················· 139

　　②　"社員"について ······················· 139

　　③　基金制度・拠出金のポイント ··············· 140

　　④　役員について ························· 142

2-3 診療所開設許可申請書等の作成 ……………………… 147

 1 構造設備基準と事前相談の必要性 ………………… 148

 2 診療所開設許可申請書の作成 ……………………… 150

 3 診療所開設届・廃止届の作成 ……………………… 154

 4 診療用エックス線装置備付届・廃止届の作成 ……… 155

 5 専属薬剤師・調剤所を設置しない理由書 ………… 156

 6 診療所を開設できる法人 …………………………… 157

2-4 保険医療機関指定申請書等の作成 ………………… 170

 1 保険医療機関指定申請書・同廃止届の作成 ……… 171

 2 施設基準の届出の作成 ……………………………… 175

 3 生活保護法・中国残留邦人等支援法指定医療機関指定申請書
  の作成 ………………………………………………… 176

2-5 非営利法人による医療機関の開設 ………………… 177

 1 一般社団法人等の非営利法人で開設 ……………… 177

 2 非営利法人で開設するメリット・デメリット ……… 178

 3 一般社団法人で医療機関を開設する場合のポイント ……… 179

 4 株式会社での医療機関の開設 ……………………… 181

第3章　医療法人運営の実務

3-1 医療法人設立後の許認可届出 ……………………… 184

 1 法人設立時に求められる許認可届出等 …………… 184

 2 法人運営と定期的に求められる許認可届出等 …… 188

 3 変更時に求められる許認可届出等 ………………… 191

3-2 関係事業者との取引の状況に関する報告書 ·················· 195

　① 関係事業者との取引の状況に関する報告書 ············· 195
　② 報告書提出に当たって気を付けるべきこと ············· 197
　③ 都道府県からの問い合わせ事例 ······················ 198

3-3 医療法人の登記手続 ································· 202

　① 医療法人設立時の登記事項 ·························· 203
　② 役員の任期 ···································· 204
　③ 役員就任年月日 ································· 205
　④ 理事長の変更登記（重任の場合） ···················· 207
　⑤ 資産の総額の変更登記 ····························· 208
　⑥ 従たる事務所とは ······························· 210

3-4 社団医療法人の議事録の適切な記載例 ·················· 212

　① 社員総会議事録の冒頭部分 ·························· 212
　② 社員総会議事録の署名または記名 ···················· 214
　③ 理事会議事録 ·································· 216
　④ 署名と記名の違い ······························· 218

3-5 医療法人の役員給与・退職金 ························ 219

　① 役員給与 ····································· 219
　② 過大な役員給与の損金不算入 ······················ 219
　③ 過大な退職給与の損金不算入 ······················ 220
　④ 過大な使用人給与の損金不算入 ···················· 222
　⑤ 医療法人における留意点 ·························· 222

3-6 医療法人の業務範囲 ······························· 226

　① 附随業務 ····································· 226
　② 附随業務の変遷 ································· 227

③ 社会医療法人の収益業務 ······························ 230

④ 実費徴収できる附随収入 ······························ 232

3-7　医療法人の増資と減資 ···························· 235

① 増　　資 ·· 235

② 減　　資 ·· 236

③ 有償減資（払戻し）における税務 ···················· 239

3-8　分院開設手続の流れ ································ 241

① 事前確認事項 ··· 241

② 実際の手続実務 ······································· 246

第4章　医療法人承継の実務

4-1　医療法人の相続税対策 ···························· 252

① 相続税と贈与税の納税義務と課税価格 ················· 252

② 相続税・贈与税の税額の計算 ························· 254

③ 医療法人の相続税対策 ······························· 258

4-2　事業承継のケーススタディ ························ 260

① 承継ができなかったケース ··························· 260

② 親族に承継ができるケース ··························· 261

③ 親族外承継のケース ································· 263

事例1　親族内での承継 ································· 263

事例2　理事長急死 ····································· 264

事例3　親族外承継 ····································· 264

事例4　親族外の医師を理事長に迎えたケース ············ 265

事例5　赤字医療法人の債権譲渡 ························· 266

事例6 事業と不動産を分離して承継するケース〜1 ············ 266
事例7 事業と不動産を分離して承継するケース〜2 ············ 266

4-3 **持分なし医療法人への移行** ······························· 268

① 持分なし医療法人制度と移行の問題点 ····················· 268
② 移行に関する最近の動向 ································· 272

4-4 **医療法人のM&A** ··································· 274

① 医療法人のM&Aとは ································· 274
② M&Aのメリット ····································· 274
③ 医療法人のM&Aの特徴 ······························· 275
④ 医療法人の乗っ取り ································· 278
⑤ 株式会社による医療法人への出資 ······················· 278
⑥ 医療法人の合併及び分割 ······························· 280

4-5 **非医師の理事長選出要件等** ······················· 283

① 非医師の理事長選出の要件 ····························· 283
② 理事長選任特例認可申請 ······························· 287
③ 非医師が理事長に就任した場合の留意点 ················· 289

4-6 **医療法人の出資持分払戻請求** ··················· 291

① 医療法人の形態と出資持分 ····························· 291
② 経過措置型医療法人 ································· 292
③ 医療法人の機関 ····································· 294
④ 払戻請求 ··· 295
⑤ 払戻請求手続 ······································· 296
⑥ 医療法人の出資持分の評価 ····························· 297
⑦ 払戻請求が医療法人に与える影響と対策 ················· 301

4-7 **相続発生時の出資持分の相続と払戻し** ················ 304

　　1　出資持分には2つの権利がある ……………………………… 304

　　2　相続発生時の出資持分の扱い ………………………………… 304

　　3　出資持分払戻請求権の行使の要件 …………………………… 305

　　4　出資払戻請求権に関する裁判事例等 ………………………… 306

　　5　医療法人運営管理指導要綱への指摘事項 …………………… 308

第5章　医療法人解散の実務

5-1　**医療法人の解散** ……………………………………………… 312

　　1　医療法人の解散概要 …………………………………………… 312

　　2　各解散事由について …………………………………………… 312

　　3　解散の効果 ……………………………………………………… 318

5-2　**社団医療法人の解散時の税務及び財産の帰属** …………… 320

　　1　解散及び清算 …………………………………………………… 320

　　2　解散届と清算結了届 …………………………………………… 320

　　3　解散医療法人に係る事業年度の取扱い ……………………… 321

　　4　解散事業年度に係る税務申告 ………………………………… 322

　　5　清算中の事業年度に係る税務申告
　　　（平成22年10月1日以降の解散） ……………………………… 323

　　6　残余財産確定の日に終了する事業年度（最後事業年度）に係る
　　　税務申告 ………………………………………………………… 326

　　7　社団医療法人解散時の残余財産の帰属 ……………………… 326

5-3　**認可による医療法人解散** …………………………………… 329

第1章

医療法人についての基礎知識

1-1 医療制度の変遷

1 明治以前

先進諸外国に比して民間医療機関の割合が高い我が国の医療提供体制は、古くは江戸時代の「町医者（町医）」に端を発すると考えることができます。

また、当時の「医術」は、剣術等と同様に師匠、弟子の関係を中心とした、一種の「家業」のような存在であったと考えられます。漢方処方が中心だった当時の医師は「薬師」を兼ねており、大名屋敷お抱えの「御殿医（藩医）」と呼ばれる医師を除く多くの「町医者」は、患家に出向いて患者を診察し、漢方薬を調剤、処方して、薬代として代金を受け取ることで生計を立てていました。もしかしたら、現代の診察料等よりも薬や機器を高く評価する傾向が残る診療報酬制度のルーツは、ここにあるのかもしれません。

また、幕末近くになると長崎の出島から入ってくる西洋医学を学んだ「蘭法医」が出現しますが、江戸幕府は眼科と外科以外の蘭法医学を禁止し、最後まで漢方医学を中心とする姿勢を崩しませんでした。

2 明治～戦前まで

明治政府はそれまでの漢方医学から西洋医学への急転換を図り、明治7年から数度にわたり「医制（太政官布告）」を公布、明治9年からは「医術開業試験」が始まり、明治16年からは甲種医学校（医学士3名以上を雇用）卒業生には無試験で開業免許が与えられる等、国家による新たな医師免許制度が動き出しました。

この免許は、医師として患者に対し医療行為をすることについての免許（身分免許）ではなく、医師として開業することへの免許であり、「助手」

という立場で医師の指示のもとで医療行為を行うことについて特に制限はありませんでした。このことが現在の自由開業医制（医師であれば自由に開業することができる原則）の原点であったと考えることもできます。

　なお、新制度により職を失った従前の漢方医には医制の条項追加による経過措置として、試験合格者、医学校卒業者とは別に一代限りの開業免状が与えられ、その後、その助手である子弟にも家名相続等の条件つきで開業免状が与えられることになり、試験合格者、甲種医学校卒業者と合わせて3系統の「医師」が存在することになりました。

　当時は医師と歯科医師の区別がなく、医師の専門領域の一つに歯科（口中科）がありましたが、その後、明治39年に旧医師法、旧歯科医師法が制定されてからは別の免許となり、昭和17年の国民医療法では再度統合されましたが、昭和23年の現医師法・歯科医師法の成立以降、現在に至るまでは別制度となっています。

　医制は、「医師は自ら薬を鬻ぐことを禁ず」として、江戸時代以来の医師が薬代として報酬を得る慣行を否定し、代わりに処方書を公布して診察料を受け取るものとして医薬分業を明確に規定しましたが、薬舗（薬局）が少なかったこと等もあり、あまり定着しませんでした。

　明治39年には旧医師法及び旧歯科医師法が制定され、初めて医師免許が医療行為を行うことに対する免許（身分免許制）とされ、それまでの開業することに対する免許の制度は廃止されましたが、医師であれば原則として自由に開業することができる「自由開業医制」は今日まで残っています。

　大正11年には健康保険法が制定され（昭和2年施行）、炭鉱や鉱山労働者等を対象とする職域保険から公的医療保険制度の整備が始まりました。当初は、日本医師会の会員の中で希望する医師が保険医となり、被保険者はその中で希望する医師の診療を受けることができるものとされ、現在の「フリーアクセスの原則」と、医療法に基づく医療機関（都道府県知事・保健所所管）と健康保険法に基づく保険医療機関（地方厚生局所管）が別制度であることは、ここから始まっています。

また、健保組合以外の政府管掌保険については、政府と日本医師会との間で包括的な契約に基づき一括して診療報酬が支払われ、医師会内部で各医師からの出来高による請求により診療報酬を配分する方式が取られていました。このことは、戦後においても、レセプトを医師会が取りまとめて提出する、レセプトの枚数により医師会費を増減する等の慣習にその名残が見られました。

　昭和13年には、旧国民健康保険法が制定されましたが、健康保険法が現在でも大正11年の制定当時の性格を基本的には維持しているのに対し、国民健康保険法は、昭和33年の全部改正の前後で大きく性格が異なります。大きなところでは、旧国民健康保険法は地域内の戸主を組合員とする「普通国民健康保険組合」、同種事業に従事する自営業者等による「特別健康保険組合（現行の医師国保等の原型）」が保険者であり、組合の設立は任意である点、市町村を保険者として地域住民で他の健康保険の被保険者または家族以外は原則として全員加入（強制加入）とする、国民皆保険を前提とする現行法とは基本的な立場が異なる、等の差異があります。

　病院と診療所の区別が明確になされたのは昭和8年の診療所取締規則制定時であり、それまでは10床未満の「公立病院」が存在する等、混乱していたようです。昭和8年以降は診療所のうち入院施設10床以上を持つものを病院と称することとされ、現医療法での入院設備20床以上か19床以下かで病院と診療所を区別する制度は、ここに端を発しています。

③ 戦争による混乱

　明治政府による明治7年の「医制」公布以降、近代医療制度は急激に整備され、旧医師法、旧歯科医師法、旧薬剤師法に加えて保健婦助産婦看護婦法等の身分に関する法律や健康保険法、旧国民健康保険法といった公的医療保険制度、診療所取締規則、歯科診療所取締規則等の医療施設の基準に関する規程類、また医師会、歯科医師会、薬剤師会等の組織等、第二次世界大戦以前には、現行の医療制度の原型がほぼ整いました。

しかし、我が国が戦争遂行のために国家総動員法に代表される戦時体制に移行するに際し、医療に関連する法制度も例外ではなく、それらはほぼすべてが国民医療法（昭和17年法律第70号）に統合され、医師と歯科医師が同一法に基づく別の資格となる、病院・診療所・産院の新規開設を許可制にする等、従前の医療に関する法制度は完全に破壊されました。また、民間中心であった従前の医療機関のすべてを日本医療団に統合して計画配置する方向に向かったものの、医療機関の完全統合には至らぬうちに戦争は終結し、戦後の医療提供制度の再建に向かうこととなりました。

　また、戦時中に新設、増設された臨時医学専門部（帝大、官立医大併設）や医学専門学校等では短縮したカリキュラムで医師を速成しましたが、それらの医師は戦後の現医師法施行以降も現医師法に基づく免許を受けた者とみなすものとされています。

4　戦後の復興期～医療法人制度の誕生

　戦争により焦土となった我が国では、GHQ（General Headquaters：連合国最高司令官総司令部）の関与のもとで医療提供体制のすべてが見直され、昭和23年には医師法、歯科医師法、保健婦助産婦看護婦法（現保健師助産師看護師法）、医療法等が一斉に制定されました。

　また、昭和23年には社会保険診療報酬支払基金が発足し、社会保険診療報酬の審査・支払いの権限が医師会から支払基金に移行、保健所法（現地域保健法）改正等もあり、現行の医療制度の多くは、この時期に制定された法律によるものです。

　その後、昭和25年には医療法の条文追加により医療法人制度が創設され、民間病院の多くはこの制度に移行することとなりました。当時は「病院、医師若しくは歯科医師3名以上が常時勤務する診療所又は介護老人保健施設を開設しようとする社団又は財団は、この法律の規定により、これを法人化することができる（昭和60年改正前医療法第39条）」とされ、下線部が削除されることでいわゆる「一人医師医療法人」が認められるの

は、昭和60年の第1次医療法改正を待つこととなります。

　なお、昭和29年には租税特別措置法の改正により、社会保険診療報酬の72％を無条件で経費と認める概算経費率が認められることとなり、いわゆる「医師優遇税制」の始まりとなりました。

⑤　高度成長期〜一人医師医療法人の解禁

　昭和33年に国民健康保険法が全面改正（昭和36年全面施行）され、すべて国民はなんらかの公的医療保険に加入する「国民皆保険」が実現しました。

　また、その後の経済成長もあり、昭和48年には租税特別措置法によるいわゆる「医師優遇税制」が認められ、老人医療費が無料化される等、この時代は医療機関が最も経営しやすい時代であったとも考えられます。

　戦後の復興期から高度成長時代を通じて、医療の量的拡大を進めてきた医療政策ですが、ある程度医療機関の数が充足してきた昭和61年（昭和60年12月改正法公布）では、医療法の38年ぶりの大改正、いわゆる第1次医療法改正により、「量から質」への政策転換が始まりました。

　第1次医療法改正では、都道府県が5年ごとに地域医療計画を策定し、その中で住民の日常の健康管理や健康相談、一般的な疾病等に関するプライマリ・ケアを提供する範囲（一次医療圏）、特殊治療を除く入院を伴う医療を提供する範囲（二次医療圏）、特殊な診療や特に専門性の高い救急医療等を提供する範囲（三次医療圏）を設定し、二次医療圏ごとの病床整備計画の範囲内で病院開設者に病床設置の許可を与える、いわゆる「病床規制」が設けられました。

　その結果、それまでは自由開業医制のもと、医師であれば診療所、病院のいずれも自由に開設することができたものが、病床整備計画以上に既存の病床が存在する二次医療圏（通称：オーバーベッド地区）では病院の新規開設や増床は原則として認められず、整備計画よりも既存病床が少ない二次医療圏（通称：空床地区）では、都道府県による毎年の病床協議によ

り認められた範囲でのみ病院開設や増床が認められる、という制度に変更されました。

　なお、本制度が全面施行される直前の昭和61年〜62年度の間には、いわゆる「かけこみ増床」が相次ぎ、一次的に病床の増床や病院の新規開設の数が急増しています。

　また、第1次医療法改正では、いわゆる「一人医師医療法人」が解禁される、医療法人の会計年度が4月1日〜翌3月31日に限らず任意で定めることが認められる等、昭和25年の制度創設以来、医療法人について初めての大きな改正がなされています。

⑥　平成以降

　高度成長、バブル経済が終焉を迎え、経済成長が鈍化する中で加速する少子高齢化に伴い、「効率化」「医療安全」「患者の視点」といった、現行の医療制度が確立された戦後の復興期とは違う視点が医療政策上での課題となり、大きな制度改正が続いています。

　医療法も、平成に入って以降は数年おきに大きな改正が続いています。

①　第2次医療法改正（平成4年7月改正法公布）

　医療の効率的提供と適切な情報提供を主眼とした改正です。高度な医療を提供する病院として国の指定を受けた「特定機能病院」と、長期療養を必要とする患者に向けた機能を充実させた「療養型病床群」を制度化するとともに、広告規制の一部緩和、院内掲示の義務化により患者への情報提供体制を制度化しました。

　医療法人に関しては附帯業務の範囲として、「疾病予防のための有酸素運動または温泉を利用させる施設」が追加されています。

　また、「医療提供の理念（医療提供のあるべき姿）」として「医療は医療の担い手と医療を受ける者の信頼関係に基づき提供されるものであること」「関係者が、この共通の理念に沿って医療を提供する責務を有するこ

とにより、関係者の認識を深め、医療内容の一層の充実に資することをねらったものであること」「国民に対し良質かつ適切な医療を提供する体制が確保されるよう努めることが、国及び地方公共団体の責務であること（医療法の一部を改正する法律の一部の施行について／平成4年7月1日各都道府県知事あて厚生省健康政策局長通知）」と明確に定めたことは、次回以降の改正の前提となっています。

② 第3次医療法改正（平成9年12月改正法公布）

第2次改正に続き、医療の効率的提供、医療機関の機能分化、医療法人の業務範囲の拡大、医療計画制度の拡充などにつき改正されています。

「かかりつけ医」を推奨することと並行して、二次医療圏の中で「かかりつけ医」をバックアップする存在として「地域医療支援病院」が制度化され、同時に「総合病院」の制度が廃止されています。

また、診療所の病床にも療養型病床群を認めるほか、医療法人の附帯業務として訪問介護（ホームヘルプ）、短期入所生活介護（ショートステイ）、通所介護（デイサービス）等の第2種社会福祉事業を認める等、介護保険導入に向けての準備の側面もありました。

参考

総合病院制度

病床数100床以上かつ最低でも内科、外科、産婦人科、眼科、耳鼻咽喉科の5科以上の主要診療科を含む病院で、都道府県知事の許可を得た病院。一つの病院であっても複数科を受診する患者については診療科ごとの診療報酬の算定が可能でした。制度として廃止された平成10年以降も、旧総合病院が病院の名称として継続使用することは認められています。

---

③ 第4次医療法改正（平成12年12月改正法公布）

前回までの改正の流れに沿っての、入院医療提供体制の整備（病床区分の

見直し）、情報提供の推進（広告規制の緩和）に加え、医師法、歯科医師法の同時改正による医師、歯科医師の臨床研修の義務化が主な改正内容です。

　病床区分としては、従前の建物構造（ハード面）のみならず、人員配置にまで踏み込んで、すべての病院（結核、精神、感染症病床を除く「その他病床」のすべて）が「一般」「療養」のいずれかを選択して届け出ることとされ、一般病床では看護職員（准看護師を含む）の配置基準が強化されました。

　また、医師法の改正により、臨床に従事する医師は2年以上（歯科医師は1年以上）の臨床研修が義務化され、病院・診療所の管理者は臨床研修を修了している医師であることが要件とされました。この制度は、準備期間を経て平成16年4月（歯科医師は平成18年4月）から施行されましたが、当初は大学病院の医師不足が顕在化する等、医師不足が深刻になる事例が発生しました。

　また、病院業務の外部委託可能な範囲が拡充され、従前から行われていたリネン類、患者送迎等に加え、検査、消毒、給食等でも要件を満たした上での外部委託が可能になっています。

④　第5次医療法改正（平成18年12月改正法公布）

　現医療法としては過去最大の改正であり、「患者等への医療に関する情報提供の推進」「医療計画制度の見直し等を通じた医療機能の分化と連携の推進」「地域や診療科による医師不足問題への対応」「医療安全の確保」「医療従事者の資質向上」「医療法人制度改革」を柱としています。

　情報提供の推進としては、各都道府県が「医療機能情報提供制度」に基づき、医療機関の基本的情報を集約、公表するものとし、各医療機関の管理者へも毎年1回以上の報告を義務付けています。なお、各都道府県はWEB上にサイトを持ち、この情報を常時公開しています。

　医療機能の分化と連携の推進としては、都道府県が定める医療計画中に脳卒中、がん、小児救急等事業別の具体的連携体制を位置付ける、退院時調整等在宅医療推進に向けた関係法令の整備等がなされています。

医療安全の確保としては、全医療機関の管理者に医療安全確保に関する体制（医療安全指針策定、従事者研修の実施等）を義務付けるとともに、都道府県は医療安全支援センターを設置する、といった内容です。

　また、医療法人制度については、非営利性の徹底と医療計画に位置付けられたへき地医療、小児救急医療等を行う公益性の高い法人類型として「社会医療法人」を創設する等の改革がなされています。この改革により、従前の「持分の定めある社団医療法人」の新規設立は認められないこととなり、改正法施行前に設立された持分の定めある社団医療法人は、経過措置の適用として「当分の間存続を認める」という変則的な扱いとなりましたが、数の上では医療法人の中で多数（社団医療法人総数 54,416 法人中 39,263 法人（72.2％）／平成 31 年 3 月 31 日現在）を占めています。

⑤　平成 26 年度医療法改正

　「社会保障・税一体改革大綱について（平成 24 年 2 月 17 日閣議決定）」に基づき、「持続可能な社会保障制度の確立」を図るものとして、「持続可能な社会保障制度の確立を図るための改革の推進に関する法律（社会保障プログラム法）」及び医療法、健康保険法、介護保険法等合計 19 本の法律の改正を主な内容とした「地域における医療及び介護の総合的な確保を推進するための関係法律の整備等に関する法律（医療介護総合確保推進法）」に沿って、「地域包括ケアシステム」の構築を目指す改正が進んでいます。

　その中で、平成 26 年 10 月 1 日から始まった病床機能報告制度により、病院と有床診療所は毎年、自院の現時点での病床機能に加え 6 年後の病床機能の予定等を報告することが義務化され、都道府県は地域医療構想に基づき地域医療構想区域内での病床機能の調整をすることとなり、病院、有床診療所の選別が始まっています。

　医療法人については、医療法人間の合併や権利の移転等に関する制度の見直しに加え、平成 26 年 10 月 1 日から平成 29 年 9 月 30 日までの間は、経過措置として存続している持分の定めを有する社団医療法人の持分なし社団への移行を促進するための「認定医療法人」の認定作業が行われてい

ますが、そもそも移行自体が任意でもあることから、「認定医療法人」の制度を使っての移行はあまり進んでいないのが現状です。

参考

認定医療法人制度

　現に経過措置の適用を受けている持分あり社団が持分なし社団に移行することを前提に、平成26年10月1日から平成29年9月30日までの間、厚生労働省に移行計画を提出し、認定を受けることにより持分放棄の際の課税を猶予する制度として創設されました。持分放棄により利益を受けることになる法人の側にいわゆる「みなし贈与税」が発生する場合があることから、実効性は限定的との指摘もあり、当初の3年間での認定数は87件に留まりました。

　その後、本制度に基づく認定期間は平成29年度医療法改正により平成32年9月末まで3年間延長され、認定要件についても役員数、役員の親族要件、医療計画への記載等につき緩和されています。なお、令和2年10月以降の移行計画認定制度の延長については、医療法の改正を前提に認定期限が2023年（令和5年）9月30日まで3年間延長される予定でしたが、令和2年度税制改正の大綱において3年間延長されることが決定したものの、医療法改正案が国会に提出されておらず、本稿執筆時点では調整中（厚生労働省医政局医療経営支援課 事務連絡 令和2年11月25日）となっています。

　なお、本制度の内容については第4章第3節で解説しています。

---

⑥　平成27年度医療法改正

　前年からの医療機関相互間の機能の分担及び業務の連携の推進に加え、医療法人のガバナンス強化の方向で、以下の改正がなされています。

①　地域医療連携推進法人制度の創設

　病院等を開設する法人を構成員として一般社団法人を設立し、都道府県

知事の認定を受けた地域医療連携推進法人は、病床や資金の相互融資等により効率的な医療提供体制の構築に資することが制度化されました。

ⅱ 医療法人のガバナンス強化

・厚生労働省令で定める基準に該当する一定以上の規模の医療法人は、厚生労働省令で定める基準に従い貸借対照表及び損益計算書を作成し、公認会計士等の監査を受け、公告する義務を負う。

・医療法人は、その役員と特殊の関係がある事業者（いわゆる MS 法人）との取引の状況に関する報告書を作成し、都道府県知事に届け出なければならない。

・医療法人への理事の忠実義務、任務懈怠時の損害賠償責任等を規定する。

・社員総会・理事会等の機関に関する規定を明文化。

ⅲ 医療法人の分割

医療法人（社会医療法人その他の厚生労働省令で定めるものを除く）は、都道府県知事の認可を受けて、分割することができるものとされました。

ⅳ 社会医療法人（改正）

社会医療法人の認定を取り消された医療法人であって一定の要件に該当するものは、救急医療等確保事業に係る業務の継続的な実施に関する計画を作成し、都道府県知事の認定を受けたときは、収益業務を継続して行うことができるものとされました。

以上の改正のうち、地域医療連携推進法人制度、公認会計士等による監査及び公告の義務、MS 法人との取引の報告義務については平成 29 年 4 月 2 日から、理事の忠実義務、社員総会等機関の明文化、医療法人の合併及び分割については、平成 28 年 9 月 1 日から、順次施行されています。

⑦ 平成 29 年度医療法改正

平成 27 年度改正医療法に基づく「関係事業者との取引に関する報告」が平成 29 年 4 月 2 日以降に始まる決算期から適用となり全面施行された年に、以下の法改正がなされています。

ⅰ　医療に関する広告規制の強化

　それまで広告とされていなかった医療機関のウェブサイトも広告規制の対象に含め、他の医療機関より優れていることをアピールするような比較広告、誇大広告、公序良俗に反するような広告は禁止されました。また、虚偽・誇大などの表示をした場合については、是正命令や罰則付与を行うことを可能とすると同時に、患者の情報収集に必要な情報提供のため、省令で定める要件を満たした場合に限って広告可能事項の限定を解除する制度も設けられています。

ⅱ　持分なし医療法人移行計画認定制度の要件緩和及び期間延長

　平成29年9月30日で終了となる認定期間を3年間延長するとともに、移行計画の認定要件に「運営の適正性要件」を加えることで、これまで高いハードルだった贈与税非課税の要件が大幅に緩和されています。

ⅲ　開設者への監督規定整備

　一般社団法人、一般財団法人など医療法人以外の病院診療所の開設者に対しても、病院や診療所の施設自体への立入検査や開設許可取り消し等に関する規定のみでなく、その開設者の事務所等に対する立入検査、開設者への業務改善命令やそれに従わない場合の業務停止命令などの規定が創設されています。

⑧　平成30年度医療法改正

　主に地方の医師不足に対応する等の目的で、以下の改正がなされています。

ⅰ　複数の医療機関の管理が可能である場合の要件の明確化

　「医師の確保を特に図るべき地域」またはそれに準ずる地域で都道府県知事がとくに認める地域内に開設する診療所、地域における休日または夜間の医療提供体制の確保のために開設される診療所、介護老人保健施設等に開設する診療所、事業所等に従業員等を対象として開設される診療所を管理しようとする場合には、どの要件に該当するかを明示した上で都道府県知事に許可申請が可能となりました。

ⅱ 医師偏在対策

　都道府県は医師確保計画を定め、医師偏在指標を基に三次医療圏、二次医療圏単位で目標医師数、医師少数区域、医師多数区域を設定し、医師の派遣調整、医師のキャリア形成プログラムの策定等を行うこととされました。

（岸部宏一）

参考

地域医療連携推進法人制度

　地域において医療を提供する非営利法人を社員とし、開設する病院等の業務の連携を推進するための「医療連携推進方針」を定め、医療従事者の研修、医薬品等の物資の供給、資金貸付その他の「医療連携推進業務」を行うことを目的として設立された一般社団法人は、都道府県知事の認定を受ける「地域医療連携推進法人」となることができることとなりました。

　社員は、各一個の議決権を有するのが原則ですが、当該法人の目的に照らし、不当に差別的な取扱いをしないこと等を条件に、定款で別段の定めをすることができます。ただし、営利を目的とする団体またはその役員と利害関係を有する者等を、社員並びに理事及び監事とすることはできません。

　参加法人が開設する病院等は、地域医療連携推進法人の参加法人である旨の標章を掲示しなければならず、地域医療連携推進法人は、医療連携推進業務と関連する事業を行う事業者に対して出資を行うことができます。

　地域医療連携推進法人の代表理事の選定及び解職は、都道府県知事の認可を受けなければその効力を生じないものとされ、地域医療連携推進法人の役員、計算（剰余金の配当禁止を含む）、解散及び清算並びに都道府県知事による監督については、医療法人に関する規定が準用されます。

「第6次医療法改正」は何を指す？

　昭和 23 年に制定され、昭和 25 年に医療法人に関する条項が追加された医療法は、その後昭和 61 年に至るまで 40 年近く大きな改正を受けずにいました。

　しかしその後、社会情勢の変化による数年おきの大改正に続き、近年では平成 26 年、27 年と連続して改正されている中、「第 6 次医療法改正」が平成 26 年改正を指すものか、それとも地域医療構想に向けた一連の改正を指すことになるのかは、定かでありません。

　本書では、通称として確立されている第 5 次医療法改正までは第○次として表記し、それ以降は○年度改正と表記しております。

■医療制度の変遷

時　代	主な法制度	元号	年	医療制度上の主な出来事
鎖国時代 （〜1968年） 漢方医学の時代		嘉永	2年	江戸幕府、眼科・外科以外の蘭方医学厳禁
文明開化〜2次大戦による荒廃（1868〜1945年）	『医制』	明治	7年	医制（太政官布告）公布（東京・大阪・京都）
			8年	内務省衛生局設置／文部省から衛生行政移管
			9年	医術開業試験開始（内務省衛生局） →都道府県単位、明治12年から全国統一の試験
			14年	女性に医術開業試験受験解禁
			15年	家業を相続する開業医子弟に開業許可（申請受付は同年3月〜8月の間のみ） 甲種医学校卒業者に無試験で開業免許付与 →医師免許制度確立
			29年	国内でのレントゲン撮影開始
			32年	産婆規則制定
	(旧)医師法等による体制		39年	旧医師法・旧歯科医師法成立
			40年	日本医師会設立 医師会単位での人頭払い方式開始（〜昭和18年3月）
		大正 昭和	4年	看護婦規則成立
			8年	診療所取締規則制定（取締法規としての医療法の原型）
			12年	保健所法成立（保健所職員として保健婦登場）
			13年	旧国民健康保険法成立（任意加入）
	『国民医療法』 （戦時法制）		17年	国民医療法成立（旧医師法、歯科医師法等を統合）
			18年	健康保険組合連合会設立（加入組合は一部）
			19年	保険診療点数表使用開始（貧困患者中心）
戦後の復興期 【医療施設の『量的拡大』の時代】	『医療法』等現行法	昭和	23年	保健所法改正 診療報酬支払基金成立 （審査、支払権限医師会から支払機関へ） 現医療法、医師法、歯科医師法等相次

				年	
					いで成立
					保健婦助産婦看護婦法成立
				25年	医療法改正で『医療法人』制度化
				33年	現診療報酬点数表告示
高度成長時代				36年	国民健康保険法全面改正 →国民皆保険制度確立
				47年	租税特別措置法による医師優遇税制
				48年	老人福祉法改正による70歳以上の医療費無料化
バブル崩壊 【量的拡大から質的充実への転換期】				60年	【第1次医療法改正】 地域医療計画（病床規制）の実施⇒駆け込み増床 一人医師医療法人解禁
			平成	4年	【第2次医療法改正】 医療法人の附帯業務拡大 療養型病床群創設
				6年	診療報酬点数表（甲乙）一本化
				9年	被用者本人負担引上（1割→2割） 【第3次医療法改正】 地域医療支援病院制度化（総合病院廃止） 診療所にも療養型病床群認める
				13年	【第4次医療法改正】 一般病床・療養病床の区分 医師・歯科医師の臨床研修義務化 （16年施行）
				18年	【第5次医療法改正】 患者の視点に立っての大改正 医療法人制度改革
				26年	地域医療ビジョンに基づく医療提供体制確保 医療法人合併制度の見直し
				27年	地域医療連携推進法人制度創設 医療法人のガバナンス強化 医療法人分割制度創設
				29年	医療に関する広告規制の強化 認定医療法人の要件緩和及び認定期間延長 開設者への監督規定整備
				30年	管理者の病院・診療所の複数管理要件明確化 医師偏在対策

　医療法人には、現存しないものも含めて様々な種別や区分が存在し、通称名まで含めると多数の「○○医療法人」が存在して、それぞれ誤解されている面も少なくありません。本節では、それらの医療法人の種別や区分につき、定義付けとその性格につき再確認していきます。

1　社団法人と財団法人

　すべての法人は、「社団法人」と「財団法人」に大別されます。

　「社団法人」とは、「一定目的のために結合した人の集団を基礎として作られる法人（法律学小辞典第4版（有斐閣）P. 559)」、「財団法人」とは「一定目的のために提供された財産を運用するために作られる法人（同 P. 450)」とされ、それぞれの目的によって営利法人と非営利法人が存在します。

　「社団法人」の中で営利を目的とするものの代表が、「会社」ということになります。

　他方、営利を目的としない社団法人としては、一般社団・財団法人法（一般社団法人及び一般財団法人に関する法律／平成18年6月2日法律第48号）に基づく「一般社団法人」、公益社団及び公益財団法（公益社団法人及び公益財団法人の認定等に関する法律／平成18年6月2日法律第49号）に基づく「公益社団法人」の他、個々の特別法を根拠とする「労働組合」「認可地縁団体」等の中間的社団法人も存在し、「医療法人社団」もここに分類されます。

　「財団法人」には、一般社団法及び一般財団法に基づく「一般財団法人」及び「公益財団法人」の他、個々の特別法を根拠とする「宗教法人」「学校法人」等も存在し、「医療法人財団」はここに分類されます。

ちなみに平成27年度医療法改正で創設された「地域医療連携推進法人」は、一般社団法人に分類されます。

② 医療法人社団と医療法人財団

① 医療法人社団

　複数の人（自然人）が集まり、現金、不動産、医療機器等一定の財産を拠出（平成19年の第5次改正医療法施行以前は「出資」）した団体が都道府県知事の認可を受け、登記されることにより成立する医療法人形態であり、現在では主流となっています。

　法人内の最高法規として「定款」ですべてのことを定めることになります。

　定款規定中の残余財産の処分方法により、「持分の定めのある社団」と「持分の定めのない社団」の二種類に大別されます。平成19年施行の第5次医療法改正以前に設立された「持分の定めのある社団」は、「持分の定めのない社団」に移行することが原則となりましたが、例外的に経過措置の適用を受けて「当面の間存続」するものが多数を占めており、移行はなかなか進んでいないのが現状です。

② 医療法人財団

　個人または法人が一定の財産（現金、不動産、医療機器等）を無償で寄附し、医療施設や評議員会等の機関を持つことで都道府県知事の認可を受け、登記されることにより成立する医療法人形態です。法人内の最高法規として「寄附行為」ですべてのことを定めることになります。

　医療法人制度創設当初の数年間に設立されたものが多く、現在も374法人（平成31年3月31日現在）存続していますが、昭和27年に国税庁が医療法人財団への相続税課税と行政指導を強化して社団への移行を推奨して以降、現在では新たに設立されることはほとんどありません。

■種類別医療法人数の年次推移

年　別	医　療　法　人					一人医師医療法人（再掲）
	総　数	財　団	社　団			
			総　数	持分有	持分無	
昭和45年	2,423	336	2,087	2,007	80	
50年	2,729	332	2,397	2,303	94	
55年	3,296	335	2,961	2,875	86	
60年	3,926	349	3,577	3,456	121	
61年	4,168	342	3,826	3,697	129	179
62年	4,823	356	4,467	4,335	132	723
63年	5,915	355	5,560	5,421	139	1,557
平成元年	11,244	364	10,880	10,736	144	6,620
2年	14,312	366	13,946	13,796	150	9,451
3年	16,324	366	15,958	15,800	158	11,296
4年	18,414	371	18,043	17,877	166	13,205
5年	21,078	381	20,697	20,530	167	15,665
6年	22,851	381	22,470	22,294	176	17,322
7年	24,725	386	24,339	24,170	169	19,008
8年	26,726	392	26,334	26,146	188	20,812
9年	27,302	391	26,911	26,716	195	21,324
10年	29,192	391	28,801	28,595	206	23,112
11年	30,956	398	30,558	30,334	224	24,770
12年	32,708	399	32,309	32,067	242	26,045
13年	34,272	401	33,871	33,593	278	27,504
14年	35,795	399	35,396	35,088	308	28,967
15年	37,306	403	36,903	36,581	322	30,331
16年	38,754	403	38,351	37,977	374	31,664
17年	40,030	392	39,638	39,257	381	33,057
18年	41,720	396	41,324	40,914	410	34,602
19年	44,027	400	43,627	43,203	424	36,973
20年	45,078	406	44,672	43,638	1,034	37,533
21年	45,396	396	45,000	43,234	1,766	37,878
22年	45,989	393	45,596	42,902	2,694	38,231
23年	46,946	390	46,556	42,586	3,970	39,102
24年	47,825	391	47,434	42,245	5,189	39,947
25年	48,820	392	48,428	41,903	6,525	40,787
26年	49,889	391	49,498	41,476	8,022	41,659
27年	50,866	386	50,480	41,027	9,453	42,328
28年	51,958	381	51,577	40,601	10,976	43,237
29年	53,000	375	52,625	40,186	12,439	44,020
30年	53,944	369	53,575	39,716	13,859	44,847
31年	54,790	374	54,416	39,263	15,153	45,541

注1：平成8年までは年末現在数、9年以降は3月31日現在数である。
注2：特別医療法人は、平成24年3月31日をもって経過措置期間が終了したため、平成24
資料：厚生労働省調べ

特定医療法人（再掲）			特別医療法人（再掲）			社会医療法人（再掲）		
総　数	財　団	社　団	総　数	財　団	社　団	総　数	財　団	社　団
89	36	53						
116	41	75						
127	47	80						
159	57	102						
163	57	106						
174	58	116						
179	58	121						
183	60	123						
187	60	127						
189	60	129						
199	60	139						
206	60	146						
210	60	150						
213	60	153						
223	63	160						
230	64	166						
238	64	174						
248	64	184						
267	65	202	8	2	6			
299	65	234	18	3	15			
325	67	258	24	5	19			
356	71	285	29	7	22			
362	67	295	35	7	28			
374	63	311	47	8	39			
395	63	332	61	10	51			
407	64	343	79	10	69			
412	64	348	80	10	70			
402	58	344	67	6	61	36	7	29
382	51	331	54	3	51	85	13	72
383	52	331	45	2	43	120	19	101
375	49	326	9	1	8	162	28	134
375	50	325	0	0	0	191	29	162
375	46	329	0	0	0	215	34	181
376	48	328	0	0	0	239	34	205
369	49	320	0	0	0	262	34	228
362	49	313	0	0	0	279	35	244
358	47	311	0	0	0	291	34	257
359	52	307	0	0	0	301	33	268

年4月1日以降の法人数は0となる。

■都道府県別医療法人数

都道府県名	医療法人（総数）		社　　団			出資額限度法人（再掲）	基金拠出型法人（再掲）	特定医療法人（再掲）		
	総　数	財　団	総　数	持分有	持分無			総　数	財　団	社　団
1 北海道	2,626	4	2,622	1,918	704	16	131	17		17
2 青　森	350	3	347	275	72	4	63	1		1
3 岩　手	375	3	372	261	111	8	89	6	1	5
4 宮　城	851	9	842	608	234	2	225	3		3
5 秋　田	341	4	337	260	77	8	59	5		5
6 山　形	465	2	463	368	95	6	85	2		2
7 福　島	849	3	846	673	173	3	151	5	1	4
8 茨　城	978	2	976	704	272	3	222	3		3
9 栃　木	791	3	788	612	176	3	154	10		10
10 群　馬	856	4	852	622	230	14	205	6		6
11 埼　玉	2,653	17	2,636	1,829	807	10	769	14	1	13
12 千　葉	2,116	12	2,104	1,417	687	9	640	8		8
13 東　京	6,282	95	6,187	3,823	2,364	28	1,855	18	7	11
14 神奈川	3,452	36	3,416	2,246	1,170	5	1,051	17	5	12
15 新　潟	937	6	931	706	225	21	193	7	2	5
16 富　山	308	6	302	224	78	1	71	5	2	3
17 石　川	481	5	476	355	121	3	93	5		5
18 福　井	320	6	314	249	65		33	9	2	7
19 山　梨	249	3	246	184	62	2	47	5		5
20 長　野	774	8	766	608	158	5	129	5	3	2
21 岐　阜	727		727	543	184	7	134	9		9
22 静　岡	1,416	2	1,414	1,099	315	4	300	3		3
23 愛　知	2,228	9	2,219	1,518	701	13	650	17	2	15
24 三　重	673	1	672	526	146	5	124	4		4
25 滋　賀	477		477	349	128	3	123	3		3
26 京　都	1,038	21	1,017	730	287	4	267	7		7
27 大　阪	4,365	26	4,339	3,021	1,318	7	1,229	16	3	13
28 兵　庫	2,289	20	2,269	1,593	676	4	611	21	2	19
29 奈　良	507	8	499	342	157	3	149	2	1	1
30 和歌山	419		419	341	78	1	58	2		2
31 鳥　取	324	7	317	277	40		27	2	2	
32 島　根	338	2	336	283	53	2	31	4		4
33 岡　山	985	1	984	786	198	3	153	15	1	14
34 広　島	1,515	1	1,514	1,139	375	5	334	6	1	5
35 山　口	758		755	596	159	7	131	4		4
36 徳　島	576		576	485	91	1	80	2		2
37 香　川	577	4	573	422	151	3	113	2		2
38 愛　媛	917	5	912	747	165		138	10	3	7
39 高　知	398	1	397	311	86	2	49	8		8
40 福　岡	2,908	8	2,900	2,175	725	13	677	19	2	17
41 佐　賀	451	1	450	325	125	2	103	7	1	6
42 長　崎	861	10	851	694	157	3	140	10	5	5
43 熊　本	1,065	3	1,062	837	225	11	172	10		10
44 大　分	703	6	697	503	194	5	165	8	3	5
45 宮　崎	602	2	600	445	155	4	106	7	1	6
46 鹿児島	1,094	2	1,092	854	238	12	119	6	1	5
47 沖　縄	525		525	380	145	8	102	4		4
計	54,790	374	54,416	39,263	15,153	283	12,550	359	52	307

＊一人医師医療法人（再掲）欄には、昭和61年9月以前に設立された医療法人で、調査時点において、医師若しく

| 社会医療法人（再掲） | | | 一人医師医療法人（再掲）設立認可件数 | | |
総　数	財　団	社　団	総　数	医　科	歯　科
41		41	2,045	1,356	689
2		2	273	229	44
3		3	292	233	59
2		2	671	578	93
3		3	261	199	62
3	1	2	402	334	68
4	1	3	740	620	120
2		2	702	560	142
3		3	583	497	86
1		1	727	588	139
9	1	8	2,143	1,603	540
8		8	1,755	1,252	503
16	4	12	5,511	3,890	1,621
5	2	3	2,960	2,197	763
5	1	4	837	666	171
			224	167	57
2	2		398	300	98
			258	202	56
1	1		197	163	34
8	3	5	673	536	137
5		5	574	458	116
1		1	1,220	1,019	201
8	2	6	1,787	1,413	374
3		3	564	472	92
1		1	417	351	66
4	1	3	861	702	159
38	4	34	3,997	3,174	823
9	1	8	1,940	1,584	356
5	1	4	399	353	46
4		4	345	294	51
2	1	1	287	220	67
5	1	4	276	224	52
11		11	821	661	160
7		7	1,304	1,072	232
2		2	629	541	88
4		4	454	334	120
1	1		470	372	98
7	1	6	766	608	158
2		2	271	212	59
17	1	16	2,329	1,951	378
2		2	347	278	69
6	2	4	698	566	132
7		7	835	671	164
10	1	9	506	415	91
4		4	484	408	76
14		14	894	710	184
4		4	414	347	67
301	33	268	45,541	35,580	9,961

備　考

・一人医師医療法人設立認可
　件数の推移

昭和 61 年 12 月末	179 件
昭和 62 年 3 月末	320 件
昭和 62 年 12 月末	723 件
昭和 63 年 3 月末	815 件
昭和 63 年 12 月末	1,557 件
平成元年 3 月末	2,417 件
平成元年 12 月末	6,620 件
平成 2 年 3 月末	7,218 件
平成 2 年 12 月末	9,451 件
平成 3 年 3 月末	9,881 件
平成 3 年 12 月末	11,296 件
平成 4 年 3 月末	11,597 件
平成 4 年 12 月末	13,205 件
平成 5 年 3 月末	13,822 件
平成 5 年 12 月末	15,665 件
平成 6 年 3 月末	15,935 件
平成 6 年 12 月末	17,322 件
平成 7 年 3 月末	17,828 件
平成 7 年 12 月末	19,008 件
平成 8 年 3 月末	19,545 件
平成 8 年 12 月末	20,812 件
平成 9 年 3 月末	21,324 件
平成 10 年 3 月末	23,112 件
平成 11 年 3 月末	24,770 件
平成 12 年 3 月末	26,045 件
平成 13 年 3 月末	27,504 件
平成 14 年 3 月末	28,967 件
平成 15 年 3 月末	30,331 件
平成 16 年 3 月末	31,664 件
平成 17 年 3 月末	33,057 件
平成 18 年 3 月末	34,602 件
平成 19 年 3 月末	36,973 件
平成 20 年 3 月末	37,533 件
平成 21 年 3 月末	37,878 件
平成 22 年 3 月末	38,231 件
平成 23 年 3 月末	39,102 件
平成 24 年 3 月末	39,947 件
平成 25 年 3 月末	40,787 件
平成 26 年 3 月末	41,659 件
平成 27 年 3 月末	42,328 件
平成 28 年 3 月末	43,237 件
平成 29 年 3 月末	44,020 件
平成 30 年 3 月末	44,847 件
平成 31 年 3 月末	45,541 件

は歯科医師が常時 3 人未満の診療所も含まれている。

③ 公益性の高い医療法人類型

① 特定医療法人

昭和39年、租税特別措置法改正により創設されたものです。

その事業が医療の普及及び向上、社会福祉への貢献その他公益の増進に著しく寄与し、かつ、公的に運営されていることにつき国税庁長官の承認を受けた場合は、法人税において軽減税率が適用されることとなりました。

承認要件は、以下のとおりです。

---

1. 財団または持分の定めのない社団の医療法人であること
2. 理事・監事・評議員その他役員等のそれぞれに占める親族等の割合がいずれも3分の1以下であること
3. 設立者、役員等、社員またはこれらの親族等に対し、特別の利益を与えないこと
4. 寄附行為・定款に、解散に際して残余財産が国、地方公共団体または他の医療法人（財団たる医療法人または社団たる医療法人で持分の定めがないものに限る）に帰属する旨の定めがあること
5. 法令に違反する事実、その帳簿書類に取引の全部または一部を隠ぺいし、または仮装して記録または記載している事実その他公益に反する事実がないこと
6. 公益の増進に著しく寄与すること
   - 社会保険診療に係る収入金額（公的な健康診査を含む）の合計額が全収入の8割を超えること
   - 自費患者に対し請求する金額は、社会保険診療報酬と同一の基準により計算されるもの
   - 医療診療収入は、医師、看護師等の給与、医療提供に要する費用等患者のために直接必要な経費の額に100分の150を乗じた額の範囲内であること

7．役職員一人につき年間の給与総額が、3,600万円を超えないこと
8．医療施設の規模が告示で定める以下の基準に適合すること
    ①　40床以上（専ら皮膚泌尿器科、眼科、整形外科、耳鼻いんこ
    う科または歯科の診療を行う病院にあっては、30床以上）
    ②　救急告示病院
    ③　救急診療所である旨を告示された診療所であって15床以上を
    有すること
9．各医療機関ごとに、特別の療養環境に係る病床数が当該医療施設の
   有する病床数の100分の30以下であること
10．法令違反がなく、運営が適正であること

　創設当初は、昭和41年3月末日までに移行手続を完了した法人に限っ
て非課税で持分のない医療法人に移行できる時限措置でしたが、この措置
は延長されたまま、昭和58年2月の衆議院予算委員会での大蔵省高橋元
主税局長（当時）の答弁以降、通常の税法解釈として定着し、現在に至っ
ています。

②　特別医療法人（廃止）

　平成9年、第3次医療法改正で「公益性の高い医療法人」として制度化
されました。
　主な認可要件は、以下のとおりです。

1．財団または持分の定めのない社団たる医療法人であること
2．開設する病院または診療所のうち以下に該当するものがあること
   ・国または都道府県の定める医療計画に基づくがん、小児・周産期
   医療、リハビリテーション、救急医療、老人性精神疾患・小児精
   神疾患、等の分野で専門的または特殊の診療機能を有する病床を
   有すること
   ・都道府県の定める地域医療計画に基づく開放型病床を有すること

・40 床以上（皮膚泌尿器科、眼科、整形外科、耳鼻科、または歯科の場合は 30 床以上）または救急告示病院、15 床以上の救急告示診療所であること
　　・心身障害者へのリハビリテーションを主に行う、または極端に交通の便の悪い地区に所在する病院または診療所
3．全収入の 80％以上が社会保険診療収入であり、自費患者も保険診療と同額で診療し、収入が医業費用の 150％以内であること
4．医師等の年間給与が 3,600 万円を超えず、賞与を含む役員報酬が近隣相場と比較して相当な額であること
5．定款で役員中の親族の割合を 3 分の 1 以下と規定し、遵守していること
6．理事の定数は 6 名以上、監事の定数は 2 名以上であること
7．法令違反がなく、運営が適正であること

　上記の要件を満たした上で、都道府県知事に特別医療法人として定款変更の認可を申請し、認可を受けた法人は、認可を受け定款に記載された範囲で附帯業務として一定の収益事業を行うことができることとされました。
　認められる収益事業の主なものは、以下のとおりです。

①　医薬品、医療用具、医薬部外品、介護用品、介護機器、保健医療福祉に関する書籍等の販売
②　寝具、おむつ、ベッド、介護用品、介護機器、医療用具の貸付
③　一般飲食店、配食サービス、医業経営コンサルティング、診療報酬請求事務代行、医療廃棄物処理、患者家族向け宿泊サービス等
④　患者搬送、医療情報提供サービス、保健医療福祉に関連する出版、理容業・美容業、クリーニング業、公衆浴場・温泉浴場、遊休資産活用による駐車場業
（いずれも、病院等の業務に付随するものは含まない）

なお、収益業務については、他の業務とは区分して経理を行うこととされています。

特定医療法人と要件が似ていることもあり、すでに特定医療法人として国税庁長官の承認を受けている医療法人が特別医療法人として定款変更の認可を受け、「特定特別医療法人」と称する例もありましたが、特別医療法人制度は平成19年施行の第5次医療法改正の際に廃止とされ、平成24年3月末日の経過措置終了で消滅しました。

③ 社会医療法人

医療法人の非営利性が改正論点となった平成18年の第5次医療法改正の際に、「より公益性の高い法人」として公的病院の機能を代替する存在として、廃止となる特別医療法人の後を受けるかたちで制度化されています。

要件を満たした上で都道府県知事に申請し、認定を受けることで税制上の優遇や収益業務の実施、附帯事業範囲の拡大等が認められます。

主な認定要件は、以下のとおりです。

1．当該医療法人が開設する病院または診療所のうち、1以上（2以上の都道府県の区域において病院または診療所を開設する医療法人にあっては、それぞれの都道府県で1以上）のものが、都道府県が作成する医療計画に記載された以下の事業を行っていること
　・救急医療
　・災害時における医療
　・へき地の医療
　・周産期医療
　・小児医療（小児救急医療を含む）
2．役員、社員、評議員の中に占める親族等の数が、それぞれ総数の3分の1を超えて含まれることがないこと
3．理事の定数6名以上、監事の定数が2名以上であること
4．理事及び監事のうち、同一団体の役職員が3分の1を超えないこと

---

5. 役員報酬の不当に高くなることがないよう支給基準が明確に定められ、閲覧可能であること

6. 株式や、他の団体の意思決定に関与する財産を有しないこと

7. 全収入の80%以上が社会保険診療収入、健康増進事業に係る健診収入、予防接種収入、助産収入、介護保険収入並びに障害者総合支援法に基づく給付費であり、自費患者も保険診療と同額で診療し、収入が医業費用の150%以内であること

8. 解散時の残余財産は、定款または寄付行為により国、地方公共団体または他の社会医療法人に帰属させる旨の定款（寄付行為）で規定していること

9. 法令違反がなく、運営が適正であること

　上記の要件を満たすものとして都道府県知事の認定を受けた社会医療法人は、収益事業部分につき法人税の軽減税率の適用を受ける他、医療保健業に係る法人税については非課税となる等の税制上の優遇を受けることができることに加え、収益を病院等の経営に充てることを目的に、下記の収益業務を行うことができます。

① 農業

② 林業

③ 漁業

④ 製造業

⑤ 情報通信業

⑥ 運輸業

⑦ 卸売・小売業

⑧ 不動産業（「建物売買業、土地売買業」を除く）

⑨ 飲食店、宿泊業

⑩ 医療、福祉（病院、診療所または介護老人保健施設に係るもの及び医療法第42条各号に掲げるものを除く）

⑪　教育、学習支援業

⑫　複合サービス事業

⑬　サービス業

　ただし、上記の業務も無制限に行うことができるわけではなく、社会通念上業務と認められる程度、医療法人の社会的信用を傷つけるおそれがない、経営が投機的に行われるものでない、といった範囲で、また、当該業務を行うことにより、当該医療法人の開設する病院、診療所または介護老人保健施設の業務の円滑な遂行を妨げるおそれがないこと等の要件が課されています。

　また、社会医療法人は救急医療等確保事業の実施に資するため、社会医療法人債を発行することができますが、その社会医療法人債で調達した資金は附帯事業の会計に繰り入れてはならず、病院等の運営資金に充当することが要求されます。

　平成 27 年度医療法改正により、要件を満たさないこととなったために社会医療法人の認定を取り消された医療法人であっても、一定の要件に該当するものは、救急医療等確保事業に係る業務の継続的な実施に関する計画を作成し、都道府県知事の認定を受けたときは、収益業務を継続して行うことができるものとされています。

④　その他の医療法人類型

①　持分の定めのある社団

　第5次医療法改正に伴い、医療法人社団の定款中に持分の定めを置くことはできなくなりました。しかし、平成 19 年 4 月 1 日以前に設立された医療法人社団で、定款規定中に「本社団が解散した場合の残余財産は、払込済出資額に応じて分配する」「社員資格を喪失した者は、その出資額に応じて払戻しを請求することができる」旨の規定を持つものは、第5次医

療法改正後は経過措置の適用を受ける「経過措置型医療法人社団」として「当面の間」存続が認められています。

　ただし、現行法では持分の定めがないことが原則であり、持分の定めある社団について順次移行を促す目的で「認定医療法人（**4-3**で後述）」の制度が導入されています。なお、一旦持分を持つ社員全員が持分を放棄し、定款を変更して持分の定めのない法人に移行した場合には、後戻りできないこととなっています。

②　出資額限度法人

　持分ある社団のうち、社員の退社時または解散時の払戻額の上限を、実際の出資額と同額にとどめる旨の定款規定を持つ法人を指します。

　持分の定めある社団では持分を持つ社員が死亡して相続が発生した場合や、退社した社員からの払戻請求により法人そのものの存続が危ぶまれる事例があり、第1次医療法改正時前にも医療関連団体から制度化の要望がありましたが、平成16年の通知により明確化されました。

　出資者へ払戻しをする根拠となる「持分」の概念の存在が前提であるため、この形態に定款を変更した法人であっても、再度の定款変更により通常の経過措置型法人に後戻りすることは可能です。

③　認定医療法人

　平成26年度の医療法改正により、経過措置の適用を受けている持分の定めある社団は、平成26年10月1日から平成29年9月30日までの間、原則どおり持分の定めのない社団に移行する計画を策定し、その計画が相当であると認められた場合は、厚生労働大臣の認定を受けることができることとなりました。

　移行計画の認定を受けた医療法人の持分を持つ社員の死亡により相続人が持分を相続した場合、その持分に対応する相続税額については、移行計画の期間満了までその納税が猶予され、持分のすべてを放棄した場合は、猶予税額が免除されます。また、出資者の一部が持分を放棄したことによ

り、他の出資者の持分が増加する場合、いわゆる「みなし贈与」として他の出資者に贈与税が課されるのが原則ですが、その場合の贈与税については、移行計画の期間満了までその納税が猶予され、当該他の出資者が持分のすべてを放棄した場合は、猶予税額が免除されます。

ただし、出資者全員が持分を放棄して持分なし医療法人に移行した際、放棄により利益を受けることになる医療法人に対して贈与税が課される場合があることは従来どおりであるため、この制度による新制度への移行促進の効果は限定的であることから、当初の3年間での認定数は87件に留まりました。

その後、本制度に基づく認定期間は平成32年9月末まで3年間延長され、認定要件についても役員数、役員の親族要件、医療計画への記載等につき緩和されていますが、令和2年10月以降の移行計画認定制度の延長については、本稿執筆時点で調整中（厚生労働省医政局医療経営支援課事務連絡 令和2年11月25日）となっており令和2年度税制改正にむけた要望事項とされています。

なお、本制度の性格等については第4章第3節で解説しています。

④ 持分なし社団

定款規定中に「本社団が解散した場合の残余財産は、払込済出資額に応じて分配する」「社員資格を喪失した者は、その出資額に応じて払戻しを請求することができる」といった規定を持たない医療法人社団の総称です。第5次医療法改正以降、新規に設立可能な医療法人社団はこれのみであり、持分ありの経過措置型法人も持分を放棄し、定款変更することでこの形態に移行するのが原則とされていますが、移行作業はなかなか進んでいません。

⑤ 基金拠出型法人

持分なし社団の中で、法人の資金調達手段として定款中に基金に関する条項を持つものを指し、第5次医療法改正以降に新設される法人の多くはこの方式を採用しています。

基金とは、上記法人の設立等に当たり拠出された金銭等の財産を指し、法人は拠出者に対して、定款の定めるところに従い返還義務を負うことになりますが、この返還義務は約定劣後債であると解されています。

　基金を引き受ける者の募集に当たり、基金拠出者の権利に関する規定及び基金の返還の手続きを定款で定める必要があり、基金の返還に係る債権には、利息を付することができません。

　また、基金の返還は、法人内部留保から返還をする基金と同額を代替基金として貸借対照表上の純資産の部に計上し、定時社員総会の決議によって行わなければならず、返還する場合には利息や利息に類するものをつけることはできません。

　なお、代替基金は法人存続期間中を通じて取り崩すことはできません。

⑥　いわゆる広域医療法人

　医療法人制度創設時は、都道府県をまたがって医療施設等を開設する法人であっても認可権者は法人事務所所在地の都道府県知事でしたが、第1次医療法改正の際に認可権者を都道府県知事から厚生大臣（実際は大臣から委任を受けた事務所所在地を所管する地方厚生局長）に変更され、いわゆる広域医療法人と称されることとなりました。しかし、認可権者以外は他の法人となんら異なることはなく、平成27年4月1日の地方分権一括法の施行に伴い認可権者は都道府県知事となり、都道府県をまたがらない医療法人と同じ扱いとなっています。

⑦　いわゆる一人医師医療法人

　第1次医療法改正時に、医療法第39条中「医師又は歯科医師が常時<u>3名以上</u>勤務する診療所～」の下線部が削除されたことにより設立が可能となった、医師1～2名の小規模医療施設の経営を目的とする医療法人を指しますが、明確な定義はなく、医療法人としての権利や義務についても、医師3名以上勤務する医療法人となんら異なるところはありません。

（岸部宏一）

1-3　医療法人制度の変遷

① 医療法人制度の成立ち

　医療法人の制度は、昭和 25 年に医療法への条文追加の形で創設され、それまでは医師個人や株式会社等、様々な主体により開設されていた民間病院の多くは、順次この制度に移行することとなりました。ただし、制度創設当時は「病院、医師若しくは歯科医師 3 名以上が常時勤務する診療所又は介護老人保健施設を開設しようとする社団又は財団は、この法律の規定により、これを法人化することができる（昭和 60 年改正前医療法第 39 条）」ものとされており、いわゆる「一人医師医療法人」が認められるのは昭和 60 年の第 1 次医療法改正を待つこととなります。

　なお、医療法人制度創設時の趣旨及び認可基準の主なものは、以下のとおりです（以下、「医療法の一部を改正する法律の施行に関する件／昭和 25 年 8 月 2 日発医第 98 号」より抜粋意訳）。

---

① 　私人による病院経営の経済的困難を、医療事業の経営主体に対し法人格取得を可能にし、資金集積を容易にする等により緩和する。なお、医療法人に対する課税上の特例を設けることは、医療法人制度の直接の目的ではない。

② 　医療法人は病院又は一定規模以上の診療所の経営を主たる目的とするものでなければならないが、それ以外に積極的な公益性は求められない。この点で、公益法人とは区別され、また、剰余金の配当を否定することで営利法人たることも否定される。

③ 　それまで会社組織にて医療事業を行っていた者については、できるだけ医療法人に組織変更するとともに、今後は会社組織による病院経営は認めない方針をとる。

---

④　医療法人設立認可は、営利を目的とするものでないか、病院又は診療所の設備を有するものであるか等に十分注意する。

⑤　資産要件としては、土地建物等の不動産、医療用機械器具等の動産を有することを要するが、その資産の一部または全部を有しない場合であっても、その手当に必要な資金（借入金を含む）を有する場合は要件は満たされる。ただし、その認可は慎重になされるべきである。

⑥　配当が許されない剰余金については、施設の充実等医療内容の向上に充てられるべきである。

　制度創設から数年の間、従来会社組織で経営されていた医療機関が一斉に医療法人への開設主体の変更を図りましたが、そもそも商法（現会社法）と医療法では全く制度が異なるため、法人を存続したままでの組織変更の可否が問題になる（昭和25年10月8日医収第539号等の疑義照会で否定）、課税範囲が不明確なため財産拠出者の死亡後に寄付行為を訂正することで危うく課税を回避する等、その移行前後には混乱を極めたようです。

　ちなみに、医療法人制度創設に際し、医療法第7条第5項で「営利を目的として、病院、診療所又は助産所を開設しようとする者に対しては、都道府県知事は開設許可を与えないことができる」こととされ、ここでいう「営利を目的」とするか否かの判定については、「その申請に係る医療施設の開設主体、設立目的、運営方針及び資金計画等を総合的に勘案して行うべきであるが、その開設の主体についても公共的な目的を達成できるような体制を整えることが適当（非医師の病院開設について／昭和45年6月10日45医発第1461号厚生省医務局長あて福岡県知事照会）」とされ、株式会社等の営利法人による新たな病院、診療所の開設は、従業員の福利厚生目的等の場合を除き、認められない取扱いが定着しています。そのため、医療法人制度創設以来、会社が開設する医療施設は毎年減少の一途をたどっており、現在では病院8,273施設中31施設、一般診療所102,662施設中1,661施設、歯科診療所は68,332施設中11施設（いずれも令和2年

3月末現在／医療施設動態調査）となっています。

　医療法人は、複数の社員（自然人）が集まり財産を出資したものに法人格を付与して病院等の開設主体となる「社団たる医療法人（医療法人社団）」と、自然人または法人が財産を寄付したものに法人格を付与して病院等の開設主体となる「財団たる医療法人（医療法人財団）」に大別されることとなり、この前提は現在でもそのまま存続しています。

　また、当時は「自己資本比率20％以上」「土地建物は原則自己所有」等、設立認可要件も厳格なものでしたが、昭和25年10月1日には、藤森医療財団（兵庫県姫路市）が兵庫県知事より設立認可を受け、医療法人第1号となっています。

② 　制度創設以降の変遷

　医療法人制度創設後、医療法人制度は下記のような制度改定を経て現在に至っています。

①　昭和39年：特定医療法人制度創設（租税特別措置法改正）

　40床以上（皮膚泌尿器科、眼科、整形外科、耳鼻咽喉科、歯科の場合は30床以上）の病院、救急告示病院または15床以上の救急告示診療所を持ち、定款に持分の定めを持たない、理事・評議員その他役員中の同族割合が3分の1以下、といった要件を満たす公的性格の強い医療法人からの申請に基づき、特定医療法人として国税庁長官の承認を受けた場合は、法人税において軽減税率が適用されることとなりました。

②　昭和60年：第1次医療法改正（昭和60年12月公布）

　医療法人制度創設以来、最初の大きな制度改定です。

　いわゆる「一人医師医療法人」の解禁に代表されますが、主な改定項目は以下のとおりです（以下、「医療法の一部改正について／昭和60年12月27日発健政第112号」より抜粋意訳）。

① 医師又は歯科医師が常時1名又は2名勤務の診療所（従前は3名以上勤務の診療所又は病院）についても、医療法人設立を認める。

② 医療法人の安定性及び継続性の面から、病院、老人保健施設を有する医療法人は資産総額の20％以上の自己資本を有しなければならない、と一律の基準を定める。

③ 役員定数は、特に認可を受けた場合を除き、原則として理事3名以上、監事1名以上とする。

④ 理事長は、特に認可を受けた場合を除き、原則として、医師又は歯科医師であることとする。

⑤ 医療法人が開設する病院又は診療所の管理者は、特に認可を受けた場合を除き、原則として、理事に加えること。

⑥ 都道府県知事は、医療法人の運営に不適正の疑いがある場合は、立入検査の権限を持ち、不適正が認められる場合は必要な措置を命ずるとともに、従わないときは業務停止命令、役員解任勧告等の権限を持つ。

⑦ 従前は4月1日から翌3月31日までと一律に定められていた会計年度を、法人の定款により任意で定めることを認める。

⑧ 複数の都道府県にわたって病院等を開設する医療法人については、許認可権者を都道府県知事から厚生大臣とする（いわゆる「広域医療法人」）。

　従前は「常勤医師3名以上」の要件から、それまではほとんど病院のみでしか設立が認められていなかった医療法人が、医師1名の無床診療所でも設立可能となったことから、この年以降医療法人の数は飛躍的に増加することとなりました。

③ 平成4年：第2次医療法改正（平成4年7月公布）

　介護保険制度導入に合わせるかたちでの医療法改正に際して、医療法第42条各号に定める医療法人の附帯業務に、「疾病予防運動施設」と「疾病予防温泉利用施設」が追加されています。

④ 平成9年：第3次医療法改正（平成9年12月公布）

　がん、リハビリテーション等の分野において都道府県の医療整備計画に基づく診療機能や研修機能等を有する、救急告示を受けて地域の救急医療に不可欠な機能を有する等、公益性の高い医療を提供する40床以上（皮膚泌尿器科、眼科、整形外科、耳鼻咽喉科、歯科の場合は30床以上）の病院、救急告示病院または15床以上の救急告示診療所を持ち、定款に持分の定めを持たない、社員・評議員その他役員中の同族割合が3分の1以下、といった要件を満たす公的性格の強い医療法人を対象に、特別医療法人制度が創設され、平成10年4月から施行されました。申請により、都道府県知事の認可を受けた特別医療法人には、その収益を医業経営に充てることを目的とした一定の収益業務が認められることとなりましたが、類似の制度である特定医療法人に比べて税法上の優遇が乏しかったこともあり、その後もあまり利用されることはなく、平成20年度に80法人存在したのをピークに、平成19年施行の第5次医療法改正で制度廃止、平成24年3月末日の経過措置終了で消滅しました。

　また、医療法人の附帯業務が老人居宅介護事業等、第2種社会福祉事業の一部にまで拡大され、平成9年12月から施行されています。

⑤ 平成16年：出資額限度方式の明確化

　持分の大半を持つ社員の死亡に伴う持分に対する多額の相続税の問題が顕在化し、社員の退社に伴う出資金払戻請求に係るトラブルに端を発した「八王子判決（第1次／平成6年、第2次／平成12年）」が出たこと等もあり、社員退社時の払戻額を実際に出資した額の範囲に留めるものと定款で定める「出資額限度方式」の検討は、第1次医療法改正前から始まっていました。しかし、課税関係があいまいなままでいくつかの都道府県では、都道府県知事の認可を得て定款変更している事例等もあり、平成6年には厚生省は都道府県に対し慎重に対応するように注意喚起していました。平成7年には病院団体から定款例が示される等混乱する中、厚生省は

第3次医療法改正で出資額限度法人の法制化を目指しました。しかし、内閣法制局との調整に手間取った等もあり、法制化には至らず、その後、「いわゆる出資額限度法人について（平成16年8月13日医制発第0813001号）」の発出により、ようやく出資額限度方式が明確に定義付けられるに至っています。

また、同年には「平成16年9月25日医政発第1025003号医療機関債発行等のガイドラインについて」が発出され、医療機関債による資金調達が医療法人の資金調達手段の一つとなりました。

⑥　平成18年：第5次医療法改正（平成18年12月公布）

近年で最も医療法人制度が大きく変わったのは、平成18年公布（平成19年施行）の第5次医療法改正です。

制度創設以来「非営利」を大前提としてきた医療法人ですが、営利法人にも医療機関の開設を全面解禁することを求める規制改革推進会議等での、医療法人社団の解散時や社員の退社時に当該社員が定款規定に基づき「出資額の割合で払戻しを受けることができる」とする制度は非営利とは言い難いとの批判を受け、「非営利性の徹底」を主眼とした制度改定がなされました。主な改定内容は、以下のとおりです。

① 解散時の残余財産の帰属先の見直し（医療法第44条第5項、医療法施行令第31条の2）

医療法人の非営利性を担保する意味で、定款（寄附行為）中の解散に関する規定として残余財産の帰属先を定める場合、帰属先は以下の中から選定されるものとしなければならないこととされました。

・国若しくは地方公共団体
・公的医療機関の開設者またはそれに準ずる者として厚生労働大臣の認めるもの
・持分の定めを持たない他の医療法人

この改正により、従前の主流であった、設立時に出資した社員は解散または退社時に、その出資金額の割合で払戻しを受けることができることを

定款に定める「持分の定めのある社団」の新規設立はできないこととされました。しかし、改正法施行前に設立認可を受けた「持分の定めのある社団」については、経過措置として「当分の間存続を認める」ものとされたため、改正法施行直前には多数の駆込みでの新規設立が発生しています。

また、都道府県知事の認可を受けての医療法人の合併に際しても、双方が旧法の経過措置の適用を受ける「持分の定めのある社団」である場合に限り、合併後の存続法人を旧法に基づく持分の定めを持つ法人とすることが可能ですが、それ以外の場合はすべて「持分の定めのない医療法人」となります。

ⅱ 役員・社員総会等の法人内部の管理体制を明確化（医療法第46条の2〜第49条の4）

それまで漠然としか定められていなかった監事の役割を、毎年次の監査報告書の作成や運営上問題があった場合には総会・都道府県知事への報告義務を課す等強化・明確化し、役員任期についても2年を超えることができない（再任可能）ものと明文化しました。

ⅲ 事業報告書等の作成・閲覧に関する規定を整備（医療法第51条〜52条）

すべての医療法人は、毎年決算後3か月以内に事業報告書、監事による監査報告書を都道府県知事に提出し、それらは都道府県医療所管部署窓口で、閲覧に供されることとなりました。また、事業報告書及び監査報告書のほか、定款も閲覧対象となり、同時に各医療法人の事務所でも社員、債権者等から請求があった場合は閲覧させなければならないものとされています。

ⅳ 自己資本比率による資産要件の廃止（医療法施行規則第30条の34）

従前、病院または介護老人保健施設を開設する法人にあっては、法人の安定性及び継続性の確保を図る観点から、設立時はもとより、その後も常時資産の総額の20％以上に相当する額以上の自己資本を有していなければならないものとされていましたが、改定により一律の比率による要件は廃止されました。しかし、病院、診療所または介護老人保健施設の業務を

行うために必要な施設、設備または資金を有しなければならない、として実体に即した資本を持つことが要求されています。

ⓥ 附帯業務の範囲拡大（医療法第42条第7号、8号）

医療と福祉の連携を促進するため、以下の事業についても医療法人で行えるようになりました。

・第1種社会福祉事業のうち、告示で定める13事業（ただし社会医療法人のみ、その他の医療法人は従前どおりケアハウスのみ）
・第2種社会福祉事業のうち、告示で定める59事業
・老人福祉法に定める有料老人ホーム

ⓥⅰ 基金制度創設

持分の定めのない社団にあっては、定款に基金制度を設けることで、各拠出者が拠出した拠出金を「基金」として活用し、定款に定める年数の経過や利益剰余金からの代替基金の積立等一定の要件を満たしたのちに、社員総会の決議に基づいて利息を付けずに返還することができることとなりました。

ⓥⅱ 社会医療法人制度の創設（医療法第42条の2）

医療法人の中でも、特に非営利性の高い法人の類型として、社会医療法人の制度が創設されました。

役員、社員及び評議員中の同族が3分の1を超えないこと、都道府県が定める医療計画中に定める救急医療、災害医療、へき地医療、周産期医療、小児医療のいずれかを担っていること、残余財産の帰属先を国または地方公共団体とする旨を定款で定めている等の要件を満たすものとして都道府県知事の認定を受けた医療法人については、附帯事業の範囲が拡大され、一定の収益事業が認められるほか、税制上の優遇措置を受けられることとなりました。

⑦ 平成26年度改正

第5次医療法改正により、「持分の定めのある社団」の新規設立は認められなくなりましたが、従前の「持分の定めのある社団（経過措置適用）」

から制度上の原則形態となった「持分の定めのない社団」への移行は、「各法人の自主的な取組み」に委ねられるものとされ、あまり進んでいません。

　そのため、平成26年度改正では、法律上の原則のとおり「持分の定めのある社団」は「持分の定めのない社団」に移行することを前提に、移行促進策として「認定医療法人」を制度化し、平成26年10月から3年間の間を認定期間として申請を受け付けています。ただし、「持分の定めのない社団」への移行は、あくまで「医療法人の任意の選択によるものであり、移行を強制するものではありません（「持分なし医療法人」への移行に関する手引書（平成26年9月厚生労働省医政局医療経営支援課4頁）」とされています。また、持分の定めのない医療法人への移行に際しては、相続税、贈与税、持分払戻等の問題がなければ、認定医療法人を経ずに定款変更のみで移行することも可能であり、いわゆるみなし贈与課税の問題も残っていることから、この制度を使っての移行がどの程度進むかはまだまだ不透明と考えられます。

　同時に、社会保障制度改革国民会議の報告（平成25年8月6日）等を受け、医療法人間の競合を避け地域における医療・介護サービスのネットワーク化を図る目的で、医療法人が統合・再編をしやすくするため、そもそも異なる形態である医療法人社団と医療法人財団の合併が可能とされました。

⑧　平成27年度改正

　前年の改正に際しての地域医療構想に向けた審議過程において「非営利型ホールディングカンパニー／非営利新型法人」と仮称されていた「地域医療連携推進法人（本章第1節末尾（参考）参照」」が制度化され、医療機能の集約化等により地域医療構想区域内での医療提供体制の効率化に資することが期待されています。また、医療法人に関しては以下の改正がなされています。

①　医療法人の経営の透明性の確保

　厚生労働省令で定める基準に該当する一定以上の規模の医療法人（最終会計年度に係る負債額の合計が50億円以上、または収益額の合計が70億

円以上（社会医療法人にあっては負債 20 億円以上、収益 10 億円以上）を予定（2016 年 3 月 1 日公示「医療法施行規則及び厚生労働省の所管する法令の規定に基づく民間事業者等が行う書面の保存等における情報通信の技術の利用に関する省令の一部を改正する省令案の概要」））は、厚生労働省令で定める基準に従い貸借対照表及び損益計算書を作成し、公認会計士等の監査を受け、公告する義務を負うこととされました。

ⅱ　医療法人のガバナンスの強化その 1

医療法人は、その役員と特殊の関係がある事業者（いわゆるMS法人）との取引の状況に関する報告書を作成し、貸借対照表・損益計算書・事業報告書等とともに都道府県知事に届け出なければならないこととされました。

ⅲ　医療法人のガバナンスの強化その 2

医療法人への理事の忠実義務、欠員が発生した際の前任者の権利義務及び仮理事に関する事項、理事長の代表権、任務懈怠時の損害賠償責任等が、明文化されました。

ⅳ　医療法人のガバナンス強化その 3

法人機関として理事・監事に加え社員総会・理事会を置くこと及び、それらの権限、運営に関する事項が明文化されました。

ⅴ　医療法人の分割

医療法人は、都道府県知事の認可を受けて、分割することができるものとされました。ただし、社会医療法人、特定医療法人、持分の定めのある医療法人、法第 42 条の 3 第 1 項の規定による実施計画の認定を受けた医療法人は除外されるものとされています。

ⅵ　都道府県をまたがって一体的に医療提供を行っている社会医療法人の認定

都道府県をまたがって一体的に医療提供を行っている社会医療法人の認定は、すべての都道府県知事でなく病院所在地の都道府県知事の認定で足りるものとする。

ⅶ　社会医療法人の認定を取り消された医療法人の取扱い

社会医療法人の認定を取り消された医療法人であって一定の要件に該当

するものは、救急医療等確保事業に係る業務の継続的な実施に関する計画を作成し、都道府県知事の認定を受けたときは、収益業務を継続して行うことができるものとする。

ⅷ　一般社団・一般財団法人法の規定準用による責任の明確化

・各種議事録の整備、閲覧謄写の請求権等（一般社団・一般財団法人法第57条、第97条、第193条）

・監事の選任、解任、辞任に関する規定（一般社団・一般財団法人法第72条、第74条（第4項を除く））

・代表者の行為による損害賠償責任（一般社団・一般財団法人法第78条）

・理事の職務代行者の権限（一般社団・一般財団法人法第80条）

・表見代表理事（一般社団・一般財団法人法第82条）

・理事の忠実義務及び競業・利益相反取引の制限（一般社団・一般財団法人法第83条、第84条、第92条）

・社員による理事の行為の差止め（一般社団・一般財団法人法第88条第1項）

・理事の報酬等（一般社団・一般財団法人法第89条）

・理事の権限（一般社団・一般財団法人法第91条第2項、第92条第2項）

・理事会招集手続及び招集権者（一般社団・一般財団法人法第93条、第94条）

・監事の権限等に関する事項（一般社団・一般財団法人法第103条～第106条）

・理事または監事の損害賠償責任の免除に関する事項（一般社団・一般財団法人法第112条～第116条）

　なお、ⅳの機関に関する規定につき、改正法施行日（平成28年9月1日）以前に設立された医療法人で定款（財団では寄附行為）中に理事会に関する規定がない場合には、施行日から2年以内に改正法に基づく定款例に倣った定款変更認可申請をしなければならないものとされています（改正法附則第6条）。

（岸部宏一）

1-4 医療法人の機関（組織形態）

　医療法人の組織形態は株式会社制度と似ている部分と決定的に異なる部分が共存します。医療法人をスムーズに運営し、維持管理するためには以下に説明する「社員、社員総会、役員（理事及び監事）、理事会」の機能と権限を十分に理解する必要があります。以下、社団医療法人の組織形態を中心に説明します。

１　医療法人の機関

　医療法人の機関については医療法に定義され、株式会社制度との違いが明確になっています。

●医療法第46条の２第１項

> 　社団たる医療法人は、社員総会、理事、理事会及び監事を置かなければならない。

２　社　　員

　社員（従業員とは異なります）は、社団医療法人の構成員であり、社員総会において１人１個の議決権を有します（医療法第46条の３の３第１項）。株式会社では株主に相当します。財団医療法人では外形上、評議員に相当するように見えますが、後述する社員総会と評議員会の権限や機能は大きく相違し、それに伴い社員と評議員の権限も大きく異なります。

　なお、出資持分のある医療法人においても社員の地位（議決権）は出資持分とは結合していないため、出資持分を全く有しない社員も存在し得ます。社員たる資格の取得や喪失については、定款で規定されることになっています（医療法第44条第２項第８号）。

① 社員の数

　社員数に関する医療法上の規定はありません。しかし、厚生労働省が提示する社団医療法人定款例（以下、「定款例」と記載します）第26条備考には社員は3名以上置くことが望ましいとの記載があり、東京都福祉保健局作成の「医療法人設立の手引き 第2章 医療法人の設立」の中では、社員は社員総会という合議体の一員なので、原則3人以上必要と記載されています。

② 社員資格の要件

　社員は社員総会において法人運営の重要事項についての議決権及び選挙権を行使するものであるため、実際に法人の意思決定に参画できない者が名目的に社員に選任されていることは、適切ではありません。

　未成年については、義務教育修了程度を目安に、自分の意思で議決権が行使できる程度の弁別能力を有していれば社員になることができるとする一方で、出資持分の定めがある医療法人の場合、相続等により出資持分の払戻請求権を得た場合であっても、社員としての資格要件を備えていない場合は社員になることができないとしています(医療法人運営管理指導要綱)。

③ 社員の入退社

　社員たる地位は医療法人の経営権掌握の根源となるので、社員の入退社は非常に重要となります。さらに経過措置型医療法人の場合には、退社時の持分払戻請求権の問題も絡んできます。医療法においては社員の入退社に関しても規定はありませんが、定款例では「第4章　社員」として第14条から第16条に規定があります。

　入社に関しては社員総会での承認（定款例第14条第1項）が必要です。社員資格喪失のケースとして「除名、死亡、退社」をあげ、除名の規定も定めています（定款例第15条）。また社員自らが退社したい場合、やむを得ない理由のあるときはその旨を理事長に届け出て、退社することが

できる（定款例第16条）としています。

③ 社員総会

　社員総会は社員によって構成される合議体で、理事の選任権（医療法第46条の5第2項）、解任権（医療法第46条の5の2第1項）を行使することで、事実上の社団医療法人における最高の意思決定機関であるといえます。株式会社では株主総会に相当します。財団医療法人では外形上、評議員会がそれに相当しますが、権限は大きく異なります。

　社員総会においては、株式会社のような資本多数決原理はとられておらず、社員は社団医療法人に対する出資の有無や金額等に関わりなく、1人1個の議決権を有し、社員総会出席者の過半数で議事を決します（医療法第46条の3の3第1項、第3項）。ここが株式会社制度との最大かつ重要な相違点です。財団医療法人の評議員会においてもその議決権は頭数多数決となります。ただし、評議員会の機能は医療法人の業務若しくは財産の状況または役員の業務執行の状況について役員に対して意見を述べたり、その諮問に答えたり、役員から報告を徴することができる（医療法第46条の4の6第1項）こととなっており、意思決定機関ではありません。

① 定時社員総会

　医療法では、少なくとも毎年1回は定時社員総会を開催しなければならないと規定されています（医療法46条の3の2第2項）。定款例備考では毎年2回以上の開催が望ましいとされていて、通常はこれに従って行われます。

② 臨時社員総会

　理事長の判断等により必要に応じて不定期に開催される社員総会となります（医療法46条の3の2第3項）。なお、臨時社員総会の開催は、一定数の社員の請求に基づく場合（医療法46条の3の2第4項）や監事の招集による場合（医療法46条の8第5号）があります。

③ 社員総会での決議事項

　社員総会における決議については、社員総会で決めるべきであると医療法で規定された事項と定款で定める事項があります（医療法第46条の3第1項）。

■医療法で規定する社員総会決議事項

> 役員の選任（医療法第46条の5第2項）
> 役員の解任（医療法第46条の5の2第1項）
> 定款の変更（医療法第54条の9第1項）
> 定款でその額を定めていないときの理事の報酬等（医療法第46条の6の4（医政発0330第33号平成30年3月30日理事等の報酬参照））
> 　参考：合併等組織再編成に関しては決議ではなく「総社員の同意」を得なければならない（医療法第58条の2第1項等）

　以下のような医療法人運営事務の基本的かつ重要事項については社員総会での決議を必要とする旨、定款例第19条で定めています。

■定款で定める社員総会決議事項

> ① 　定款の変更
> ② 　基本財産の設定及び処分（担保提供を含む）
> ③ 　毎事業年度の事業計画の決定及び変更
> ④ 　収支予算及び決算の決定又は変更
> ⑤ 　重要な資産の処分
> ⑥ 　借入金額の最高限度の決定
> ⑦ 　社員の入社及び除名
> ⑧ 　本社団の解散
> ⑨ 　他の医療法人との合併若しくは分割に係る契約の締結又は分割計画の決定
> 2 　その他重要な事項についても、社員総会の議決を経ることができる。

④　社員総会の議事録

医療法第46条の3の6において、社員総会の議事録に関する義務が明確化されました。これは一般社団・一般財団法人法第57条を準用するもので「議事録の作成」「議事録の備置」「議事録写しの閲覧、謄写」に関するものです。また、議事録に記載すべき事項は厚生労働省医政局長通知「医療法人の機関について」（平成30年3月30日医政発0330第33号）に詳細に記載があります。

④　医療法人の役員

医療法人には役員として原則3名以上の理事及び1名以上の監事を置かなければなりません（医療法第46条の5第1項）。また、理事の中から理事長を1名選出する必要があります（医療法第46条の6第1項）。任期については2年を越えることができないが再任は妨げないと医療法に規定されています（医療法第46条の5第9項）。

役員の員数が欠けた場合の取扱いは医療法第46条の5の3に規定されますが、新たに選任された役員が就任するまで退任した役員は、なお役員としての権利義務を有するということには注意が必要です（医療第46条の5の3第1項）。

①　理　　事

株式会社の取締役に相当するものが、医療法人の理事となります。株式会社と取締役の関係と同様に医療法人と理事の関係は、委任関係となります（医療法第46条の5第4項）。理事は法人の常務を処理することがその役割ですから、自然人であることが前提です（医療法人運営管理指導要綱）。株式会社などの法人が理事に就任することはできません。財団医療法人の理事は社団医療法人の理事と同じ権限です。理事は、理事会での議決権行使による過半数（医療法第46条の7の2（一般社団・一般財団法

人法第95条準用））で、その職務と権限を行使します。重要な職務・権限として、医療法人の業務執行の決定、理事長・他理事の職務執行の監督、理事長の選出及び解職が法定されています（医療法第46条の7第2項）。また、医療法人に著しい損害を及ぼすおそれのある事実を発見した場合に、その事実を監事に報告しなければならない義務も法定化されました（医療法第46条の6の3）。

　また医療法人は、開設するすべての病院、診療所または介護老人保健施設の「管理者」を理事に加えなければなりません（医療法第46条の5第6項前段）。ただし、都道府県知事の認可によって管理者の一部を理事に加えないこともできる（同後段）とされています。この都道府県知事の判断基準については「法の趣旨を踏まえつつも、各医療法人が開設する病院等の個別の事情を勘案することができるように」という目的で過去通知の一部改正がされました（医政発0930第1号　平成27年9月30日）。

② 常務理事

　医療法人では任意に、定款に定めることによって常務理事を設置することが可能です。常務理事は理事会によって互選され、理事長を補佐して医療法人の常務を処理し、理事長に事故があるときは、その職務を代行します。かつては東京都の医療法人モデル定款にも規定がありましたが、現在のモデル定款にはありません。厚生労働省の定款例でも東京都のモデル定款においても「理事は、本社団の常務を処理し、理事長に事故があるときは、理事長があらかじめ定めた順位に従い、理事がその職務を行う」（厚生労働省定款例第28条第3項）として、特に常務理事の職を定款では定めていないようです。

③ 理 事 長

　理事長は医療法人を代表し、医療法人の業務に関する一切の裁判上または裁判外の行為をする権限を有します（医療法第46条の6の2第1項）。また、原則として医師または歯科医師であることが必要です（医療法第

46条の6第1項)。理事長は、理事会の職務としてその多数決によって選出及び解職されます（医療法第46条の7第2項第3号）。

株式会社では代表取締役に相当します。

④　監　事

監事は、医療法人の理事会に出席し（医療法第46条の8の2）、また医療法人の業務・財産状況の監査等を行います。具体的な職務内容は、医療法に次のように規定されています（医療法第46条の8）。

また、社団医療法人では監事は社員総会において選任します（医療法第46条の5第2項）。

一　医療法人の業務を監査すること。

二　医療法人の財産の状況を監査すること。

三　医療法人の業務又は財産の状況について、毎会計年度、監査報告書を作成し、当該会計年度終了後3月以内に社員総会又は評議員会及び理事会に提出すること。

四　第1号又は第2号の規定による監査の結果、医療法人の業務又は財産に関し不正の行為又は法令若しくは定款若しくは寄附行為に違反する重大な事実があることを発見したときは、これを都道府県知事又は社員総会若しくは評議員会又は理事会に報告すること。

五　社団たる医療法人の監事にあっては、前号の報告をするために必要があるときは、社員総会を招集すること。

六　財団たる医療法人の監事にあっては、第四号の報告をするために必要があるときは、理事長に対して評議員会の招集を請求すること。

七　社団たる医療法人の監事にあっては、理事が社員総会に提出しようとする議案、書類その他厚生労働省令で定めるもの（次号において「議案等」という。）を調査すること。この場合において、法令若しくは定款に違反し、又は著しく不当な事項があると認めるときは、その調査の結果を社員総会に報告すること。

八　財団たる医療法人の監事にあっては、理事が評議員会に提出しようと
　　する議案等を調査すること。この場合において、法令若しくは寄附行為
　　に違反し、又は著しく不当な事項があると認めるときは、その調査の結
　　果を評議員会に報告すること。

5　理 事 会

　理事会は理事によって構成される合議体（医療法第46条の7第1項）
で、医療法人における業務執行の意思決定機関であるといえます。医療法
第46条の2第1項において医療法人の機関として理事会が明記され、さら
に定款または寄附行為をもって定めなければならない事項に「理事会に関
する規定」という項目が記載（医療法第44条第2項第7項）されています。
　前述のとおり医療法人の業務は理事の過半数で決することになり、理事
長が代表として執行します。株式会社では取締役会に相当し、その機能、
権限も類似しています。財団医療法人の理事会は、事実上の意思決定機関
であると同時に職務執行の機関とされており、社団医療法人の理事会とは
やや異なります。
　医療法では理事会の職務と議決事項も明記されています。

①　理事会の職務（医療法第46条の7第2項）

　理事会は、次に掲げる職務を行います。

```
①　医療法人の業務執行の決定
②　理事の職務の執行の監督
③　理事長の選出及び解職
```

②　理事会の議決事項（医療法第46条の7第3項）

　以下の決定は理事長に一任することはできず、理事会での決定を要しま
す。

① 重要な資産の処分及び譲受け

② 多額の借財

③ 重要な役割を担う職員の選任及び解任

④ 従たる事務所その他の重要な組織の設置、変更及び廃止

⑤ 社団たる医療法人にあっては、第47条の2第1項において準用する一般社団法人及び一般財団法人に関する法律第114条第1項の規定による定款の定めに基づく第47条第1項の責任の免除

6 医療法人の役員の責任

　医療法には役員等の損害賠償責任（医療法第八款）が法定されています。

　医療法人の役員就任を依頼された人がまず気にされるのは役員の責任についてです。役員の責任には、医療法人に対する責任と医療法人外に対する責任の二種類が考えられます。

① 医療法人に対する責任

　医療法人と役員の法律関係は委任関係であり（医療法第第46条の5第4項）、受任者たる役員は、委任者たる医療法人に対して善良なる管理者の注意をもって委任事務を処理する義務（善管注意義務）を負うのが原則です（民法第644条）。

　医療法では第47条第1項で役員による医療法人に対する責任が明記され、同第2項以下で競業及び利益相反取引と当該責任に関した規定がなされています。

② 医療法人外に対する責任

　これは、医療法人が銀行借入を行った場合などに、役員が銀行に対して責任を負う局面があるかどうかが一例として考えられます。

　医療法人の役員の第三者に対する責任については、役員が職務を行うに当たり悪意または重大な過失があった場合に第三者に対して責任を負う

（医療法第 48 条第 1 項）と明記されました。理事が事業報告書に虚偽記載をした場合、監事が監査報告書に虚偽記載をした場合にも第三者に対する損害賠償責任が発生する可能性があります（医療法第 48 条第 2 項）。

⑦　医療法人の理事の解任

　医療法人の役員解任についても医療法で規定がされています。社団たる医療法人の役員は、いつでも、社員総会の決議によって解任することができます（医療法第 46 条の 5 の 2 第 1 項）。ただし、解任に正当な理由がなければ解任された役員は医療法人に損害賠償の請求ができる（医療法第 46 条の 5 の 2 第 2 項）ので注意が必要です。今後も、穏便な対応としては任期満了による退任時に重任（選任）しないという方法になると思われます。

⑧　出資者と社員の違い

　現存する医療法人のうち未だ多くの割合が経過措置型医療法人となりますが、この経過措置型医療法人では、経営権掌握のために出資者と社員の違いをよく理解しておく必要があります。以下、「出資」とは財産権を表象するものとして、「社員」とは社員総会で 1 票を投ずる権利としての経営権を表象するものとして記載します。端的な例としては、株式会社による医療法人への出資です。医療法人では出資を行わない社員の存在がある一方で、出資をしているものの社員とはなれないケースがあり得ます。一般的に株式会社が医療法人に出資を行うというのは違和感がありますが、それを禁止する医療法の規定は存在しません。そして本件に関しては、平成 3 年 1 月 17 日付厚生省健康政策局指導課長回答により、株式会社は医療法人に出資はできるものの社員になることはできないと示されています。なお、この取扱いは基金拠出型医療法人における拠出者と社員についても同様となります。

平成3年1月17日付指導課発第1号
東京弁護士会会長あて付厚生省健康政策局指導課長回答

照　会
1　株式会社、有限会社その他営利法人は、法律上出資持分の定めの
　ある社団医療法人、出資持分の定めのない社団医療法人または財団
　医療法人のいずれに対しても出資者又は寄附者となり得ますか。
2　仮に株式会社、有限会社その他営利法人は上記1の医療法人の出
　資者又は寄附者となり得るとした場合、医療法人新規設立の場合と
　既存医療法人に対する追加出資又は追加寄附の場合の2つの場合を
　含むのでしょうか。

回　答
　標記について、平成3年1月9日付東照第3617号で照会のあった
ことについては、下記により回答する。
　　　　　　　　　　　　　　　　記
　照会事項1については、医療法第7条第5項において「営利を目的
として、病院、診療所又は助産所を開設しようとする者に対しては、
都道府県知事は開設の許可を与えないことができる。」と規定されて
おり、医療法人が開設する病院、診療所は営利を否定されている。そ
のため営利を目的とする商法上の会社は、医療法人に出資すること
により社員となることはできないものと解する。
　すなわち、出資又は寄附によって医療法人に財産を提供する行為は
可能であるが、それに伴っての社員としての社員総会における議決権
を取得することや役員として医療法人の経営に参画することはできな
いことになる。
　照会事項2については、医療法人新規設立の場合と既存医療法人に
対する追加出資又は追加寄附の場合も含むことになる。

また、平成12年10月5日の東京地裁判決において、「医療法第7条5項において、営利を目的として病院等を開設しようとする者に対しては、開設の許可を与えないことができると規定しているとともに、第54条において剰余金の配当を禁止している。このように医療法は、医療法人の営利性を否定しているものであるから、営利法人が医療法人の意思決定に関与することは、非営利法人の非営利性と矛盾するものであって許されない」と判決されました。本件訴訟は、平成15年6月27日最高裁判所で上告不受理となっており、確定しています。

（鳴海英俊）

1-5 医療法人と個人開業の違い

　個人開業の診療所を経営されているドクターから「売上がいくらぐらいになったら医療法人にしたほうが良いでしょうか？」とか「友人の○○先生が医療法人にしたけど、医療法人のほうが個人開業よりメリットが多いですか？」等の質問を受けます。

　医療法人を考えるのであれば売上ではなく、事業所得の金額で考えるほうが適切です。また、節税という点だけを考えるなら個人開業より医療法人のほうが有利な点が多いです。

　ただ、節税だけを目的に医療法人を設立すると後からこんなはずではなかったと思う場合があります。そこで、本稿では医療法人と個人開業の違いについて説明していきます。

1 税　　金

　節税の観点だけを考えると次の①〜⑤に記載した理由から、個人開業より医療法人のほうが有利になる場合が多いです。

①　税率について

　所得税は超過累進税率、法人税は段階税率です。このため個人開業は所得が高くなるほど、医療法人より税金の負担が重くなります。

　ただし、医療法人はたとえ赤字であっても均等割を負担する必要がありますが、個人開業は赤字の場合は税金を負担する必要がありません（消費税は預り金を精算するだけになりますので赤字でも納税額が発生する場合もあります）。税率の差から、所得金額が高くなればなるほど、一般的には個人開業より医療法人のほうが節税効果は高くなります。

② 所得について

個人開業の所得は、事業所得になります。事業所得は、売上から経費を差し引いた金額から青色申告特別控除65万円を控除した金額になります。（ただし、複式簿記で経理処理が行われていない個人開業の青色申告特別控除は10万円です）。令和2年分の確定申告から複式簿記で経理処理を行っている事業者については、電子申告または電子帳簿の保存を行う事業者については引き続き65万円の控除が受けられますが、要件を満たさない事業者は55万円控除になります。

一方、医療法人の経営者は給与所得になります。給与所得は給与の金額から給与所得控除を差し引いた金額です。給与所得控除は実際に経費がかかってなくても無条件で給与から差し引くことができます。給与所得控除の上限が段階的に引き下げられていますが、それを考慮しても給与所得控除を活用すると節税効果は高くなります（下表参照）。

■給与所得控除の算定金額（令和2年分以降）

給与収入の金額		給与所得控除額
180万円以下		収入金額×40％−100,000円 55万円に満たない場合は55万円
180万円超	360万円以下	収入金額×30％＋80,000円
360万円超	660万円以下	収入金額×20％＋440,000円
660万円超	850万円以下	収入金額×10％＋1,100,000円
850万円超		1,950,000円（上限）

③ 親族への給与

個人開業は、同一世帯の親族の給与は原則経費になりません（別世帯の親族に対する給与は経費になります）。経費にしたい場合は、「青色事業専従者給与に関する届出」を税務署へ提出しなければなりません（所得税法第57条第1項）。

また、専従者になると原則として届け出た医療機関以外の場所で常勤として働くことは認められませんし、非常勤として働くことも制限があります。したがって、専従者である奥様が他所で働きながら自分の医療機関で働くことや、学生であるご子息が専従者になることは原則としてできないと考えたほうがよいでしょう。

　一方、医療法人は同一世帯、別世帯を問わず親族に支払った給与が経費になります。また、個人の専従者給与の届出のような書類を税務署へ届け出る必要もありませんし、常勤者だけでなく非常勤者に対しても給与を支払うことができます。その上、働いた分の給与以外に役員部分の給与の支払いも認められていますので、専従者給与と比較すると高い給与を支払うことができます。一般的に個人開業より医療法人のほうが親族へ給与を支払うことで所得分散を図ることができ、節税効果が高くなります。

④　退職金

　個人開業は自分自身や家族に対して退職金を支払うことができず、国の政策で認められている退職金制度は「小規模企業共済」だけです。小規模企業共済は月額7万円、年間84万円まで掛けることができ、掛金の全額は所得控除として所得金額から差し引くことができます。

　ただし、医療法人になった場合は小規模企業共済に加入し続けることは制度上できず、共済を脱退しなければなりません。この場合は廃業扱いになり、脱退金は退職所得になります。小規模企業共済の補足として、加入期間2年未満で脱退した場合は、解約金は掛けた金額を下回ります。また、ご自身の都合で解約する場合は、解約金は掛けた金額を下回るだけでなく、税務上は退職所得ではなく一時所得の扱いになりますから、加入の際はくれぐれもご注意ください。

　一方、医療法人になると、理事長をはじめご家族であっても役員になっている人へ退職金を支払うことができます。退職金の原資の調達で一般的な方法は、役員を被保険者にして生命保険に加入する方法です。現在は支払った保険料の全額が経費になる保険はほとんど姿を消し、最高解約返戻

率により経費になる割合が変わる方法に改正されました。法人が契約する生命保険は小規模企業共済のように金額の上限はありません。生命保険に関していえば、個人開業ではどんなに多額の生命保険料を支払ったとしても、最大で 12 万円の控除枠しかありませんが、法人の場合は金額の上限がありません。

⑤　経費について

　個人開業は、売上に直接関係がある費用しか経費にすることができません。例えば、個人名義の車両の減価償却費やガソリン代を 100% 経費にしていると、大抵の場合は税務調査で自家使用部分が問題になります。

　一方、医療法人の場合は往診車等の法人で使用する車両については、自家使用部分が問題になることはまずありません。これ以外にも個人開業の場合は、事業主が居住するための家賃の支払いを経費にすることはできませんが、医療法人の場合は支払った家賃のうち一定の金額を役員社宅として経費にすることができる場合があります。一般的に医療法人のほうが個人開業より経費枠が広いといえます。

② 　手続き・運営

　医師個人が開業する場合は、基本的に保健所・地方厚生局とのやり取りだけで済みますが、医療法人になると、保健所・地方厚生局の他に事務所所在地の都道府県へ毎期所定の書類を提出する義務が生じます。手続き・運営面では医療法人は都道府県の管理下に置かれますので、個人開業と比較するとひとつひとつが煩雑になります。

　なお、医療法人の設立とその手続きについての詳細は、本書第 2 章「医療法人設立の実務」をご参照ください。

①　医療機関の開始

　個人が開業する場合は、保健所に「診療所開設届」を提出するだけで診

療を開始することができます。

一方、医療法人が診療所を開設するためには、まず法人を設立する必要があります。会社法の適用を受ける準則主義の法人は基本的にはいつでも法人の設立登記が可能ですが、医療法人は都道府県から認可を受けたことの証である認可書の添付がないと法人として設立登記することができません。認可書をもらうためには、都道府県へ設立認可申請書類を提出し、認可を受け付けてもらう必要があります。また、設立認可申請書類は、多くの都道府県で年に1回から2回、多くて3回程度しか書類の受付を行っていません。

その上、申請書類を提出しても認可が下りるまでに大体6か月ぐらいの期間を要します。提出書類も役員就任予定者の履歴書をはじめ、印鑑証明書、設立総会議事録、医療機関の敷地平面図、建物の構造及び平面図、医療法人へ拠出する財産の目録、過去2年分の確定申告書等、都道府県が指定する様々な書類を提出しなければなりません。書類を提出した後も都道府県の職員から、書類の内容から誤字脱字に至るまで細かくチェックされ、指摘を受けます。

②　医療法人設立後の手続き

個人が開業中に診療時間や曜日、構造設備、診療所の名称や科目、管理者の変更があった場合は、原則保健所に届け出る必要がありますが、特に変更がない場合は基本的に届け出る必要はありません。医療法人が開設する診療所に変更があった場合も、保健所へ届け出る必要がありますが、その範囲は個人開設の場合とは原則異なります（構造設備の変更は、事前に保健所から許可をもらう必要があります）。

医療法人はこれ以外にも毎期法務局へ「資産総額変更登記」をし、都道府県へ、「医療法人決算届」「医療法人登記事項変更届」の提出する義務があります。また、役員の変更があった場合は「医療法人役員変更届」を遅滞なく提出しなければならず、役員任期の上限が2年であることから最低でも隔年での手続きが発生します。

③　医療機関の廃止

　個人が医療機関を廃止する場合は保健所へ「診療所廃止届」を提出後、地方厚生局へ「保険医療機関廃止届」を提出するだけで完了します。
　一方、医療法人が医療機関を廃止する場合は、個人同様に保健所と地方厚生局へ書類を提出する他に、法人格を消滅させる手続きも必要になります。法人格を消滅させるには、都道府県へ「解散認可申請書」を提出し、認可をもらう必要があります。

③　事業の拡大性

　個人開設の医療機関は医師個人が管理者になるため、原則として1か所しか医療機関を開設することができません。一方、医療法人は法人が開設者になるので1か所だけではなく複数の医療機関を開設することができます。また、介護事業のうち「居宅療養管理指導」「訪問看護」「訪問リハビリテーション」の3事業は、個人開設の診療所でもできますが、これ以外の「介護老人保健施設」「訪問看護ステーション」「通所介護」「有料老人ホーム」等の事業は法人格があることが指定の要件になります。このため、分院展開や介護事業への進出を考える場合は医療法人が前提になります。

④　事業の承継

　個人の医療機関が親族または第三者へ事業を承継する場合は、現存の医療機関を一旦廃止し、事業を承継する人が新たに医療機関を開設する必要があります。廃止する場合は、保健所へ「診療所廃止届」を提出した後に事業を承継する人が保健所へ「診療所開設届」を新たに提出します。保険診療を行う場合は、地方厚生局へ「保険医療機関指定申請書」を提出し、新たに医療機関コードを取得する必要があります。また、個人が所有している土地、建物、医療機器等の資産は、譲渡するか賃貸するかを個々に考

える必要があります。

　一方、医療法人が事業を承継する場合は、個人のように廃止や開設をする必要はなく、理事長の地位を交代するだけで済みます。新たに理事長になる人が理事でない場合は、まず社員総会で理事長就任予定者を理事に選任し、理事会で理事長に選出した後に法務局で理事長の登記を行います。登記が完了したら、都道府県に「役員変更届」を提出すれば完了します。医療機関の財産は、基本的に医療法人に帰属しますので、事業承継の際に医療機関が所有している財産の移転を個々に考える必要はありません。事業の承継を考えるのであれば医療法人が確実であるといえます。

5　所有財産の自由度

　個人開業の場合は、医療機関の財産は経営者のものですから、いつでも自由に使うことができます。一方、医療法人になると法人にも人格がありますので、法人名義の財産はたとえ経営者といえども勝手に使うことができなくなります。経営者は医療法人から給与をもらう給与所得者になり、給与の中から生活費を支払うことになります。

　医療法人になると、個人と法人のトータルの税金は減少しますが、個人開業の時より自由に使える資金が減少し、資金の使い勝手は悪くなります。

　また、剰余金が法人に一旦蓄積されると、設備投資、退職金の支払等の大きな資金需要の発生がなければ法人内部に蓄積されたままです。医療法人は一般の事業会社と異なり、非営利法人であるため、法人内部の剰余金を配当することで外部へ資金を流出させることができません（医療法第54条）。その結果、利益が出ている法人ほど剰余金が法人内部に貯まっていく傾向にあります。

6　業務の制限

　個人事業は基本的に業務の範囲に制限がなく、公序良俗に反しない業務

であれば好きな業務を行うことができます。一方、医療法人が本来の業務以外に行うことができる業務は、医療法第42条の1号から8号までの附帯業務の中で都道府県知事の認可を受けた範囲内となります。

よく医療法人はサプリメントや化粧品の販売はできないと思われている方がいますが、これも正確な知識ではなく、個人事業、医療法人の別にかかわらず、医療提供または療養の向上の一環として行われるものであれば、サプリメントや化粧品の販売等をすることは可能です。ただし、内科や皮膚科診療所がサプリメントや化粧品の販売等をすることは療養の向上の一環として認められますが、療養と関係ないもの、例えば歯科診療所での化粧品の販売等は認められていないと考えます。

また、不特定多数の人にサプリメントや化粧品を通信販売することも医薬品医療機器法等（旧薬事法）で規制されている範囲内で可能ですが、医療法人または個人開設の診療所がホームページから不特定多数の人に通信販売することは認められていません。診療所で認められているのは、あくまでも通院している患者さんに対しての販売になります。ご注意ください。

７ 医療法人設立のシミュレーション

医療法人の設立を考える場合は法人設立後のシミュレーションを行いますが、節税額だけをフォーカスする場合が多いように感じます。シミュレーションされる場合は、可処分所得まで計算されることをおすすめします。

次の表のように法人と個人の可処分所得を計算すると、全体のキャッシュは増加しているにもかかわらず、院長家族が使えるキャッシュは個人の時より700万円ほど少ないことがわかります。これは厚生年金保険料の負担が新たに発生することに加え、法人も事業を行っていく上で一定の利益を残す必要があるためです。可処分所得のシミュレーションまで行うことで自分たちの手元に残るキャッシュが明確になり、個人の時より生活が苦しくなったというクレームは回避できると思います。

1-6 に掲載した給与と社会保険料（医師国保と厚生年金の組み合わせ）

の金額を基にシミュレーションを作成しました。

　前提条件は、売上は保険収入が1億円、自費収入が500万円、事業所得は4,200万円。奥様の専従者給与は月額50万円で計算してあります。

■税金比較

		個人事業	医療法人	差　額
所 得 税	理 事 長	13,386,900	7,899,600	-5,487,300
	理事（奥様）	366,000	898,700	532,700
住 民 税	理 事 長	3,976,900	2,639,800	-1,337,100
	理事（奥様）	393,000	660,400	267,400
個人事業税	個 人 分	0		0
法人税等	法人税・事業税・住民税		1,227,600	1,227,600
	合　計	18,122,800	13,326,100	**-4,796,700**

■収支比較

		個人事業	医療法人	差　額
収　入	売　上	105,000,000	105,000,000	0
	不動産収入	0	0	0
	計	105,000,000	105,000,000	0
支　出	仕 入 高	10,000,000	10,000,000	0
	給料手当（従業員）	13,940,000	13,940,000	0
	社会保険料（理事の自己負担）	1,002,960	1,967,520	964,560
	法定福利費（理事の法人負担）	0	1,361,520	1,361,520
	法定福利費（従業員の法人負担）	167,280	1,475,730	1,308,450
	賃 借 料	6,000,000	6,000,000	0
	交 際 費	1,200,000	1,200,000	0
	そ の 他	22,000,000	22,000,000	0
	税　金	18,122,800	13,326,100	-4,796,700
	計	72,433,040	71,270,870	-1,162,170
	年間借入金返済額	0	0	0
差引金額		32,566,960	33,729,130	**1,162,170**

■可処分所得内訳

		個人事業	医療法人	差　　額
可処分所得	理事長・理事（奥様）	32,566,960	25,533,980	-7,032,980
	医療法人		8,195,150	8,195,150
	合　　　計	32,566,960	33,729,130	**1,162,170**

（竹居泰子）

1-6 医療法人と社会保険

　個人事業の場合、常勤職員が5人未満の場合は、社会保険の加入義務はありません。一方、医療法人の場合は、常勤職員が1人でもいる場合は、社会保険の加入義務が発生します（本稿でいう社会保険は健康保険と厚生年金保険を指します）。

　社会保険の加入条件になる常勤の定義は、正職員だけでなく正職員の勤務時間の4分の3以上を勤務しているパート職員も常勤の人数に入れる必要があります。個人事業の時は社会保険の加入義務がない5人未満の医療機関であっても、医療法人になった場合は加入義務が発生します。

　健康保険については、中小零細企業が加入する協会けんぽと（歯科）医師国民健康保険組合（以下、「医師国保」と略します）を例にあげます。協会けんぽと厚生年金保険の組合わせで加入するのが原則ですが、健康保険については適用除外申請をすることにより、協会けんぽではなく医師国保と厚生年金保険の組合わせで加入することもできます。ただし、この組合わせは、個人事業の時から医師国保に加入していることが前提です。

　したがって、医療法人になってから医師国保に加入しようと思っても加入することはできませんので、医師国保への加入を考えている場合は個人事業の時から加入しておくことが必要です。また、医師国保の中には加入できる常勤職員を5人未満と人数制限をしているところもあり、常勤職員が5人以上になった場合は5人目からは医師国保ではなく協会けんぽへ加入することを義務付けているところもあります。東京近郊では、神奈川県の組合が5人目からの加入を認めていません。「個人事業でも職員が5人以上いる場合は、社会保険が強制適用になるのだから5人目からは協会けんぽに加入しなければならない」と主張するだけで、交渉の余地がありません。このように全国には根拠を示さないまま加入を拒む組合もありますので、医療法人成りする前に所属する組合へ確認する必要があります。

■協会けんぽと医師国保の比較

	協会けんぽ	医師国保
保険料の金額	給与の金額に応じて増加 被扶養者の人数は関係ない	組合員の種別により定額 被扶養者の人数に応じて増加
保険料負担	事業主と従業員で折半	従業員のみ負担
保険給付	自院の診察も可	自院の診察は不可
加入条件	個人・医療法人を問わない	個人事業のみ (例外として個人事業の時から加入していた医療機関は法人成り後も継続加入可)
従業員の人数制限	なし	都道府県により人数制限あり

① 健康保険料

　協会けんぽの保険料は、標準報酬月額58,000円〜1,390,000円まで、1等級から50等級まで段階ごとに分かれています。報酬月額は、基本給以外に各種手当、残業手当、交通費を含めた金額です。報酬月額が63,000円未満の人は一番下の等級の58,000円になり、1,355,000円以上の人は一番上の等級の1,390,000円になります。毎年4月〜6月の3か月間に各人へ支給した金額を「被保険者報酬月額算定基礎届」に記載して1年に1回年金事務所へ提出します。その金額を元に各人の「標準報酬」が決まり、一か月の保険料が決まります。

　一方、医師国保は加入する組合員の種別により定められた保険料と組合員の家族の保険料を合計した金額が保険料になる仕組みです。東京都の医師国保の保険料を参考に添付します(次頁の表参照)。

　医師1名、看護師の奥様、正職員の看護師1名、正職員の事務職員2名、パート職員4名(内1人は正職員の4分の3以上の時間を勤務)という常勤職員4名で、個人事業では社会保険の加入義務がない医療機関が医療法人になった場合は、どのくらい社会保険料の負担が増加するかを医師

国保と協会けんぽで比較します（次頁の表参照）。どちらの組合わせでも厚生年金保険料の負担は年間 250 万円以上増加します。健康保険は、協会けんぽに加入するほうが医師国保に加入する場合より、事業主の負担が年間で 200 万円以上増加します。なぜなら、協会けんぽは事業主と従業員の双方で保険料を折半しますが、医師国保は国民健康保険のため、事業主は保険料を負担する義務はありません。また、協会けんぽは賞与に対しても保険料の負担が発生しますが、医師国保は賞与に対する保険料の負担がありません。

■東京都医師国民健康保険組合の保険料　　　（令和 2 年 4 月現在）

種　　別	医療保険料	後期高齢者支援金等保険料	合　　計	介護保険料	後期高齢者保険料
第 1 種組合員	27,500 円	5,000 円	32,500 円	5,500 円	
第 2 種組合員	13,500 円	5,000 円	18,500 円	5,500 円	
第 3 種組合員（75 歳以上）	－	－	－	－	1,000 円
第 4 種組合員	－	－	－	－	1,000 円
家族(75 歳未満)	7,500 円	5,000 円	12,500 円	5,500 円	－

■年間給与額

	年　　齢	月額給与	年間賞与	年間合計
医　師　（理事長）	43 歳	250 万円	－	3,000 万円
奥　様　（理事）	38 歳	80 万円	－	960 万円
看護師 A（正職員）	42 歳	35 万円	70 万円	490 万円
事務員 B（正職員）	37 歳	27 万円	50 万円	374 万円
事務員 C（正職員）	30 歳	25 万円	40 万円	340 万円
事務員 D（パート）	33 歳	15 万円	10 万円	190 万円

■年間保険料の事業主負担

	医師国保		協会けんぽ	
	健康保険料（注）	厚生年金保険料	健康保険料	厚生年金保険料
医　師	606,000 円	680,760 円	972,444 円	680,760 円
奥　様		680,760 円	467,832 円	680,760 円
看護師 A	288,000 円	459,330 円	292,666 円	459,330 円
事務員 B	222,000 円	353,190 円	190,491 円	353,190 円
事務員 C	222,000 円	322,080 円	173,712 円	322,080 円
事務員 D	222,000 円	173,850 円	93,759 円	173,850 円
合　計	事業主負担 0 円	2,669,970 円	2,190,904 円	2,669,970 円

（注）各人の保険料負担金額を参考に記載します。

　したがって、事業主の保険料負担を考えるなら医師国保のほうが断然有利になります。それ以外では、医師国保は給与が比較的高額な医師・看護師や単身者は、給与に占める保険料の負担が軽くなる傾向にありますが、給与があまり高くない看護助手・事務員や家族が多い職員は、保険料の負担が重くなる傾向にあります。また、協会けんぽは保険に加入している職員や家族を診察することは可能ですが、医師国保は保険に加入している職員や家族を診察することは自家診療に該当し、保険請求をすることができません。この点は注意する必要があります。

　少子高齢化で保険料を負担する人口より保険の給付を受ける人口のほうが増加していますので、どの健康保険組合も財政が苦しい状態です。このため保険料の負担は年々増加しています。いまや、税金よりも社会保険料の負担のほうが重いのが現実です。

　医療法人を考える場合は税金の負担だけでなく、社会保険料の負担がどのくらいになるかもあわせて考える必要があります。

② 医療法人成り後の健康保険の手続き

医療法人になった場合は、協会けんぽと厚生年金の組合わせが基本になりますので、医師国保の組合員の資格を喪失してから協会けんぽへ加入手続をします。ただし、個人事業の時から医師国保に加入してきた事業所は、引き続き医師国保に加入することが例外として認められています。協会けんぽに加入する場合と医師国保に引き続き加入する場合の、両方の手続きをご紹介します。

①　協会けんぽに加入する場合

協会けんぽに加入する場合は、医師国保で組合員の資格喪失手続を行った後に年金事務所で協会けんぽの加入手続を行います。

（手続きに必要な書類）
- ・資格喪失届（各自）
- ・被保険者証（各自）

（手続きの流れ）

資格喪失届と被保険者証を医師国保に提出する。

医師国保組合が受理した日に資格喪失となる。

組合から喪失者に「資格喪失証明書」が発行される。

手続き完了

②　医師国保に引き続き加入する場合

医師国保に加入する場合は、年金事務所で「健康保険被保険者適用除外承認」手続きを行い、引き続き医師国保に加入します。

（手続きに必要な書類）
- ・法人事業所名変更届

・健康保険適用除外承認申請書

・法人の登記簿謄本の写し

・預金口座振替依頼書（法人名義）

（手続きの流れ）

年金事務所

③ ⬆　　　　　　　　　④⬇

医療法人

① ⬇　　　　②⬆　　　　⑤⬇　　　　⑥⬆

医師国保組合

① 「資格取得届」と「適用除外承認申請書」を組合へ提出する。

② 組合は理事印を押印した「適用除外承認申請書」を医療法人へ返送する。

③ 医療法人は年金事務所で適用除外承認申請の手続きを行う。

④ 年金事務所は適用除外の承認書を医療法人に返送する。

⑤ 医療法人は適用除外の承認書の写しを組合に提出する。

⑥ 組合は被保険者証を医療法人に交付する。

③ 適用除外承認申請手続を行う場合の注意点

　医師国保に加入する場合は、法人の診療所開設日から 14 日以内に適用除外申請手続を行う必要があります。14 日以内に手続きを行わなかった場合は、手続きができなかったやむを得ない理由書を申請書に添付しない場合は、申請を認めない旨の通知書が厚生労働省から出ました。

　したがって、申請手続が 14 日を超えた場合は、年金事務所がやむを得ないと認める事由以外は、適用除外申請は認められなくなりましたので、医療法人成り後に医師国保に加入し続ける場合の手続きはくれぐれもご注意ください。平成 23 年 3 月 8 日付の厚生労働省の通知書を参考に抜粋します。

健康保険の適用除外申請における承認年月日の取扱いについて（抜粋）

１．年金事務所が「やむを得ないと認めた場合」については、次のとおりであり、個々の事情を十分に踏まえた取扱いを行うものとする。

（１）　天災地変、交通・通信関係の事故やスト等により適用除外の申請が困難と認められる場合
（２）　事業主の入院や家族の看護など、適用除外の申請ができない特段の事情があると認められる場合
（３）　法人登記の手続きに日数を要する場合
（４）　国保組合の理事長の証明を受けるための事務処理日数を要する場合
（５）　事業所が離島など交通が不便な地域にあるため、年金事務所に容易に行くことができない場合
（６）　書類の郵送（搬送）に日数を要する場合
（７）　年金事務所が閉所している場合
（８）　その他、事業主の責によらない事由により適用除外の申請ができない事情があると認められる場合

　なお、上記の事情に該当するとして申請する場合には、14日以内に届出ができなかったやむを得ない理由を記載した理由書を添付するものとする。

２．健康保険の適用除外承認の申請を行おうとする者にあっては、「事実の発生から14日以内」に申請を行うことが困難と思われる場合には、可能な限り、電話等により事前に年金事務所に相談を行うことが望ましい。

（竹居泰子）

1-7 医療法人の会計基準

　医療法人の会計基準というと病院会計準則を思い浮かべる方も多いかと思います。しかし、現行制度の下ではすべての医療法人が病院会計準則に基づき会計処理を行わなければならないというわけではありません。

① 病院会計準則

　そもそも病院会計準則は、昭和40年10月に当時現金主義会計が行われてきた医療機関の経営成績及び財政状態の適正な把握を図るために制定されました。その後、社会環境の変化に伴い、昭和58年と平成16年に全面的な見直しが行われ、現在の形になっています。二度目の見直しが行われた平成16年に厚生労働省から出された通知には、以下のような記載があります。

■病院会計準則の改正に伴う医療法人における会計処理等に係る留意点
　について　　　（平成16年医政発第0819002号厚生労働省医政局長通知）

> ２　医療法人の会計処理
> （２）　法改正の趣旨に鑑み、病院または介護老人保健施設を開設する医療法人にあっては、それぞれ原則として「病院会計準則」（平成16年8月19日付医政発0819001号厚生労働省医政局長通知）又は「介護老人保健施設会計・経理準則」（平成12年3月31日付老発第378号厚生省老人保健福祉局長通知）により会計処理すること。
> （３）　診療所のみを開設する医療法人にあっては、「病院会計準則」に準じて会計処理することが望ましいものであること。ただし、複数の診療所を開設するものにあっては、原則として「病院会計準則」に準じて会計処理するものとすること。　　　　　　　（一部抜粋）

つまり、病院を開設する医療法人と複数の診療所を開設する医療法人は、病院会計準則を適用することが求められていました。

しかし、平成 19 年施行の第 5 次医療法改正に伴い、医療法人の会計は一般に公正妥当と認められる会計の慣行に従うものとするということが規定されました。

●平成 27 年の医療法改正以前の医療法第 50 条の 2

> 　医療法人の会計は、一般に公正妥当と認められる会計の慣行に従うものとする。

　これと並行して、平成 19 年 3 月に厚生労働省から以下の通知が出されています。

■医療法人制度について

　　（平成 19 年 3 月 30 日付医政発第 0330049 号厚生労働省医政局長通知）

> 2　既往通知の廃止
> 　○病院会計準則の改正に伴う医療法人における会計処理等に係る留意
> 　　点について
> 　　（平成 16 年医政発第 0819002 号厚生労働省医政局長通知）
> 　　　　　　　　　　　　　　　　　　　　　　　　　　　（一部抜粋）

　結果として、平成 19 年以降は特定の会計基準が明示されないまま「一般に公正妥当と認められた会計の慣行」に従えばよいということになっています。「一般に公正妥当と認められた会計の慣行」とは一般的には企業会計基準を指すものですが、病院会計準則も「一般に公正妥当と認められた会計の慣行」の一つと解されます。つまり、医療法人の会計処理は企業会計基準を準用しても、病院会計準則によっても問題なく、任意に選択できるという規定になっています。

② 医療法人会計基準の新設

① 四病院団体協議会による医療法人会計基準公表

　このような状況の中、平成26年2月に四病院団体協議会の会計基準策定小委員会より、「医療法人会計基準に関する検討報告書」が公表されました。これを受け、厚生労働省から以下の通知が出されています。

■医療法人会計基準について
　（平成26年3月19日付医政発0319第7号厚生労働省医政局長通知）

> 　医療法人の会計基準については、これまで「病院会計準則の改正について」（平成16年8月19日医政発0819001号厚生労働省医政局長通知）、「介護老人保健施設会計・経理準則の制定について」（平成12年3月31日老発第378号厚生省老人保健福祉局長通知）や企業会計の基準等を参考に計算書類の作成が行われてきたが、このたび、四病院団体協議会において「医療法人会計基準に関する検討報告書」が別添のとおり取りまとめられたところである。
>
> 　当該報告書に基づく医療法人会計基準は、医療法（昭和23年法律第205号）第50条の2に規定する一般に公正妥当と認められた会計の慣行の一つとして認められることから、御了知の上、特に貴管内の病院又は介護老人保健施設を開設する医療法人に対して積極的な活用が図られるよう、特段の御配慮をお願いしたい。

② 医療法人会計基準の施行

　四病院団体協議会による医療法人会計基準の公表に続く形で、平成28年4月20日、医療法人会計基準（平成28年厚生労働省令第95号）が公布され、平成29年4月2日から施行されることとなりました。さらに、医療法人会計基準が適用される医療法人が貸借対照表等を作成する際の基

準、様式等について、「医療法人会計基準適用上の留意事項並びに財産目録、純資産変動計算書及び附属明細表の作成方法に関する運用指針」（平成28年4月20日医政発0420第5号厚生労働省医政局長通知）が公表されています。基本的には四病院団体協議会による医療法人会計基準を踏襲するものとなっています。

③ 病院会計準則との相違点

病院会計準則でも医療法人会計基準でも基本的には企業会計を基にしたものがほとんどですので、あまり変わらないのが実情です。医療法人会計基準では、金融商品会計・退職給付会計・税効果会計・リース会計・減損会計・関係事業者取引注記が、取り入れられています。それぞれで病院会計準則との大きな相違点は以下のようになります。

ⅰ 金融商品会計

病院会計準則では、資金繰り等から長期的には売却の可能性が見込まれる債券であっても、満期保有目的の債券に含めることとされていますが、医療法人会計基準では該当する規定はなく、長期的に売却する可能性が見込まれる債券は、その他有価証券として時価評価されることになります。

ⅱ 退職給付会計

病院会計準則では退職給付計算における簡便法の取扱いが明記されていませんでした。一方、医療法人会計基準では社会医療法人以外の医療法人において、前々年度の負債総額が200億円未満の場合に簡便法が許容されています。なお、簡便法とは、退職給付に係る期末自己都合要支給額を退職給付とする方法をいいます。具体的な計算方法は、企業会計基準適用指針25号退職給付に関する会計基準の適用指針によるものと考えられます。

ⅲ 税効果会計

税効果会計については大きく異なるところはありませんが、医療法人会計基準では重要性がある場合のみ税効果会計を適用することが明記されています。

ⅳ　リース会計

　病院会計準則では、ファイナンス・リースについては例外なく売買処理されることとされています。一方、医療法人会計基準では、①社会医療法人以外の医療法人で前々年度の負債総額が200億円未満の場合、②医療法人会計基準適用前に開始したリース取引の場合、③リース料総額が300万円未満の場合、所有権移転外ファイナンス・リース取引は賃貸借処理も許容されます。

ⅴ　減損会計

　病院会計準則ではなかった規定ですが、医療法人会計基準では減損会計が限定的に適用されています。医療法人会計基準では「資産の時価が著しく低くなった場合には、回復の見込みがあると認められるときを除き、時価をもって貸借対照表価額とする」と定めています。ただし、「使用価値が時価を超える場合には、取得価額から減価償却累計額を控除した価額を超えない限りにおいて使用価値をもって貸借対照表価額とすることができる」と規定されています。地価が高い時期に取得した土地などは時価が取得価額を大幅に下回っていることもあるので注意が必要です。

ⅵ　関係事業者に関する注記

　医療法人会計基準においては関係事業者に関する注記をすることとなりました。医療法第51条1項に定める関係事業者との取引については、次にあげる事項を関係事業者ごとに注記しなければならないとされています。

・当該関係事業者が法人の場合には、その名称、所在地、直近の会計期末における総資産額及び事業の内容
・当該関係事業者が個人の場合には、その氏名及び職業
・当該医療法人と関係事業者との関係
・取引の内容
・取引の種類別の取引金額
・取引条件及び取引条件の決定方針
・取引により発生した債権債務に係る主な科目別の期末残高
・取引条件の変更があった場合には、その旨、変更の内容及び当該変更が

計算書類に与えている影響の内容

医療法第51条第1項に定める関係事業者とは、当該医療法人と②に掲げる取引を行う場合における①に掲げる者をいいます。

①　②に掲げる取引を行う者

イ　当該医療法人の役員またはその近親者（配偶者または二親等内の親族）

ロ　当該医療法人の役員またはその近親者が代表者である法人

ハ　当該医療法人の役員またはその近親者が、株主総会、社員総会、評議員会、取締役会、理事会の議決権の過半数を占めている法人

ニ　他の法人の役員が、当該医療法人の社員総会、評議員会、理事会の議決権の過半数を占めている場合の他の法人

ホ　ハの法人の役員が、他の法人（当該医療法人を除く）の株主総会、社員総会、評議員会、取締役会、理事会の議決権の過半数を占めている場合の他の法人

②　当該医療法人と行う取引

イ　事業収益または事業費用の額が、1,000万円以上であり、かつ当該医療法人の当該会計年度における事業収益の総額（本来業務事業収益、附帯業務事業収益及び収益業務事業収益の総額）または事業費用の総額（本来業務事業費用、附帯業務事業費用及び収益業務事業費用の総額）の10%以上を占める取引

ロ　事業外収益または事業外費用の額が、1,000万円以上であり、かつ当該医療法人の当該会計年度における事業外収益または事業外費用の総額の10%以上を占める取引

ハ　特別利益または特別損失の額が、1,000万円以上である取引

ニ　資産または負債の総額が、当該医療法人の当該会計年度の末日における総資産の1%以上を占め、かつ1,000万円を超える残高になる取引

ホ　資金貸借、有形固定資産及び有価証券の売買その他の取引の総額が、1,000万円以上であり、かつ当該医療法人の当該会計年度の末日における総資産の1%以上を占める取引

へ　事業の譲受または譲渡の場合にあっては、資産または負債の総額のいずれか大きい額が、1,000万円以上であり、かつ当該医療法人の当該会計年度の末日における総資産の1％以上を占める取引

④　医療法人会計基準における純資産の部の取扱い

　医療法人会計基準では、株式会社でいうところの株主資本等変動計算書の取扱いと、貸借対照表における純資産の部の表示が明確化されました。株主資本等変動計算書は、会社法において株式会社が計算書類として作成することが規定されているもので、医療法人が法律上明確に作成を求められているものではありませんでした。また、企業会計における純資産の部の表示は株式会社などの営利企業を前提としており、医療法人には馴染まないものとなっています。

　一方、病院会計準則は様々な開設主体を想定した施設基準であり、資本の考え方が不明確であるため、純資産額に当期純利益または当期純損失を内書きするにとどめられています。また、平成16年の見直しで利益処分計算書が廃止され、以降株主資本変動計算書に相当するものは財務諸表の体系には入っていません。

　この点、医療法人会計基準においては、純資産の増減に関して純資産変動計算書を作成する規定となっています。基金（または出資金）、積立金、評価・換算差額等について、前期末残高、当期変動額及び当期末残高を記載し、当期変動額は当期純利益、拠出額、返還または払戻額、振替額等原因別に表記する形式です。

③　会計基準の新設と会計監査の導入

　医療法では、事業活動の規模その他の事情を勘案して厚生労働省令で定める基準に該当する医療法人は、厚生労働省令で定める医療法人会計基準に従い、貸借対照表及び損益計算書を作成し、公認会計士等による監査、公告を実施することとなりました。

事業活動の規模その他の事情を勘案して厚生労働省令で定める基準に該当する医療法人とは、以下のとおりです。

・最終会計年度に係る貸借対照表の負債の部に計上した額の合計額が50億円以上または最終会計年度に係る損益計算書の収益の部に計上した額の合計額が70億円以上である医療法人
・最終会計年度に係る貸借対照表の負債の部に計上した額の合計額が20億円以上または最終会計年度に係る損益計算書の収益の部に計上した額の合計額が10億円以上である社会医療法人
・社会医療法人債発行法人である社会医療法人

（増田卓也）

1-8 医療法人の附帯業務

1 附帯業務とは

　医療法人は、医療法第 39 条に定める「病院、医師若しくは歯科医師が常時勤務する診療所、介護老人保健施設又は介護医療院の開設を目的」として設立される法人です。医療法人には、病院、診療所等の本来業務と、本来業務の一部として、またはこれに附随して行われる附随業務があります。その他に本来業務に支障のない限り、医療法人の定款に定めることによって、医療法第 42 条に定められる附帯業務を行うことができます。この附帯業務は、都道府県に対し医療法人の定款変更認可申請を行い、認可を得てから行うことができる業務です。

●医療法第 42 条（附帯業務）

　医療法人は、その開設する病院、診療所、介護老人保健施設又は介護医療院（当該医療法人が地方自治法第 244 条の 2 第 3 項に規定する指定管理者として管理する公の施設である病院、診療所、介護老人保健施設又は介護医療院（以下「指定管理者として管理する病院等」という。）を含む。）の業務に支障のない限り、定款又は寄附行為の定めるところにより、次に掲げる業務の全部又は一部を行うことができる。
一　医療関係者の養成又は再教育
二　医学又は歯学に関する研究所の設置
三　第 39 条第 1 項に規定する診療所以外の診療所の開設
四　疾病予防のために有酸素運動（継続的に酸素を摂取して全身持久力に関する生理機能の維持又は回復のために行う身体の運動をいう。次号において同じ。）を行わせる施設であって、診療所が附置され、かつ、その職員、設備及び運営方法が厚生労働大臣の定める基

準に適合するものの設置

五　疾病予防のために温泉を利用させる施設であって、有酸素運動を
　　行う場所を有し、かつ、その職員、設備及び運営方法が厚生労働大
　　臣の定める基準に適合するものの設置

六　前各号に掲げるもののほか、保健衛生に関する業務

七　社会福祉法（昭和26年法律第45号）第2条第2項及び第3項に
　　掲げる事業のうち厚生労働大臣が定めるものの実施

八　老人福祉法（昭和38年法律第133号）第29条第1項に規定する
　　有料老人ホームの設置

② 附帯業務の具体的内容

　医療法人が行うことができる附帯業務は、厚生労働省の「医療法人の業
務範囲」（平成31年3月29日現在）によれば次のとおりです（本稿執筆
時点）。

第1号　医療関係者の養成又は再教育
・看護師、理学療法士、作業療法士、柔道整復師、あん摩マッサージ
　指圧師、はり師、きゅう師その他医療関係者の養成所の経営。
・後継者等に学費を援助し大学（医学部）等で学ばせることは医療関
　係者の養成とはならないこと。
・医師、看護師等の再研修を行うこと。

第2号　医学又は歯学に関する研究所の設置
・研究所の設置の目的が定款等に規定する医療法人の目的の範囲を逸
　脱するものではないこと。

第3号　医療法第39条第1項に規定する診療所以外の診療所の開設
・巡回診療所、医師又は歯科医師が常時勤務していない診療所（例え
　ば、へき地診療所）等を経営すること。

第4号　疾病予防のために有酸素運動（継続的に酸素を摂取して全身
　　持久力に関する生理機能の維持又は回復のために行う身体の運動をい

う。）を行わせる施設であって、診療所が附置され、かつ、その職員、設備及び運営方法が厚生労働大臣の定める基準に適合するものの設置（疾病予防運動施設）

・附置される診療所については、

① 診療所について、医療法第12条の規定による管理免除又は2か所管理の許可は原則として与えないこと。

② 診療所と疾病予防運動施設の名称は、紛らわしくないよう、別のものを用いること。

③ 既設の病院又は診療所と同一の敷地内又は隣接した敷地に疾病予防運動施設を設ける場合にあっては、当該病院又は診療所が疾病予防運動施設の利用者に対する適切な医学的管理を行うことにより、新たに診療所を設けなくともよいこと。

（厚生労働大臣の定める基準は省略、以下同じ。）

第5号 疾病予防のために温泉を利用させる施設であって、有酸素運動を行う場所を有し、かつ、その職員、設備及び運営方法が厚生労働大臣の定める基準に適合するものの設置（疾病予防温泉利用施設）

・温泉とは温泉法（昭和23年法律125号）第2条第1項に規定するものであること。

・疾病予防のために温泉を利用させる施設と提携する医療機関は、施設の利用者の健康状態の把握、救急時等の医学的処置等を行うことのできる体制になければならないこと。

第6号 保健衛生に関する業務

・保健衛生上の観点から行政庁が行う規制の対象となる業務の全てをいうのではなく、次のⅠ、Ⅱに記載される業務であること。

Ⅰ．直接国民の保健衛生の向上を主たる目的として行われる以下の業務であること。

① 薬局

② 施術所（あん摩マッサージ指圧師、はり師、きゅう師等に関する法律、柔道整復師法に規定するもの。）

③　衛生検査所（臨床検査技師、衛生検査技師等に関する法律に規定するもの。）

④　介護福祉士養成施設（社会福祉士及び介護福祉士法に規定するもの。）

⑤　介護職員養成研修事業（地方公共団体の指定を受けて実施するもの。）

⑥　難病患者等居宅生活支援事業（地方公共団体の委託を受けて実施するもの。）

⑦　介護保険法に規定する訪問介護、通所介護、通所リハビリテーション、短期入所生活介護、短期入所療養介護、地域密着型通所介護、認知症対応型通所介護、小規模多機能型居宅介護、介護予防訪問介護、介護予防通所介護、介護予防通所リハビリテーション、介護予防短期入所生活介護、介護予防短期入所療養介護、介護予防認知症対応型通所介護、介護予防小規模多機能型居宅介護、複合型サービス（小規模多機能型居宅介護及び訪問看護の組合せに限る。）、第一号訪問事業若しくは第一号通所事業又は障害者の日常生活及び社会生活を総合的に支援するための法律にいう障害福祉サービス事業、一般相談支援事業、特定相談支援事業、移動支援事業、地域活動支援センター若しくは福祉ホームにおける事業と連続して、又は一体としてなされる有償移送行為であって次に掲げるもの。

（有償移送行為の範囲は省略）

⑧　介護保険法にいう居宅サービス事業、居宅介護支援事業、介護予防サービス事業、介護予防支援事業、地域密着型サービス事業、地域支援事業、保健福祉事業、指定市町村事務受託法人の受託事務及び指定都道府県事務受託法人の受託事務のうち、別添において「保健衛生に関する業務」とするもの。

⑨　助産所（医療法第2条に規定するもの。）

⑩　歯科技工所（歯科技工士法に規定するもの。）

⑪　福祉用具専門相談員指定講習（介護保険法施行令に規定する
もの。）

⑫　高齢者の居住の安定確保に関する法律（平成13年法律第26
号。）第5条に規定するサービス付き高齢者向け住宅の設置。
ただし、都道府県知事の登録を受けたものに限る。
（医療法人が設置できるサービスの説明は省略）

⑬　労働者派遣事業の適正な運営の確保及び派遣労働者の保護等
に関する法律（昭和60年法律第88号。以下「労働者派遣法」
という。）第4条第1項第3号及び労働者派遣事業の適正な運
営の確保及び派遣労働者の保護等に関する法律施行令（昭和61
年政令第95号。以下「労働者派遣法施行令」という。）第2条
第1項の規定により派遣労働者に従事させることが適当でない
と認められる業務から除外されている労働者派遣で次に掲げる
もの。
（1）労働者派遣法施行令第2条第1項各号に掲げる業務
（労働者派遣方施行令に掲げる業務は省略。以下同じ）
（2）労働者派遣法施行令第2条第1項第1号に掲げる業務

⑭　障害者の日常生活及び社会生活を総合的に支援するための法
律第77条に規定する地域生活支援事業として実施する日中一時
支援事業（地方公共団体の委託又は補助を受けて実施するもの。）

⑮　障害者の雇用の促進等に関する法律（昭和35年法律第123
号）第34条に規定する障害者就業・生活支援センター

⑯　健康保険法（大正11年法律第70号）第88条第1項に規定
する訪問看護事業

⑰　学校教育法（昭和23年法律第26号）第1条に規定する学
校、同法第124条に規定する専修学校及び同法第134条第1項
に規定する各種学校並びに児童福祉法（昭和22年法律第164
号）第39条第1項に規定する保育所及び同法第59条第1項に
規定する施設のうち、同法第39条第1項に規定する業務を目

的とするもの（以下、「認可外保育施設」という。）において、障害のある幼児児童生徒に対し、看護師等が行う療養上の世話又は必要な診療の補助を行う事業

　※　病院又は診療所によるものは、医療法人の本来業務に該当すること。

⑱　認可外保育施設であって、地方公共団体がその職員、設備等に関する基準を定め、当該基準に適合することを条件としてその運営を委託し、又はその運営に要する費用を補助するもの。

⑲　医療法人の開設する病院又は診療所の医師が栄養・食事の管理が必要と認める患者であって、

・当該医療法人が開設する病院若しくは診療所に入院していた者若しくは通院している者、

・又は当該医療法人が開設する病院、診療所若しくは訪問看護ステーションから訪問診療若しくは訪問看護を受けている者に対して、当該医療法人が配食を行うもの。

　※　なお、例えば3年前に入院して現在は受診していないような者は対象外となること。

⑳　児童福祉法（昭和22年法律第164号）第6条の3第9項に規定する家庭的保育事業、同第11項に規定する居宅訪問型保育事業、同条第12項に規定する事業所内保育事業及び第59条の2第1項に規定する施設（同項の規定により届出がされたもののうち利用定員が6人以上のものに限る。）において第6条の3第12項に規定する業務を目的とする事業のうち、子ども・子育て支援法（平成24年法律第65号）第59条の2に規定する仕事・子育て両立支援事業による助成を受けているもの（以下「企業主導型保育事業」という。

　※　事業所内保育事業及び企業主導型保育事業に限っては委託する場合も認めること。

㉑　産後ケア（市町村の委託を受けて実施するもの)

Ⅱ．国際協力等の観点から、海外における医療の普及又は質の向上に資する以下の業務であること。

① 海外における医療施設の運営に関する業務

※ 当該業務を実施するに当たり必要な現地法人への出資も可能とすること。その際、出資の価額は、繰越利益積立金の額の範囲内とする。

※ 具体的な運用に当たっては、「医療法人の国際展開に関する業務について」（平成26年医政発0319第5号厚生労働省医政局長通知）を参照すること。

第7号 社会福祉法第2条第2項及び第3項に掲げる事業のうち厚生労働大臣が定めるものの実施

※ 平成10年2月9日厚生省告示第15号及び本通知の別添を参照すること。

※ 就学前の子どもに関する教育、保育等の総合的な提供の推進に関する法律（平成18年法律第77号）第3条第2項第2号の認定こども園（ただし、保育所型のみ。）の運営は、上記告示の第1項第2号ハに包括されること。

第8号 有料老人ホームの設置（老人福祉法に規定するもの。）

［留意事項］

1．役職員への金銭等の貸付は、附帯業務ではなく福利厚生として行うこと。この場合、全役職員を対象とした貸付に関する内部規定を設けること。

2．医療従事者の養成施設に通う学生への奨学金の貸付は、医療施設の運営における医療従事者確保の目的の範囲内において、奨学金の貸付に関する内部規定を設けるなど適切に行われる限り、差し支えないこと。

3．第7号については、社会医療法人のみに認められるものがあること。

4．定款等の変更認可申請とは別に、個別法で定められた所定の手続

（許認可、届出等）を要する場合があること。この場合、個別法の手続の前に定款等の変更認可申請をする必要があるが、手続を並行して行う場合は、各手続の進捗状況に伴い、定款等の変更認可日が後れることは、やむを得ないこと。

③ 附帯業務の具体例

筆者の関与している医療法人の附帯業務の具体例を紹介します。

① 医療法人が疾病予防のための有酸素運動施設（いわゆるメディカルフィットネスセンター）を経営するため、定款に下記のように追加変更し、診療所に併設して有酸素運動施設を開設しているケースがあります。昨今の健康ブームで、株式会社が経営するスポーツセンターやジムが盛況ですが、医療法人の有酸素運動施設は、生活習慣病の予防や健康増進、スポーツ障害のリハビリ訓練などを行うことによって、株式会社が経営する施設にも、十分対抗できます。疾病を持っている方だけではなく、健康増進を願う健常者を取り込むことによって、本来業務へのプラス面と地域への浸透効果があります。

■定款追加変更例

医療法人社団○○会　定款

第４条　この法人の開設する診療所の名称及び開設場所は、次のとおりとする。

　　　□□クリニック　　　××県△△市……

第４条の２　この法人は、前条に掲げる診療所を経営するほか、次の業務を行う。

　（１）　疾病予防運動施設の経営

　　　メディカルフィットネスセンター□□　　　××県△△市……

② 　介護保険事業については、医療法人は本来業務で介護老人保健施設を経営できるほか、附帯業務として、訪問介護（ヘルパーステーションまたはホームヘルプサービス）、通所介護（デイサービス）、通所リハビリテーション（デイケア）、短期入所生活介護（ショートステイ）、認知症対応型共同生活介護（グループホーム）、訪問看護ステーションなど、特別養護老人ホームを除く多くの介護事業を経営することができます。特に内科や整形外科の診療所を経営する医療法人にとって介護事業への展開は、本来業務との相乗効果が期待できます。

③ 　平成 19 年施行の医療法改正により、医療法人の有料老人ホームの設置が解禁されました。

　　有料老人ホームは、介護付有料老人ホームと住宅型有料老人ホームがあり、前者は介護保険の特定施設入所者生活介護事業との組合わせが多く、後者は入所者の依頼に基づいてヘルパーステーションからのホームヘルパー派遣によって介護サービスが提供されるという違いがあります。住宅型の場合、入所者は老人ホームに管理費、食費、家賃を支払うほか、ヘルパーステーションに介護保険の利用料を支払います。医療法人が在宅療養支援診療所、ヘルパーステーション、有料老人ホームを同時に経営することは、医療法人の業務範囲を生かした事業の組合わせとなります。

　　医療法人には、病院、診療所を経営する本来業務以外に多くの附帯業務があり、国際展開に関する業務などを含め、政策的に拡大傾向にあり、その可能性が広がりつつあります。

（小林　　弘）

1-9 医療法人と税金

　医療法人は株式会社と同様に、法人税・法人事業税・法人住民税・消費税といった税金が課税されます。しかし、株式会社とは一部取扱いが異なる部分もあります。以下ではそれぞれの税目ごとに株式会社との比較を交えて概説します。

1 法人税

　法人税法第4条1項には「内国法人は、この法律により、法人税を納める義務がある」とあります。国内に本店または主たる事務所を有する法人である内国法人であれば、法人税の納税義務者になります。したがって、医療法人は通常内国法人ですので、法人税の納税義務者となります。ただし、「公益法人等又は人格のない社団等については、収益事業を行う場合、法人課税信託の引受けを行う場合又は第84条第1項（退職年金等積立金の額の計算）に規定する退職年金業務等を行う場合に限る。」（法人税法第4条第1項ただし書）とあり、社会医療法人が公益法人等に該当しますので、社会医療法人については収益事業についてのみ課税対象となっています。社会医療法人以外の医療法人は普通法人とされ、全所得に課税されることになります。

　法人税法の規定を読む場合、株式会社と異なり医療法人は「会社」でないことに注意が必要です。「会社」は、会社法においては「株式会社、合名会社、合資会社又は合同会社をいう」と定義されています（会社法第2条1号）。法人税法の各規定の中で、より範囲の広い「法人」と記載されているか、「会社」と記載されているかによって医療法人が対象となっているかどうかを慎重に判断する必要があります。

　例えば、法人税法には同族会社等の行為または計算の否認という規定が

あります。

●法人税法第 132 条 1 項

税務署長は、次に掲げる法人に係る法人税につき更正又は決定をする場合において、その法人の行為又は計算で、これを容認した場合には法人税の負担を不当に減少させる結果となると認められるものがあるときは、その行為又は計算にかかわらず、税務署長の認めるところにより、その法人に係る法人税の課税標準若しくは欠損金額又は法人税の額を計算することができる。

一　内国法人である同族会社

二　イからハまでのいずれにも該当する内国法人

　　イ　3 以上の支店、工場その他の事業所を有すること。

　　ロ　その事業所の 2 分の 1 以上に当たる事業所につき、その事業所の所長、主任その他のその事業所に係る事業の主宰者又は当該主宰者の親族その他の当該主宰者と政令で定める特殊の関係のある個人（以下この号において「所長等」という。）が前に当該事業所において個人として事業を営んでいた事実があること。

　　ハ　ロに規定する事実がある事業所の所長等の有するその内国法人の株式又は出資の数又は金額の合計額がその内国法人の発行済株式又は出資（その内国法人が有する自己の株式又は出資を除く。）の総数又は総額の 3 分の 2 以上に相当すること。

同族会社は、以下のように定義されています。

●法人税法第 2 条 10 号

会社の株主等（その会社が自己の株式又は出資を有する場合のその会社を除く。）の 3 人以下並びにこれらと政令で定める特殊の関係のある個人及び法人がその会社の発行済株式又は出資（その会社が有する自己の株式又は出資を除く。）の総数又は総額の 100 分の 50 を超え

> る数又は金額の株式又は出資を有する場合その他政令で定める場合におけるその会社をいう。

　医療法人は会社ではありませんので、当然に同族会社には該当せず、法人税法第132条第1項第1号には該当しません。しかし、医療法人は内国法人であるので、同2号の規定の対象範囲に入ってきます。したがって、イからハの3要件に当てはまるかどうかを検討する必要があります。

　具体的には、次の3つの要件すべてに該当する場合はこの規定の適用を受けますが、現実的には適用となるケースは少ないと考えられます。

・医療法人が3以上の病院その他の事業所を有すること。
・その事業所の2分の1以上に当たる事業所につき、その事業所の院長その他の事業主宰者またはその親族等が前にその事業所において個人として事業を営んでいた事実があること。
・上記の事実がある院長等がその医療法人の発行済株式数または出資総数の3分の2以上を保有すること。

　医療法人は同族会社に該当しないので、上記の規定以外にもみなし役員に係る規定、使用人兼務役員に係る規定、特定同族会社の特別税率（留保金課税）に係る規定についても、医療法人での適用はありません。

　平成19年施行の第5次医療法改正に伴い、以降に設立された医療法人はすべて持分の定めのない法人となっています。従前の持分の定めのある医療法人と比較して、法人税の取扱いが異なる部分があるので別途注意が必要です。持分の定めのある法人は、出資金の額が法人税法上の資本金の額または出資金の額に該当し、出資金の額により中小企業向けの特例措置の適用の可否を判定していました。しかし、持分の定めのない医療法人については基金が法人税法上の資本金の額または出資金の額に該当せず、下記のように取扱いが異なります。

① 交際費等の損金不算入

持分の定めのない医療法人については、後述する資本金の額または出資金の額に準ずる金額が1億円以下である場合には、800万円まで損金算入が可能になります。

●租税特別措置法第37条の4第1号

> 資本又は出資を有しない法人（第3号から第5号までに掲げるものを除く。）当該事業年度終了の日における貸借対照表（確定した決算に基づくものに限る。以下この条において同じ。）に計上されている総資産の帳簿価額から当該貸借対照表に計上されている総負債の帳簿価額を控除した金額（当該貸借対照表に、当該事業年度に係る利益の額が計上されているときは、その額を控除した金額とし、当該事業年度に係る欠損金の額が計上されているときは、その額を加算した金額とする。）の100分の60に相当する金額

② 寄附金

一般の寄附金については、損金算入限度額を資本金等の額と所得金額によって計算しますが、持分の定めのない医療法人については、所得金額のみによって計算することになります。

③ 貸倒引当金の繰入れ

資本金の額若しくは出資金の額が1億円以下の法人のうち100％子法人等を除く法人は、一括金銭評価債券について貸倒引当金を繰り入れることができ、法定繰入率を選択することができます。持分の定めのない医療法人にも、この規定を適用することができます。

④ 中小企業者等の軽減税率

持分の定めのない医療法人については、すべて年800万円以下の所得金額

には軽減税率の 15% （本稿執筆時）が適用されます。

⑤　中小企業者等の少額減価償却資産の取得価額の損金算入の特例

　常時使用する従業員の数が 1,000 人以下の持分の定めのない医療法人については、適用対象法人となります。取得価額が 30 万円未満である減価償却資産を取得などして事業の用に供した場合には、一定の要件のもとにその取得価額に相当する金額を損金の額に算入することができます。

⑥　中小企業等が適用できる各種税額控除

　中小企業等投資促進税制・中小企業者等が機械等を賃借した場合の税額控除・中小企業向け所得拡大促進税制などについて、常時使用する従業員の数が 1,000 人以下の持分の定めのない医療法人について適用可能となります。

　持分の定めのある医療法人については、出資金の額が 1 億円以下であれば、以上の特例が適用となります。

②　地方法人税

　平成 26 年度税制改正により創設された地方法人税税額は法人税額に 4.4% の税率を乗じた金額でしたが、令和元年 10 月 1 日以後に開始する課税事業年度から 5.9% 引き上げられ 10.3% の税率となります。一方、法人税額をベースとして計算する地方税である法人住民税（法人税割）の税率が道府県民税・市町村民税合わせて 5.9% 下がります。したがって、実質的に医療法人の納税負担額は変わりません。

③　法人事業税

　医療法人は、法人事業税では協同組合と同様の特別法人に該当し、株式会社とは取扱いが異なります。税率が株式会社の場合と異なるほか、法人

税で予定申告義務があっても、法人事業税は予定申告義務がありません。また、社会保険診療報酬等は事業税の所得の算定において除外されます。消費税の課税・非課税区分とは若干範囲が異なるので注意が必要です。

④ 法人住民税

社会医療法人を除く医療法人は、住民税では普通法人扱いとなります。したがって、基本的には株式会社と取扱いが同様になります。しかし、持分の定めのない医療法人は、住民税の均等割について資本金の額または出資金の額がない法人として最低額が課税されることになります。

⑤ 消 費 税

① 新設法人の消費税

医療法人は消費税について株式会社と同様に、国内で行った課税資産の譲渡等について消費税を納める義務があります。ただし、基準期間と呼ばれる前々事業年度の消費税が課税される売上が1,000万円以下の場合（または新設法人のように基準期間が存在しない場合）には、消費税の納税義務が免除されます。新設法人で基準期間が存在しない場合に消費税の納税義務が免除されるという規定は、事業年度開始の日における資本金の額または出資の金額が1,000万円未満の法人が適用できます。したがって、新設の持分の定めのない医療法人は、設立後2年間この規定を適用することができます。

上記のように基準期間における課税売上高が1,000万円以下であれば原則として免税事業者に該当しますが、基準期間の課税売上高が1,000万円以下であっても、前事業年度開始の日以後6か月の期間（特定期間）の課税売上高が1,000万円を超えた場合には、課税事業者となってしまうので注意が必要です。この点、特定期間の1,000万円の課税売上高の判定に代

えて、特定期間中に支払った給与等の支払金額により判定することも可能
ですが、通常の医療法人で役員への給与を含めて6か月の給与等の支払金
額が1,000万円以下になることはあまり想定されないでしょう。

　したがって、自由診療報酬などが多い歯科診療所を運営する医療法人
は、新設法人であっても特定期間で消費税の課税売上が1,000万円を超
え、かつ給与等の支払額が1,000万円を超えることが想定されますので、
設立2年目は消費税の納税義務者になる可能性が高いと思われます。

②　医療機関における消費税の損税問題

　医療法人に限った話ではありませんが、医療機関は消費税について長年
の課題があります。いわゆる消費税の損税問題です。

　消費税は、商品・製品の販売やサービスの提供などの取引に対して広く
公平に課税される税で、消費者が負担し事業者が納付します。通常、消費
税が課税されるモノを仕入れて、消費税が課税されるモノを販売している
会社は、消費税率が何％であっても利益の額は変わりません。例えば税抜
価格50円のものを仕入れて、税抜価格100円で販売している会社で考え
てみます。

・消費税がない場合

　利益＝売上100円－仕入50円＝50円

・消費税率10％の場合

　利益＝売上110円－仕入55円－消費税の納税額(10円～5円)＝50円

　このようにこの会社の利益は消費税率にかかわらず同じになります。消
費税を納税している金額が変わりますが、モノを販売した消費者から徴収
した消費税額を預かり、消費者の代わりに納税しているだけということに
なります。

　医療法人の場合は勝手が違います。社会保険診療報酬は消費税が非課税
となっているからです。上記の例で同じように税抜価格50円の診療材料
を仕入れて、100円の社会保険診療報酬を得ている医療法人で考えてみま
す。

・消費税がない場合

　利益＝診療報酬 100 円－仕入 50 円＝ 50 円

・消費税率 10％の場合

　利益＝診療報酬 100 円－仕入 55 円＝ 45 円

　上記のように、保険診療をしている医療法人は、消費税率が上がれば上がるほど利益が落ちていくことになります。つまり、医療機関は保険診療に関して消費税における最終消費者の立場にあり、消費税を負担する立場にあるということです。

　消費税は平成元年に消費税率３％で導入され、その後平成９年に５％、平成 26 年に８％、令和元年に 10％に引き上げられていますが、社会保険診療報酬が同様の上昇率で引き上げられているのであれば、医療機関の利益は変わらないはずです。しかし、消費税の導入時やその後の引上げの際に、消費税に対応する社会保険診療報酬への上乗せが十分になされていなかったと主張されることがあります。これが、いわゆる消費税の損税問題です。

（増田卓也）

1-10　医療法人の税務申告と税務調査

1　法 人 税

①　税　　率

　医療法人のうち社会医療法人は収益事業の所得に対してのみ課税がされる公益法人に該当しますが、それ以外の医療法人は普通法人に該当し、全所得に対して課税されます。税率については特定医療法人と社会医療法人は普通法人より低い税率ですが、他の医療法人は普通法人と同じ税率になります。

■平成 31 年 4 月 1 日以降に開始する事業年度の法人税率

区　　　　　分			税　率
一般の医療法人	出資金 1 億円以下の医療法人 出資金のない医療法人	年 800 万円以下の所得金額	15%
		年 800 万円超の所得金額	23.2%
	出資金が 1 億円超の医療法人		23.2%
特定医療法人		年 800 万円以下の所得金額	15%
		年 800 万円超の所得金額	19%
社会医療法人		年 800 万円以下の所得金額	15%
		年 800 万円超の所得金額	19%

　平成 26 年 10 月 1 日以後に開始する事業年度から法人税の納税義務がある法人は、地方法人税を納税する義務があります。地方法人税は、課税標

準法人税額に 4.4％の税率を乗じた金額になります。

②　同族会社税制の不適用

　医療法人は会社法上の会社ではなく医療法の適用を受ける法人に該当します。

　したがって、法人税法上は同族会社には該当しませんので、次の①〜③の同族会社の規定の適用は受けません。

　① 「同族会社の留保金課税」（法人税法第 67 条）

　② 「役員とみなされる使用人」（法人税法施行令第 7 条）

　③ 「同族会社の行為又は計算の否認」（法人税法第 132 条）

　ただし、③の規定は、同族会社だけではなく内国法人に対する規定になりますので、医療法人の場合でも次の 3 つの要件すべてに該当する場合は、この規定の適用を受けます。

　・医療法人が 3 以上の病院その他の事業所を有すること。

　・その事業所の 2 分の 1 以上に当たる事業所につき、その事業所の院長その他の事業主宰者またはその親族等が前にその事業所において個人として事業を営んでいた事実があること。

　・上記の事実がある院長等がその医療法人の出資総数の 3 分の 2 以上を保有すること。

　同族会社の行為計算否認とは、「同族会社の行為または計算のうち法人税の負担を不当に減少させる結果になるおそれがある場合は、税務署長がその同族会社等の法人税額等を計算することができる」という規定です。

　なお、同族会社の行為計算の否認規定は、上記の要件に該当しない非同族会社であっても適用が認められた判例（広島高裁昭和 43 年 3 月 27 日判決）もありますので、経済的合理性のない行き過ぎた節税行為はこの規定の適用を受ける可能性があります。

　医療法人は、会社法上の「会社」ではありませんから法人税の申告書に別表二を添付する必要はありません。なかには、会社と同様に別表二を提

出しなければならないと勘違いしている専門家もいます。

なお、法人税申告ソフトの中には業種を医療法人に設定すると、自動的に別表二の電子申告をしないソフトもあることを付記します。

③ 特別償却・税額控除

一定金額以上の固定資産を購入した場合は、租税特別措置法の特別償却や税額控除の適用を受けることができます（措置法第42条の6、措置法第42条の12の5、措置法第45条の2）。

「特別償却と税額控除のどちらを選択したほうが有利ですか？」との質問を受けますが、特別償却は購入価額のうち何％かを前倒しに経費に計上する方法で、税額控除は固定資産の購入価額に一定割合を乗じた金額を法人税額から直接差し引く方法です。特別償却は経費の前倒しになりますので、耐用年数の期間で経費に計上できる金額は購入価額が限度になります。一方、税額控除は減価償却費の枠とは別に、購入価額のうち一定割合を法人税から控除する方法です。

固定資産を購入した年度に少しでも経費を増やし、税金を安くしたいというのであれば、特別償却の選択が有利になりますが、一般的に減価償却費の枠以外で法人税額から控除できる税額控除のほうが有利になります。

④ 申告期限

法人税は、事業年度終了の日から2か月以内に申告し、法人税を納付しなければなりませんが、「申告期限の延長の特例」の申請書を税務署へ提出した場合は3か月以内に限り申告と納付の期限を延長することができます。

ただし、申請書を提出した場合でも申告書の提出が2か月を超えた場合は、延長した日数に応じ年利1.1％の利子税が課されます。一方、申請書の提出がなく申告書の提出が2か月を超えた場合は8.9％の延滞税が課されます。利子税は法人の経費になりますが、延滞税は法人の経費にならないので注意する必要があります（利子税は令和3年1月1日以降適用、延滞税は平成30年1月1日～令和2年12月31日まで。令和3年1月以降は、年

「14.6%」と「特例基準割合＋7.3%」のいずれか低い割合になります）。

⑤　税務調査

　医療法人の税務調査は、一般の事業会社と同様の方法で行われます。法人の規模により調査日数や調査に携わる税務署職員の人数は異なります。例えば、事業所が一つしかない診療所の税務調査は2〜3日程度、職員は1〜2人で行われる場合が多いようです。法人の規模が大きくなると、調査日数や税務署職員の人数も増加します。調査内容は法人の事業内容により異なりますが、医療法人で調査されることが多いのは下記に記載する項目です。

ⅰ　事業売上

・従業員や知人に対する診療がある場合に窓口負担金が計上されているかどうか
・レジペーパーと日計表の金額が一致しているかどうか
・窓口未収金が計上されているかどうか
・クレジットカード売上がある場合に未収分が計上されているかどうか
・自賠責保険の取扱いがある場合に未収分が計上されているかどうか
・市区町村・医師会の受託事業の未収分が計上されているかどうか

ⅱ　その他の売上

・自動販売機がある場合に収入が計上されているかどうか
・駐車場収入がある場合に収入が計上されているかどうか

ⅲ　経　　費

・期末近くに購入した薬品類が在庫に計上されているかどうか
・修繕費の計上基準が適正かどうか（資産に該当する部分があるかどうか）
・海外研修費用がある場合に計上基準が適正かどうか
・保養所やリゾート会員権の利用実態があるかどうか
・飲食・贈答品等の交際費の実態について
・役員社宅がある場合の取扱いについて
・親族に対して不相当に高額な給与が支払われていないかどうか

② 法人事業税

① 所得金額

　医療法人は、事業所の所在する都道府県に事業税を納付します。一般の事業会社は事業税の課税標準になる所得金額と法人税の所得金額は基本的に一致しますが、医療法人は社会保険診療報酬がある場合は、該当する損益が除外になる特例が設けられています。これにより社会保険診療部分の収入は益金の額に算入しないこと、また、これに対応する費用については損金の額に算入しないことになっています（地方税法72条の23②）。

　社会保険診療報酬がある場合の「課税標準となる所得金額」を算式であらわしますと次のようになります。

$$課税標準となる所得金額＝総所得金額 \times \left(1 - \frac{社会保険診療分の医療収入金額}{総収入金額} \right)$$

　分母の総収入金額は、社会保険診療の医療収入とその他の収入金額の合計になります。その他の収入金額には次のようなものがあります。

　労働者災害補償保険法の医療収入、自動車損害賠償責任保険の医療収入、自費診療収入、入院料・ベッド代差額収入、健康診断・受託医療収入、医療相談収入、事務取扱手数料、付添人食事代収入、健康診断等証明収入、生産品等販売収入、受託技工・検査料等収入、嘱託収入、受取利息配当金、電話・電気・ガス・テレビ・寝具等使用料収入、不用品売却収入、自動販売機収入、ハブラシ・おむつ等販売収入等（東京都の医療法人等に係る所得金額の計算書より引用）

　その他の収入金額は、都道府県により非課税になるものと課税になるものの基準が異なる場合があります。ある都道府県では非課税に該当し、収入から除外するものでも別の都道府県では事業税の課税対象になる場合も

あります。

　したがって、申告の際には都道府県が発行している手引書を確認の上、申告をする必要があります。法人事業税係の職員は、収入区分ごとに適正に申告がされているかどうかを確認しますので、収入区分を誤って申告してしまった場合は、後日、職員から申告のことで連絡があり、間違いを指摘される場合もあります。

② 税　　率

　事業税の税率は、次の表のように定められています。医療法人は400万円超の所得金額については一般事業会社と異なり、軽減税率が適用されます。なお、3以上の都道府県で事業所等を設けて事業を行う法人で出資金額が1,000万円以上の法人は比例税率が適用されます（地方税法72条の24の7）。

■令和2年4月1日以後開始する事業年度

区　分	年所得区分	一般法人の税率	医療法人の税率
軽減税率	400万円以下	3.5%	3.5%
	400万円超800万円以下	5.3%	4.9%
	800万円超	7.0%	
比例税率		7.0%	4.9%

　一般法人については、資本金額が1億円超の場合に限り、「外形標準課税」が導入されますが、医療法人については適用がありません（地方税法72条の2第1項）。

③ 事業税の減免

　医療機関が都道府県または市区町村から委託を受けた医療や保健指導に関する事業を行っている場合は、その事業に該当する所得の事業税を減免にしている都道府県があります。減免を実施しているかどうか、また、減免対象になる委託事業の詳細については所轄の都道府県にご確認ください。

なお、この減免の適用を受けるためには、法人事業税の申告書の提出期限までに減免対象となる委託事業について減免申請書を提出する必要があります。

④　申告期限

　事業税の申告も法人税と同様に事業年度終了の日から2か月以内に申告し、事業税を納付しますが、「申告書の提出期限の延長の処分等の承認」の申請書を都道府県税事務所へ提出した場合は、3か月以内に限り申告と納付の期限を延長することができます。

　ただし、申請書を提出した場合でも申告書の提出が2か月を超えた場合には延長した日数に応じ年利1.6％の延滞金が課されます（平成30年1月1日〜令和2年12月31日まで）。一方、申請書の提出がなく申告書の提出が2か月を超えた場合にも延滞金が課されます。承認を受けた場合の延滞金は法人の経費になりますが、承認を受けなかった場合の延滞金は法人の経費にならないので注意が必要になります。

⑤　事業税の調査

　一般の事業会社は事業税の所得金額と法人税の所得金額が基本的に一致しますので、事業税の調査が単独で行われることはほとんどありません。一方、医療法人は、社会保険診療報酬等があることが多いため、法人税の所得金額と事業税の所得金額が異なります。このため、一般の事業会社より調査を受ける機会が多くなります。ただし、調査といっても法人税の調査のように数日かけて行われることはほとんどなく、収入区分が適正に申告されているかどうかを確認する調査になり、調査時間も数時間から半日程度が一般的な調査になります。

③ 消　費　税

① 社会保険診療収入

医療法人の収入のうち、社会保険診療報酬等は消費税が非課税になります。

　このため、事業年度の収入が1億円を超える医療機関でも小規模事業者の優遇措置（課税売上高が1,000万円以下の場合は納税自体の免除、課税売上高が5,000万円以下の場合は簡易課税制度の選択適用）を受けることができます。消費税の課税事業者になった場合でも課税売上高が5,000万円以下の場合は、本則課税（売上と仕入から消費税を計算する方法）と簡易課税（課税売上の種類により第1種〜第6種まで区分し、売上の種類に応じて実際の経費とは関係なく概算で経費を計算する方法）を選択適用できます。

　自由診療の割合が多い診療所や病院は、課税売上高が5,000万円を超えますので、この場合は本則課税のみの適用になります。消費税の経理方法は、税込方式と税抜方式のいずれかを選択します。どちらの計算方法を選択しても消費税の納税額は同じになりますが、法人税等の納税額は税抜方式を選択したほうが少なくなる場合が多いです。

② 本則課税

　本則課税は個別対応方式と一括比例配分方式の計算方法を選択できます。納税者はいずれかの計算方法を選択して申告します。一般的には、個別対応方式で計算したほうが有利な場合が多いです。

① 個別対応方式

　仕入や経費を課税売上のみに対応するもの、非課税売上のみに対応するもの、課税売上と非課税売上に共通するものに分けて計算する方法です。課税売上に対応する経費が多いほど納税額は少なくなります。課税売上のみに対応するものとしては、例えばサプリメントの販売やインフルエンザ

ワクチン等が該当します。サプリメントは通常の卸業者とは異なる業者から仕入れます。また、インフルエンザワクチンは通常の卸業者から仕入れますが、仕入れる期間が秋口から年末ぐらいまでと限定されていますので、診療所であれば請求書から拾い出しても煩雑というほどの作業ではありません。事前に課税売上に対応する経費を抜き出しておく等のひと手間をかけると、納税額は少なくなります。

ⅱ　一括比例配分方式

　仕入や経費を課税売上と非課税売上に共通するものとして計算する方法です。

　すべての仕入と経費に課税売上割合を乗じて計算します。この計算方法は非常に簡便である反面、非課税売上が占める割合が多い医療機関では、経費になる金額が少なくなりますから、消費税の納税額が多くなる傾向にあります。

③　簡易課税

　収入を第1種〜第6種までの事業区分に分けて、事業区分に応じて一定の率を乗じて計算した金額を、仕入等の経費とみなして簡便的に計算する方法です。

　簡易課税という名前のとおり、計算はとても簡単です。医療機関の収入の大半は第5種になりますが、サプリメントやコンタクトを患者さんに販売している場合は、第2種の事業区分になり、医療機器や車両等の固定資産を売却した場合は、第4種になります。すべての収入を第5種と計算してしまうと、無駄な税金を支払うことになります。

④　申告期限

　消費税は事業年度終了の日から2か月以内に申告し、消費税を納付します。法人税や事業税と異なり、申告期限の延長措置は従来はありませんでしたが、令和2年の改正により、法人税の申告期限を延長している法人に限り、消費税についても届出をすることにより申告期限の延長が認められ

るようになりました。

⑤ 消費税の調査

　消費税の調査は、原則法人税の調査と一緒に行われます。ただし、法人税の申告が赤字であった場合や法人税の税務調査の対象になっていない場合でも、消費税の還付申告を行った場合は、消費税の単独調査が行われる場合もあります。

　調査で調べられる項目は、収入については課税売上に該当するものが除外されていないか、固定資産の売却収入が漏れていないか、経費については課税と非課税区分が混在しそうな福利厚生費、交際費、諸会費といった科目が重点的に調べられます。

　また、消費税は他の税目と比べて届出や提出時期の誤りが一番多い税目です。税務調査では、届出についての確認も行われます。

（竹居泰子）

1-11 医療法人の理事長や理事の兼務

　「医療法人の役員はMS法人の役員が兼務できない」と、医療法人の理事長をはじめ税理士やコンサルタント等、医療機関に携わる多くの人がそう思っているようです。また、医療法人の監督官庁である都道府県でも、医療法人の役員がMS法人の役員を兼務できないことを理由に、医療法人へ指導するケースも見受けられます。医療法人の役員とMS法人の役員は、兼務することができないのでしょうか。本稿ではこの点について明らかにしていきたいと思います。

　「医療法人運営管理指導要綱」の一文に、医療法人の役員の就任要件が、次のように記載されています。これを根拠に、医療法人とMS法人の役員兼務を否定することが多いようです。

●医療法人運営管理指導要綱（一部抜粋、傍点は筆者）

> 　医療法人と関係のある特定の営利法人の役員が理事長に就任したり、役員として参画することは、非営利という観点から適当でないこと。

　指導要綱に「非営利という観点から適当でないこと」と書かれていますが、「一切認めない」とは書かれていません。まず、指導要綱に記載されている医療法人の「非営利」の意味を考えていきます。

① 医療法人の非営利

　「非営利」の根拠として、医療法第7条第6項が引き合いに出されます。この条文には、「営利を目的として病院、診療所又は助産所を開設しようとする者には許可を与えないことができる」と書かれています。ただし、与えないことができるのは、病院を開設しようとするとき（注）、医師ま

たは歯科医師以外の者が診療所を開設しようとするときに限定されています（医療法第7条第1項）。個人開設の診療所はこの条文に該当しませんから、許可を取る必要はありません。個人開設の診療所の非営利については、医療法の条文には書かれていません。したがって、非営利が問題になるのは、病院と個人以外の者が診療所を開設する場合に限定されているといえます。

次に医療法人の非営利を、「利益を追求しないこと」と誤解されている方がいますが、非営利の意味は、獲得した利益を構成員に分配しないことです。医療法第54条で剰余金の配当を禁止していますが、これが非営利であることの根拠条文です。この条文の趣旨は、医療法人が対外的に医業または歯科医業を行うことによって利潤を獲得し、それらを何らかの方法で法人の個々の構成員に分配することを目的とすることを、禁止しています。

ただし、非営利には実際に配当を行う以外にも次のような行為は事実上の利益の分配に当たり、医療法人の利益を損なう取引と考えられています。

・近隣の土地建物の賃借料と比較して、著しく高額な賃料の設定
・病院等の収入に応じた定率賃借料の設定
・病院等の本来業務や附帯業務以外の不動産賃貸業等
・役員等への不当な利益の供与

●医療法第7条（一部抜粋）

第7条　病院を開設しようとするとき、医師法第16条の4第1項の規定による登録を受けた者及び歯科医師法第16条の4第1項の規定による登録を受けた者でない者が診療所を開設しようとするとき、又は助産師でない者が助産所を開設しようとするときは、開設地の都道府県知事の許可を受けなければならない。

（中略）

6　営利を目的として、病院、診療所又は助産所を開設しようとする者に対しては、第4項の規定にかかわらず、第1項の許可を与えないことができる。

●医療法第 54 条　（剰余金配当の禁止）

> 医療法人は、剰余金の配当をしてはならない。

（注）病院については医師または歯科医師である個人が開設する場合も都道府県知事の
　　許可を受ける必要があります。個人が開設する病院が許可制になっているのは、病
　　院の構造設備等についての要件が詳細かつ厳格なため、その要件を具備しているか
　　どうかをあらかじめ厳格に審査する必要があるためです。

② 医療法人の理事と営利法人の役員との兼務

　非営利の意味は、利益の分配を禁止していることが明らかになりまし
た。次に、医療法人と関係のある特定の営利法人の役員が医療法人の役員
になることが医療法人の利益を損なうことに該当するかを考えていきま
す。厚生労働省の平成 5 年 2 月 3 日の厚生省健康政策局総務・指導課長連
名通知で、役員兼務について次のように書かれていました。
「開設者である法人の役員が、当該医療機関の開設・経営上利害関係にあ
る営利法人等の役職員と兼務している場合は、医療機関の開設・経営に影
響を与えることがないものであること」。

　この通知の一部が平成 24 年 3 月 30 日に改正され、役員兼務については
原則禁止であることを明示した上で、一定の場合には例外を認める内容に
なり、役員兼務についてより明確になりました。具体的には、MS 法人と
物品の購入、賃貸、役務の提供等の取引がある場合は、

　①　営利法人の役員が医療法人の代表者でないこと
　②　営利法人等の規模が小さいため役員を変更することがすぐには困難
　　であること
　③　契約の内容が妥当であること

の 3 条件に加えて「医療機関の非営利性に影響を与えることがない」、ま
たは「MS 法人との取引が少額である場合」は、例外的に役員の兼務が認
められるという記載になりました。

　したがって、医療法人の役員と MS 法人の役員兼務は原則禁止ですが、

例外として、営利法人との取引が医療法人の利益を損なうものでない場合は、役員兼務をしても問題のないことが明確になりました。

③ 医療法人の理事長と営利法人の代表者との兼務

　医療法人と営利法人との役員兼務は、医療法人と取引が行われていない法人であれば、役員を兼務しても特に問題はありません。実際に、医療法人の理事長が医師会の役員や他の医療法人の理事や監事を兼務することは、比較的よくあります。一方、取引がある営利法人と医療法人の代表者が同一人物である場合は、自己契約及び双方代理に該当します（民法第108条）。

　医療法人の理事は法人から業務の委任を受けていますが、その理事の中でも代表権、経営執行権を持つのは理事長一人だけです（医療法第46条の6の2第1項）。

　営利法人は会社の性質上利益を追求することを目的としていますから、営利法人から経営の委任を受けている役員は、営利法人の利益を追求する必要があります。

　医療法人と営利法人双方で取引がある場合、代表者が同一人物であると利益が相反する立場にいるにもかかわらず、同一人物に決定権があることになり、民法第108条以外にも医療法第54条の剰余金の分配禁止に抵触するおそれがあります。医療法人の理事長と取引のある営利法人の代表者が同一人物の場合は、第4次医療法改正以前の医療法では、都道府県に対して特別代理人を選任した上で取引をする必要がありました。しかし、第4次医療法改正以前の医療法第46条の4第6項の規定がなくなったことにより、特別代理人を選任する必要はなくなりました。その代わり、該当する取引について、理事長は社員総会若しくは理事会において重要な事実を開示し、その承認を受けなければならなくなりました。医療法人の役員の責任が医療法からより重くなったといえます（医療法第46条の6の4）。

●民法第108条　（自己契約及び双方代理）

> 同一の法律行為については、相手方の代理人として、又は当事者双方の代理人としてした行為は、代理権を有しない者がした行為とみなす。ただし、債務履行及び本人があらかじめ許諾した行為については、この限りでない。

●医療法第46条の6の2第1項

> 理事長は、医療法人を代表し、医療法人の業務に関する一切の裁判上又は裁判外の行為をする権限を有する。

●一般社団法人・一般財団法人法律第84条（医療法第46条の6の4により準用）

> 理事は、次に掲げる場合には、社員総会において、当該取引につき重要な事実を開示し、その承認を受けなければならない。
> 　一　理事が自己又は第三者のために一般社団法人の事業の部類に属する取引をしようとするとき。
> 　二　理事が自己又は第三者のために一般社団法人と取引をしようとするとき。
> 　三　一般社団法人が理事の債務を保証することその他理事以外の者との間において一般社団法人と当該理事との利益が相反する取引をしようとするとき。
> 2　民法（明治29年法律第89号）第108条の規定は、前項の承認を受けた同項第2号又は第3号の取引については、適用しない。

④　医療法人の理事長の兼務

　医療法第46条の5第5項で医療法人の役員になることができない人を、次のように定めています。

●医療法第46条の5第5項（医療法第46条の4第2項準用）

> 一　法人
> 二　成年被後見人又は被保佐人
> 三　この法律、医師法、歯科医師法その他医事に関する法律で政令で定めるものの規定により罰金以上の刑に処せられ、その執行を終わり、又は執行を受けることがなくなった日から起算して2年を経過しない者
> 四　前号に該当する者を除くほか、禁錮以上の刑に処せられ、その執行を終わり、又は執行を受けることがなくなるまでの者

　この条文を見る限り、医療法人の理事長が他の医療法人の理事長になることは法令上の規制は受けないようです。厚生労働省が特定医療法人のFAQで理事長の兼務について書かれた資料がありますので、ご紹介します。

> Q　医療法上は、「理事長は、医療法人を代表し、その業務を総理する。」となっていますが、理事長の兼務について明確な規定が見当たりませんので、その取扱いについて教えてください。
>
> A　医療法人は複数の医療機関の開設が可能であるのに、理事長が更に他の医療法人の理事長として医業を行わなければならない必要は通常ないものと考えられます。
> 　そのため、特別の理由・必然性がなければ、医療法人の代表者である理事長が他の医療法人の理事長を兼ねることは認められないものと考えます。

　上記の文面から、法令上の規制はないので絶対に不可能ではありませんが、理事長を兼務する特別な理由・必然性を示さなければ、兼務を解消する指導を受ける可能性があるといえます。

（竹居泰子）

[医療機関の開設者の確認及び非営利性の確認について]（平成5年総第5号・指第9号）

新	旧
本文　（略） 第1　開設許可の審査に当たっての確認事項 　（略） 　1　医療機関の開設者に関する確認事項 　（1）　（略） 　（2）　開設・経営の責任主体とは次の内容を包括的に具備するものであること。 　　①～②　（略） 　　③　開設者である個人及び当該医療機関の管理者については、原則として当該医療機関の開設・経営上利害関係にある営利法人等の役職員を兼務していないこと。 　　　　ただし、次の場合であって、かつ医療機関の非営利性に影響を与えることがないものであるときは、例外として取り扱うことができることとする。また、営利法人等との取引額が少額である場合も同様とする。 　　・　営利法人等から医療機関が必要とする土地又は建物を賃借する商取引がある場合であって、営利法人等の規模が小さいことにより役職員を第三者に変更することが直ちには困難であること、契約の内容が妥当であると認められることのいずれも満たす場合 　　④　開設者である法人の役員については、原則として当該医療機関の開設・経営上利害関係にある営利法人等の役職員を兼務していないこと。 　　　　ただし、次の場合（開設者である法人の役員（監事を除く。）の過半数を超える場合を除く。）であって、かつ医療機関の非営利性に影響を与えることがないものであるときは、例外として取り扱うことができることとする。また、営利法人等との取引額が少額である場合も同様とする。	本文　（略） 第1　開設許可の審査に当たっての確認事項 　（略） 　1　医療機関の開設者に関する確認事項 　（1）　（略） 　（2）　開設・経営の責任主体とは次の内容を包括的に具備するものであること。 　　①～②　（略） 　　③　開設者である個人及び当該医療機関の管理者については、当該医療機関の開設・経営上利害関係にある営利法人等の役職員と兼務している場合は、医療機関の開設・経営に影響を与えることがないものであること。 　　④　開設者である法人の役員が、当該医療機関の開設・経営上利害関係にある営利法人等の役職員と兼務している場合は、医療機関の開設・経営に影響を与えることがないものであること。

新	旧
ア　営利法人等から物品の購入若しくは賃貸又は役務の提供の商取引がある場合であって、開設者である法人の代表者でないこと、営利法人等の規模が小さいことにより役職員を第三者に変更することが直ちには困難であること、契約の内容が妥当であると認められることのいずれも満たす場合 イ　営利法人等から法人が必要とする土地又は建物を賃借する商取引がある場合であって、営利法人等の規模が小さいことにより役職員を第三者に変更することが直ちには困難であること、契約の内容が妥当であると認められることのいずれも満たす場合 ウ　株式会社企業再生支援機構法又は株式会社東日本大震災事業者再生支援機構法に基づき支援を受ける場合であって、両機構等から事業の再生に関する専門家の派遣を受ける場合（ただし、開設者である法人の代表者とならないこと。） ⑤～⑥　（略） (3)　開設・経営に関する資金計画については、次の内容を審査すること。 　なお、資金計画は、医療法施行規則第1条の14第1項第5号の「維持の方法」を確認するものであり、「開設後2年間の収支見込」等の資料とする。 　また、医師が病院を開設する場合においても同資料の提出を求めることが望ましい。	⑤～⑥　（略） (3)　開設・経営に関する資金計画については、次の内容を審査すること。 　なお、資金計画は、医療法施行規則第1条第1項第5号の「維持の方法」を確認するものであり、「開設後2年間の収支見込」等の資料とする。 　また、医師が病院を開設する場合においても同資料の提出を求めることが望ましい。

第2章

医療法人設立の実務

2-1 医療法人設立の流れ

医療法人を設立する場合、各都道府県や政令指定都市の担当課・係に医療法人設立認可申請書を提出する必要があります。気を付けなければならないのは、いつでも申請できるとは限らないということです。つまり、ほとんどの都道府県等では申請の受付期間というものを設定しており、しかも年に2～3回というレベルだということに注意してください。

また、医療法人設立認可申請に関する説明会を実施している都道府県等もありますが、その時期も回数もまちまちであり、一方で説明会への出席がなければ申請を受付しないとしているところもありますので、気を付けなければなりません。これらのスケジュールはお知らせしてもらえるわけではありませんので、ホームページをチェックするなどして見逃さないようにすることも必要です。

なお、本章では、特に断りがない限り、東京都の医療法人設立認可スケジュールをベースに説明していきます。

① 全体のスケジュール

まず、医療法人化が完了するまでの全体のスケジュールを確認してください。

「医療法人の設立」といった場合、ストレートにとらえるなら、医療法人を設立できた時点で手続完了となります。実際、東京都の『医療法人設立の手引』に載っているのは、医療法人の設立登記完了までです。

しかし、あとで詳しく説明しますが、医療法人を設立しただけでは何にもなりません。医療法人は医療の提供を目的として設立されますので、これまで個人で開設していたクリニックを医療法人の開設に切り替える必要があるからです。

■医療法人設立認可スケジュール（東京都の場合）

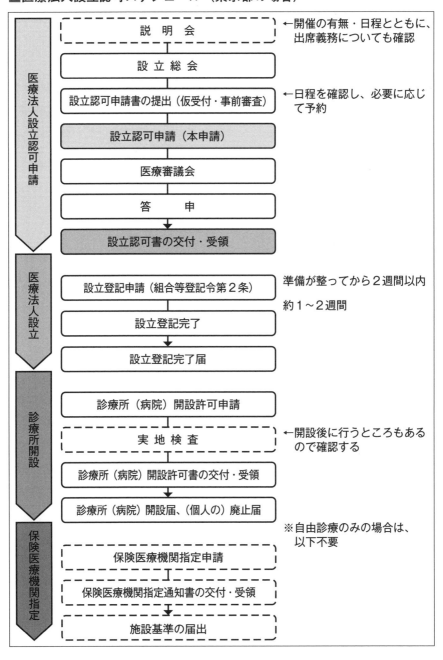

医療法人設立認可申請

- 説　明　会　　　　←開催の有無・日程とともに、出席義務についても確認
- 設　立　総　会
- 設立認可申請書の提出（仮受付・事前審査）　　　←日程を確認し、必要に応じて予約
- 設立認可申請（本申請）
- 医療審議会
- 答　　申
- 設立認可書の交付・受領

医療法人設立

- 設立登記申請（組合等登記令第2条）　　　準備が整ってから2週間以内
- 設立登記完了　　　約1〜2週間
- 設立登記完了届

診療所開設

- 診療所（病院）開設許可申請
- 実　地　検　査　　　←開設後に行うところもあるので確認する
- 診療所（病院）開設許可書の交付・受領
- 診療所（病院）開設届、（個人の）廃止届

保険医療機関指定

※自由診療のみの場合は、以下不要

- 保険医療機関指定申請
- 保険医療機関指定通知書の交付・受領
- 施設基準の届出

個人での開業実績がなくても医療法人を設立することは可能ですが、その場合であっても、医療法人の設立登記後に診療所の開設手続が必要となります。全体を見渡した上で、本当の"医療法人化"を、計画的に進めていく必要があります。

　なお、2-2「医療法人設立認可申請書類の作成」で詳しく説明しますが、個人での開業実績が2年以上あれば設立認可申請書類のうちで省略できるものがありますし、実際上、ほとんどが個人診療所からの医療法人化です。したがって、本章でもそうしたケースを前提に説明を進めます。なお、開設する医療機関としては、無床の診療所を想定しています。

　手続きの面で考えると、スタートは「医療法人化する」と決断した時点になります。それ以前に医療法人化するかしないか、いつするかといった検討をすることはもちろん必要ですが、本章では医療法人化を決心したところからスタートとします。

　医療法人化を進めるに際してまず確認すべきは、自分が医療法人を設立しようとする都道府県等では、どのようなスケジュールで申請を受け付けているかという点です。各自治体で、医療法人の設立認可スケジュールを公表しています。説明会の有無や時期・参加の要否、そして何より他の許認可手続と異なるのは、本申請の前に仮申請（事前審査）があるという点について確認してください。

　仮申請では、押印や記名・署名はせずに申請書素案を提出します。提出方法は、東京都では郵送ですが、自治体によっては予約を取って持ち込み、事前審査と称して時間的にも1〜2時間ほど見込む必要があるところもあります。仮申請にせよ事前審査にせよ、他のほとんどの手続きとは異なり、押印なし、添付書類も原本は手元に残してコピーだけを提出するなど特殊なルールがありますので、この点も含めて認可までの流れは正確に確認しておく必要がありますので注意してください。

　東京都の場合、年に一度、7月上旬頃に説明会が開催されますが、出席は任意です。手引きが販売されていますので、そちらを購入してもよいと思います。

申請受付期間は1年度中に2回あります。例年、第1回は8月下旬から9月初旬にあり、第2回は3月頃です。例えば、令和2年度第1回のスケジュールで進めた場合、9月に仮申請をして、12月末に本申請、2月中旬に認可書が交付される見込みです。なお、確定申告の期限が考慮され、令和元年度より3月の受付期間は、16日以降からの1週間となりました。このあたりのスケジュールも、年によって異なりますので、事前に必ず確認してください。

　しかし、いわゆる"医療法人化"は、医療法人設立認可を取得しただけでは終わりません。「認可」というのは、認可内容どおりの医療法人について設立登記してよいというお許しが出たに過ぎません。むしろ、認可書を手に入れてからこそが、医療法人化の本番なのです。

②　医療法人の設立まで

　認可書を受け取ったあとの手続きを、順番に見ていきます。

　まず、医療法人の設立登記をします。そのためには、管轄の法務局に対して登記申請を行う必要があります。登記によって法人格が付与され、「成立の日」から医療法人としての活動ができるようになります。申請した日が成立の日（創立記念日）となりますが、登記事項証明書が取得できるようになるまでには1週間ほど見込んでおく必要があります。

　ただし、管轄の地域や時期による混雑状況などによっては、さらに時間のかかる地域や時期もありますので注意してください。登記申請のときに、完了予定日を確認することができます。

　また、認可書交付時に、認可書の到達から2週間以内に法人設立の登記申請を行うよう指導されることがありますが、これは適切とは言い切れません。条文を確認してください。医療法人の登記に関しては、組合等登記令に基づいて行われます。

●組合等登記令第2条第1項（設立の登記）

> 第2条　組合等の設立の登記は、その主たる事務所の所在地において、設立の認可、出資の払込みその他設立に必要な手続が終了した日から2週間以内にしなければならない。

　このとおり、「設立に必要な手続が終了した日から2週間以内」ですので、お間違いのないように。逆に、あわてて登記してしまい、すぐに決算が来てしまうなどということもないように気を付けなければなりません。設立認可スケジュールを確認し、適切な会計年度を設定するようにしてください。

　例えば、事業年度末日を8月31日としている医療法人が、認可書が交付される8月中旬にすぐ設立登記を申請してしまうと、直後に決算がやってきてしまいます。このような場合は、9月に入ってから設立すべきということになります。

　この点については、行政からの指導にばらつきがありますので注意してください。例えば東京都でも数年の間「認可日から2週間」という指導をしていましたが、現在は修正されています。

　登記申請の手続きについては、法務省のホームページを探してみても、株式会社などのような詳細な例や説明は見つかりません。この分野に関しての専門家は司法書士ですので、登記手続につきましては、司法書士に相談することをお勧めします。

③　診療所の開設まで

　さて、医療法人としては成立しても、まだ診療を開始することはできません。診療所を開設していないからです。

　そこで、管轄の保健所等へ「診療所開設許可申請書」を提出します。この点、個人で診療所を開設するために必要な手続きは「診療所開設届」だけでしたが、医療法人等医師以外の者が開設者となる場合、開設届に先駆

けて許可を得る必要があります（医療法第7条第1項）。

●医療法第7条第1項

　病院を開設しようとするとき、医師法第16条の6第1項の規定による登録を受けた者及び歯科医師法第16条の4第1項の規定による登録を受けた者でない者が診療所を開設しようとするとき、又は助産師でない者が助産所を開設しようとするときは、開設地の都道府県知事（診療所又は助産所にあっては、その開設地が保健所を設置する市又は特別区の区域にある場合においては、当該保健所を設置する市の市長又は特別区の区長。（以下省略））の許可を受けなければならない。

　許可申請の場合、保健所によっては許可書交付の前に実地検査を行うため、日程の調整が必要です。期間的には、申請から許可書交付まで2～3週間ほど見込んでおく必要があります。

　このため、認可書を受け取ってから診療所開設までは、1か月ほど見込んでおく必要があることにご注意ください。法人の登記事項証明書が添付書類となっている場合は、特に注意が必要です。

　保健所によっては、法人の設立登記申請を法務局が受け付けたことがわかるものを添付すれば、登記事項証明書がなくても診療所開設許可申請を受け付けてくれるところもあります。お急ぎの場合は、相談してみてください。後述する「エックス線漏えい検査報告書」も、早めに手配しておきたいところです。

●医療法第25条第1項

　都道府県知事、保健所を設置する市の市長又は特別区の区長は、必要があると認めるときは、病院、診療所若しくは助産所の開設者若しくは管理者に対し、必要な報告を命じ、又は当該職員に、病院、診療所若しくは助産所に立ち入り、その有する人員若しくは清潔保持の状況、構造設備若しくは診療録、助産録、帳簿書類その他の物件を検査させることができる。

実地検査は、管理者の都合もさることながら、保健所の職員、そして必要があればエックス線の技師も併せて日程調整する必要があります。時間としては、それほどかからないケースがほとんどです。規模にもよりますが、短ければ15分くらいで終わってしまうこともあります。

　また、検査といっても、指導的な要素も濃く、法改正の資料等を置いていってくれることもあります。

　開設許可が出て初めて、診療所を開設し、開設届を提出することができます。また、個人診療所が医療法人化した場合、自動的に法人の診療所に切り替わるわけではありませんので、個人診療所については「診療所廃止届」を提出します。

　レントゲンがある場合、「診療用エックス線装置備付届」、同「廃止届」も提出する必要があります。

　スケジュールを考える上では、ここで注意点があります。診療用エックス線装置備付届には、「エックス線漏えい検査報告書」を添付します。これはレントゲン業者に依頼しなければなりませんので、このために必要な期間もスケジュールに入れ込む必要があります。業者によってこの期間の長さは違ってきますので、できるだけ早めに依頼するほうがよいと思います。

　管轄の保健所等にもできるだけ早めに事前相談を行い、進め方をしっかり確認し、それにあわせてレントゲン業者に検査報告書の依頼も行います。段取りが非常に大切になってきますので、早め早めを心がけ、スムーズに進めてください。

④　保険診療の切替えまで

　さらに、保険診療を行う医療機関の場合、続きがあります。保健所等の一連の手続きを終えた後、地方厚生局に「保険医療機関指定申請書」を提出する必要があるのです。

　この場合もやはり自動的に切り替わるわけではありませんので、保健所の手続き同様、指定申請と同時に廃止届も提出します。

保険医療機関の指定は、月単位で行われます。したがって、締切りに1日でも遅れてしまうと、丸々1か月保険診療ができないなどということになりかねません。地方厚生局の事務所ごとに締切日の一覧が公開されていますので、しっかり確認してください。

　また、原則として申請を行った翌月1日からの指定となりますが、一定の条件を満たせば遡及指定（申請よりも前の日付で指定を受けること）ができます。この場合、遡及の条件や遡及できる場合の締切日など、直接問い合わせも必要になってきます。もし、遡及が認められないとすると、保険診療できない空白期間ができてしまいます。必ず事前に確認し、締切厳守でお願いします。

　こうして保険医療機関としての切替えが終わると、翌月初頭に指定通知書が郵送されてきます。

　そして同時に、施設基準の届出についても案内があります。個人診療所時代に届け出てあった施設基準や加算についても、あらためて届け出ることで継続して算定することができます。保険医療機関の申請と同時に、施設基準等の届出の締切りについても確認してください。もちろん、空白期間ができないよう遡及することができます。

　以上のように、保険診療の切替えまで完了し、個人診療所で行っていたことがすべて法人でできるようになって初めて、“医療法人化”は完了します。ここまで、9月に仮申請を出してから、実に8か月以上です。認可書を受け取ってからだけでも数か月かかるのが、医療法人化の手続きなのです。

　これだけ長い時間のかかる手続きですし、手続きごとの締切りも厳格です。自院内で手続きを進めるのが不安な場合、専門家に依頼するという方法もあります。

　こうした行政手続に関しては、行政書士という国家資格者が専門家です。ときおり、行政書士でない者が作成したと思われる申請書類を目にすることもありますが、行政書士法違反となりかねませんので注意してください。ましてや、医療機器メーカーや医薬品卸しなどの業者が代理申請を

行うことは、法律違反の危険性のみならず、法律的担保のない危険な行為であるということを肝に銘じておいてください。中には、業者が軽率な発言をしてしまったがために閉院に追い込まれたケースもあります。

　いずれにせよ、全体のスケジュールを把握し、できるだけ関係行政機関への事前相談を行った上で、計画的に医療法人化を進めることが肝要です。

（河野理彦）

2-2 医療法人設立認可申請書類の作成

医療法人化の最初の山場は、やはり何といっても「医療法人設立認可申請」の手続きです。申請から5〜6か月もかかってやっと認可書が手に入るわけですから、認可申請書のボリュームもなかなかのものです。

主な提出書類は、下表のようになります。東京都での医療法人設立認可申請に際して提出する書類の一覧ですが、リストだけを見てもかなりの分量があるのがおわかりいただけると思います。ケースにもよりますが、これだけの添付書類が必要となるわけです。

■医療法人設立認可申請書類一覧

項　目	注意事項
受付表	仮受付の際にのみ添付
医療法人設立認可申請書	
定款	
設立総会議事録	
財産目録	
財産目録明細書	
不動産鑑定評価書	不動産を拠出する場合
減価償却計算書	
現物拠出の価額証明書	
基金拠出契約書等	基金制度を採用する場合
拠出（寄付）申込書	基金制度を採用しない場合
預金残高証明書	発行から3か月以内
診療報酬等の決定通知書	未収入金を拠出する場合（直近2か月分）
設立時の負債内訳書	負債を引き継ぐ場合
負債の説明資料	負債を引き継ぐ場合
負債の根拠書類	工事請負契約書、領収証など
債務引継承認願	

項　目	注意事項
リース物件一覧表	リース物件を引き継ぐ場合
リース契約書（写し）	リース物件を引き継ぐ場合
リース引継承認願	リース物件を引き継ぐ場合
役員・社員名簿	
履歴書	
印鑑登録証明書	発行から３か月以内
委任状	
役員就任承諾書	
管理者就任承諾書	
理事長医師免許証（写し）	
管理者医師免許証（写し）	
理事医師免許証（写し）	
診療所等の概要	
施設等の概要	附帯業務を行う場合
周辺の概略図	
建物平面図	
不動産賃貸借契約書（写し）	賃借する場合
覚書	賃貸借契約引継承認書
土地・建物登記事項証明書	発行から３か月以内
近傍類似値について	設立しようとする医療法人の利害関係者等から物件を賃借する場合
事業計画書（２か年または３か年）	個人の実績がない場合
予算書（２か年または３か年）	個人の実績がない場合
予算明細書	
職員給与費内訳書	
実績表（２年分）	
確定申告書（２年分）	提出可能な場合（付表を含む）
診療所の開設届及び変更届の写し	個人診療所の実績がある場合

（東京都『医療法人設立の手引』より抜粋。注意事項は筆者）

　ここでは、医療法人設立認可申請書類の作成について、主なポイントを解説していきます。

1 法人の名称のポイント

医療法人設立の概要を考える際、まっ先に考えていただきたいのは、法人の名称です。意外に制限が多いので、気を付ける必要があります。

条文上は、名称に「医療法人」を入れられるのは医療法人のみと規定されている（医療法第40条）だけですが、誇大な名称はダメです。例として、「クラブ」や「センター」などがあげられています。また、「第一」「セントラル」「優良」なども、誇大な名称となってしまうため使えません。

よく、良い例としてあげられているのが「○○会」です。そのせいか、医療法人社団○○会という名称はしばしば見かけます。

名称については、由来の説明も必要となりますし、管轄内で他の法人と同一の名称もつけられません。都道府県等に照会をかける必要がありますので、早めに検討してください。

なお、「社団」抜きの名称を可としているところもありますが、種別として「財団」もありますので、やはり入れるほうがよいと思います。

2 "社員"について

定款を含めて、設立しようとする医療法人の内容については、発起人が集まって決めていきます。設立総会は発起人によって構成されますが、設立後は「社員総会」となり、医療法人の最高意思決定機関となります。重要な事項は"社員"が決めていきますので、誰を社員とするかは慎重に検討してください。その承認についても、社員総会の決議事項です。

いわゆる会社員とは全く異なる存在であり、医療法人でいうところの"社員"は、従業員どころか株主に近い存在です。この点を勘違いしている方も多いので、絶対に間違えてはいけません。"社員"の多数派を占めることは、医療法人を支配することを意味します。

> 医療法人社団における"社員"とは、
> ① 拠出が任意で
> ② 一人1議決権のみ有する
> ③ オーナーである。

　出資が任意ということですから、ゼロでも構いません。そして、拠出の多寡はもちろん、有無にもかかわらず、社員総会で行使できる議決権は一人1票です（医療法第46条の3の3第1項）。そして、医療法人のオーナー、いわば株主の立場にあるのが、"社員"なのです。

　くれぐれも従業員と混同しないよう、さらに理事・監事などの役員とも異なる立場であるということを忘れないようにお願いします。役員名簿だけでなく社員名簿も作成する必要があり（医療法第46条の3の2第1項）、むしろ役員名簿以上に重要であると申し添えておきます。

③ 基金制度・拠出金のポイント

　基金制度を採用する場合、基金拠出契約書を作成する必要があります。基金制度は、「剰余金の分配を目的としないという医療法人の基本的性格を維持しつつ、その活動の原資となる資金を調達し、その財産的基礎の維持を図る」ための制度です（平成19年3月30日医政発第0330051号「医療法人の基金について」）。

　この点から、返還猶予期間を長期間にするよう指導されることがあります。中には10年以上にするよう指導しているところもありますが、根拠はありません。民間の契約ですから、当事者同士で自由に設定できます。ただ、趣旨から考えてあまり短期間なのはどうかと思います。私見ですが、数年程度が妥当ではないでしょうか。

① 拠出する金額について

　また、拠出する金額についても制限される場合があります。医療法と同

法施行規則に、以下のような規定があります。

●医療法第 41 条

医療法人は、その業務を行うに必要な資産を有しなければならない。

2　前項の資産に関し必要な事項は、医療法人の開設する医療機関の規模等に応じ、厚生労働省令で定める。

●医療法施行規則第 30 条の 34（医療法人の資産）

医療法人は、その開設する病院、診療所、介護老人保健施設又は介護医療院の業務を行うために必要な施設、設備又は資金を有しなければならない。

これらの規定を根拠に、2 か月分の運転資金を用意することを指導しているところが多いようです。しかし、例えば東京都の場合、2 年以上同一の管理者・診療所所在地での開設実績があり、一人医師医療法人を設立しようとする場合であれば、過去 2 年間の黒字の確定申告書を添付することで任意の拠出額を決めることができます。

さらに、2 年間の開設実績があれば、2 年分の事業計画書・予算書類（設立後 2 年間の予算書（総括表）、予算明細書、職員給与費内訳書）の添付を省略できます（作成は必要）。

保険診療を行う場合、保険診療料の入金があるのは翌々月となることから、法人の設立から 2 か月分の運転資金を用意すべきとすることは、確かに理にかなっています。ただ、ほとんどの場合、個人での開設から 2 年以上経過した上で医療法人化するところが多く、その場合にはこの制限は該当しません。つまり、実績があれば原則として自由に拠出金額を決めることができます。

反対に、実績がなくても医療法人を設立することは可能なので、その場合には前述のとおり 2 か月間を乗り切れるだけの資金は用意しておくこと

が要求されていますし、設立後の事業計画書・予算書類を添付することが求められています。

② マイナス財産の拠出について

一方、設立時の財産にはプラスのものばかりでなく、マイナス財産、つまり負債も拠出することができます。個人時代に行った診療所の改装工事や医療機器購入にかかる借入金は、それらをそのまま医療法人で使うことになりますので、拠出することが原則です。

債務を個人から法人に引き継ぐ際は、その契約自体を引き継ぐことになりますので、債権者の同意が必要となってきます。したがって、債務の存在を証明する資料としては契約書や領収証、支払計画書などを添付しますが、さらに「負債残高証明及び債務引継承認願」を添付します。

この書類には、債務の引継ぎを承認したという債権者の証明が必要となりますので、債権者にも了承を得ながら書類を作成する必要があります。負債残高証明としての面からは発行手数料を請求されることもありますので、念のため確認してください。

そして、診療所の物件が賃借物件である場合、賃貸借契約も引継ぎが必要です。この場合も、貸主の承諾をもらい覚書を交わすことになりますので、事前に貸主にも確認してもらってください。

これに対して、運転資金名目の借入金は引き継ぐことができません。借入れの際、将来の医療法人化を見越して、何のために借入れを起こすのかも計画的に行う必要があるということです。

④ 役員について

もうひとつポイントとなるのは、理事・監事の人選です。この点についても、各都道府県等によって対応は異なります。

医療法では、「社団たる医療法人は、社員総会、理事、理事会及び監事を置かなければならない」（医療法第46条の2第1項）と明文化され、理

事3名以上、監事1名以上が必要となることが明確になりました（医療法第46条の5第1項）。理事の中から1名が理事長となります（医療法第46条の6第1項）。理事は業務執行を担当し、これらを総理するのが理事長です。そしてさらに、それらをチェックする立場にあるのが監事です。

① 役員の資格

ほとんどの都道府県等で、監事になれる者に制限を設けています。参考に、東京都の基準を紹介します。

---

① 監事の職務は、法第46条の8に規定されています。
② 監事は、当該医療法人の理事又は職員を兼ねることができません。
　　　　　　　　　　　　　　　　　　……法第46条の5第8項
③ ②以外に、次の者は、監事に就任することができません。
　・医療法人の理事（理事長を含む。）の親族（民法第725条の規定に基づく親族）
　・医療法人に出資（拠出）している個人（医療法人社団の場合）
　・医療法人と取引関係・顧問関係にある個人、法人の従業員　等
　　例：医療法人の会計・税務に関与している税理士、税理士事務所等の従業員

前述のとおり、監事にはチェック機能が期待されていますので、それにふさわしい者が就任すべきとの考えから、こうした指導がされています。最後に「税理士事務所等の従業員」と入っているのは、そのような例が多く見られたからでしょう。ほかに、千葉県では、監事以外に理事にも第三者を1名入れるよう指導しています。監事を選ぶ際は、よく確認するようにしてください。

また、営利法人の役員との兼務についても、医療法人の非営利性の観点から規制されています。最新の通知では、平成24年3月30日付けで「医療法人の役員と営利法人の役職員の兼務について」というものがあり、基準がより明確化されていますので、必要な方は確認することをお勧めしま

す。

　役員になられる方には、印鑑証明書と履歴書、そして（あれば）医師・歯科医師免許証の写しも提出が求められますので、人選は早めに進めたいところです。なお、都道府県等によっては、登記されていないことの証明書を要求されることもあります。

②　役員の任期

　そしてもうひとつ、役員の任期については、定款の附則が意外に重要です。

　役員の任期は「2年を超えることはできない」となっており（医療法第46条の5第9項）、これを受けた定款の規定では「2年とする」となっていますので、期間としてはちょうど2年となります。その基準日がいつになるかは、定款の附則で決まります。役員は社員総会で選任しますので（医療法第46条の5第2項）、定時社員総会の日程を勘案すべきだと思います。

　厚生労働省をはじめ、ほとんどの都道府県等で、医療法人の定款例には定時総会が年2回定められています。決算月と、その翌々月に行うこととされています。それぞれどのようなことを決議するかというと、例えば、下記のような議案が考えられます。

（例：会計年度が4月1日〜3月31日で、3月と5月に定時総会を開催する場合）
　　3月開催社員総会（定時総会）
　　　翌年度の事業計画の決定
　　　翌年度の予算の決定
　　　翌年度の借入金額の最高限度の決定
　　5月開催社員総会（定時総会）
　　　前年度決算の決定
　　　剰余（損失）金の処理
　　　役員の改選（任期満了の年のみ）

私見ですが、任期の満了日としては決算の翌々月末がよいと考えます。決算に関する総会を花道に任期満了とすることができるからです。ただし、期をまたぐことになります。中には、会計年度末日にそろえて任期満了としている法人もあるようですので、附則の定め方にかかっています。期末までとする場合は、期末の月内に行う定時総会で役員を改選することになります。

　任期満了による役員改選の際、任期を2年という「期間」として定めている場合は「予選」によって役員改選をするのが現実的です。

　つまり、任期満了日以前に、あらかじめ役員改選をしておくのです。上記の例でいえば、定時総会は5月中の任意の日程で開催し、任期満了と同時に就任することを承諾しておいてください。任期が満了すると同時（5月31日の24：00退任、翌6月1日0：00就任）に、改選となります。このとき、同一人物が退任と同時に就任することを、登記上は「重任」と表記します。

　ただし、あまり早い段階で予選してしまうと、就任までの間に事故などで事情が変わってしまうということもあり得ます。株式会社に関してですが、「合理的な期間（例えば1か月）内であれば、取締役会で、次期の代表取締役をあらかじめ選任（選定）することができる」とされています（昭和41年1月20日民事甲第271号民事局長回答）。私見ですが、これを参考に1か月以内とするのがよいと思います。

　任期の満了日は、3月でも5月でも構いませんが、定時総会のある月の末日を設定し、満了日前1か月以内の定時総会で予選する方法が適切だと思います。

　なお、株式会社などのように、「総会終結の時まで」という任期の定め方をしている場合は、総会開催日によって改選日が前後するため、任期がぴったり○年とはなりません。

　一方、医療法人の場合はそのような任期の定め方はできませんが、任期途中で選任される役員につきましては、株式会社などと同様、就任を承諾したその日に就任となります。したがって、任期はこの日からちょうど2

年となります。

　ただし、役員の定数を下回ってしまった場合、医療法では新役員が就任するまで任期が延長されることとなりました。

●医療法第46条の5の3第1項

> 　この法律又は定款若しくは寄附行為で定めた役員の員数が欠けた場合には、任期の満了又は辞任により退任した役員は、新たに選任された役員（次項の一時役員の職務を行うべき者を含む。）が就任するまで、なお役員としての権利義務を有する。

　2年の任期を過ぎても役員改選していない法人を見かけることもありますが、現在設立する法人は必ず2年ごとに任期満了となります。設立後の話ではありますが、注意してください。

（河野理彦）

2-3 診療所開設許可申請書等の作成

　本章は「医療法人設立の実務」ですが、2-1「医療法人設立の流れ」で説明しましたとおり、医療法人の設立登記のみならず、診療をスタートするところまでに必要な手続きも含めて"医療法人化"全体を解説しています。

　ここでは、医療法人の設立登記完了後、その医療法人が定款で開設するとしている医療機関（無床の診療所を想定）を開設するための手続きについて説明します。ほとんどの場合、個人診療所をそのまま引き継ぐことになると思いますが、そのためには管轄の保健所から診療所開設の許可を得た上で開設届を提出する必要があります。

　個人の医師・歯科医師が診療所を開設する場合、開設した日から10日以内に「診療所開設届（出書）」を管轄の保健所に提出するだけでした。

　これに対して、医療法人が開設者となる場合、医師・歯科医師以外の者が開設者となる場合に該当します（医療法第7条第1項）。そのため、まずは「診療所開設許可申請書」を提出する必要があります。これを許可されてから、「診療所開設届」を提出します。

　しかし、法律上、「診療所開設届」は「開設後10日以内に〜届け出なければならない」と規定されている（医療法第8条）にもかかわらず、保健所によっては、特に許可申請を伴う場合、事前に実地検査を行うこととしています。したがって、実際には開設する前に開設届を提出するケースもあります。

　この点に関しては、開設場所を管轄する保健所等に確認しておく必要があります。

　なお、病院（20床以上の病床を有する医療機関）を開設する場合や、診療所であっても病床の割当てを受けようとする場合、別途の手続きが必要となりますが、本稿では省略します。病床の管理については都道府県の

管轄となりますので、所在地の都道府県にご相談ください。

① 構造設備基準と事前相談の必要性

　管轄の保健所ごとに異なる手続様式を用意しており、インターネット上などから入手することができないところもたくさんあります。事前に直接相談に来てもらうことを想定し、意図しているからです。

　診療所を開設するためには、構造設備の要件に適合する施設でなければなりませんので、施設の図面ができあがり次第、工事の前に事前相談を行うべきです。事前相談に行くと、内容に合わせて手続様式を渡してくれます。助産所と共通だったり、医科と歯科では別様式だったりと、保健所等によって異なります。

　また、法人が診療所を開設する場合、登記事項証明書と定款は必ず用意しておくことをお勧めします。仮に添付書類に含まれていなくても、登記事項証明書に記載されている事項を記入することになるからです。

　構造設備に関しては、医療法施行規則に規定があります。

●医療法施行規則（無床診療所に関する部分のみ抜粋）

第16条　法第23条第1項の規定による病院又は診療所の構造設備の基準は、次のとおりとする。ただし、第9号及び第11号の規定は、患者を入院させるための施設を有しない診療所又は9人以下の患者を入院させるための施設を有する診療所（療養病床を有する診療所を除く。）には適用しない。
　一　診療の用に供する電気、光線、熱、蒸気又はガスに関する構造設備については、危害防止上必要な方法を講ずることとし、放射線に関する構造設備については、第4章に定めるところによること。
　（中略）
　十三　歯科技工室には、防塵設備その他の必要な設備を設けること。

十四　調剤所の構造設備は次に従うこと。
　　イ　採光及び換気を十分にし、かつ、清潔を保つこと。
　　ロ　冷暗所を設けること。
　　ハ　感量10ミリグラムのてんびん及び500ミリグラムの上皿てんびんその他調剤に必要な器具を備えること。
十五　火気を使用する場所には、防火上必要な設備を設けること。
十六　消火用の機械又は器具を備えること。
2　前項に定めるもののほか、病院又は診療所の構造設備の基準については、建築基準法の規定に基づく政令の定めるところによる。

このうち、第13号及び第14号は、それぞれ歯科技工室、調剤所がある場合の規定ですので、診療所内にそうした施設がなければ適用されません。第1号の「放射線に関する構造設備については」以降も、レントゲンがなければ関係ありません。

以上から、診療所の構造設備に関しては、原則として以下の点に注意する必要があります。

① 医療機器等による危害防止
② 防火設備
③ 消火器
④ 建築基準法に合致していること（第2項）

これらの基準を満たすために工事が必要な場合もありますので、図面ができあがった段階で事前相談を行い、間違いのないように進めることが大切です。中には、部屋ごとに必要な面積や図面の縮尺を指定しているところもありますので、注意してください。

こうした点から、施工業者との事前打合わせも非常に重要となります。レントゲン業者が書類を用意してくれることもありますが、保健所ごとに独自の書式を使っていることもあり、必要な手続きとそのための期限等の情報を共有し、図面も早めに作成してもらえるよう働きかける必要があります。事前相談をしっかり行い、任せきりにはしないことです。

診療所の開設手続の後、開設届は、開設許可申請書・許可書とともに保険医療機関指定申請時に写しを添付する必要があります。この提出期限に間に合うよう、綿密に段取りを組んでおかなければ、保険診療の開始が1か月単位で遅れてしまう危険があります。

　スケジュールに合わせて書類を作成していくことが、最大のポイントとなります。以下、それぞれについて解説します。

② 診療所開設許可申請書の作成

　既述のとおり、医療法人が診療所を開設する場合、事前に許可申請を行い、許可を得る必要があります。管轄の保健所等に事前相談を行った上で、構造設備の要件を満たすように工事を進め、開設予定日から逆算して「診療所開設許可申請書」を提出します。

　許可が出るまでに必要な期間は、申請先によって異なることもありますので、この点も事前に確認してください。

　近年、医師・歯科医師免許証の確認は慎重になされる傾向にあります。原本の提示が必須か、さらに管理者、勤務医、医療従事者によって必要書類等が異なるかなどは、早い段階で確認しておくほうがよいと思います。

　特に、看護師のほか、歯科衛生士、視能訓練士などの資格証について、コピーのみでよいのか、それとも原本の提示まで求められるのか、しっかり確認しておくことが必要です。個人か法人かによっても異なります。

　施設の平面図も、添付書類となります。各部屋の用途・面積は、把握しておいてください。書式に記入する必要がある場合は、内容が他の書類（開設許可申請書・開設届）と一致するように気を付けてください。

　法人での診療所開設においては、実地検査のタイミングが非常に重要です。保健所等によって、許可の前に行うところと、許可後、開設届が出された後に行うところがありますので、事前に必ず確認するようにしてください。

　許可前に実地検査が必要な場合、診療所開設許可申請書の提出時に実地

検査の日程を調整します。検査を経なければ許可書が交付されず、開設も待たなければなりません。管理者（院長）の都合に合わせてくれますが、この日程は重要です。くどいようですが、保健所等によって許可までの日数も異なりますので、この点も忘れずに確認してください。

　実地検査が開設後でよい場合、書類審査のみで許可が出て、開設も可能となります。

　そのほか事前確認のポイントとしましては、許可後の開設届に添付するケースがほとんどですが、（歯科）医師免許証の原本提示について注意が必要です。

　管理者の資格証は、原則として原本を提示して保健所等の原本照合を受ける必要があります。前述の実地検査のタイミングによって、いつ原本提示が必要かも、しっかり確認しておいてください。管理者以外の（歯科）医師や、他の有資格者についても、管理者同様に原本の提示が必要なのかそれ以外の方法があるのか、また、履歴書の要否も併せて確認することがポイントになります。

　保健所によっては、賃貸借契約書等の原本提示を求めてくるところもあります。併せて確認してください。

①　確認のポイント

　ⅰ　実地検査のタイミング
　ⅱ　許可申請から許可までの期間
　ⅲ　（歯科）医師免許証等原本の要否とタイミング

②　実地検査の流れとポイント

①　実地検査の流れ

　当日は、予定時間の30分前には準備を整えておくべきかと思います。予定時間には保健所職員が来院しますので、その前に準備してください。

　管理者（院長）は、最初のあいさつ程度で、ずっとつきっきりでなくても大丈夫です。基本的には、入口から始まって、患者の動線に沿って平面

図と照らし合わせながら確認していくことが中心となります。

　よく確認されるポイントとしましては、院内掲示、消毒設備関係、医薬品等の保管状況です。また、医療安全管理体制に関する書類の整備は、必ずチェックしておいてください。医療安全指針、院内感染対策指針、医薬品の業務手順書、医療機器等管理指針は、原則として必ず準備が必要です。レントゲンがある場合、被曝量のチェック体制（ガラスバッジなど）も、よく確認されるポイントです。感染性廃棄物の契約書類等も、用意しておくとよいと思います。

　担当者によっては、劇薬の保管状況や、衛生面での細かな注意事項など、様々な点についてチェックがありますので、すべてを網羅することは非常に難しいと思います。

　しかし、最も重要な点は、この実地検査は主に指導を目的としたものであるという点です。仮に改善すべき点があったとしても、許可前に実地検査を行う場合でも開院が遅れることはありません。もちろん、指摘があった場合には対応する必要がありますし、保健所によっては、後日改善の報告を求めるところもありますが、開院が遅れたり、一時診療が中断されたりといったことはありません。

　ほかには、最近の法改正についての資料や、管内で起こった事件・事例なども教えてくれる場合があります。指導や情報提供には耳を傾け、今後に活かしていただければと思います。

ⅱ　**実地検査のチェックポイント**

　保健所の実地検査に際して、主なチェックポイントをまとめましたので、参考にしてください。

保健所の主なチェックポイント

　保健所の立ち入り時、以下のような点にご注意ください。
- ☐　院内掲示（特に、診察時間と管理者・担当医、診療科目が記載されているか）
- ☐　部屋の名称の表示

- ☐ 衛生設備（水道）
- ☐ 消毒設備（オートクレーブ）
- ☐ 薬品庫（劇薬などの保管状況）

- ☐ 医療安全管理体制の確保
  - ☐ 医療安全指針
  - ☐ 院内感染対策指針
  - ☐ 医薬品の業務手順書
  - ☐ 医療機器等の管理指針
  - ☐ 診療用放射線安全指針

- ☐ （医療廃棄物等）委託業務の契約書類
- ☐ 感染性廃棄物の保管、処理委託契約（マニフェスト）と、その記録

- ☐ 防火について（消火器の位置など）

- ☐ 放射線（レントゲン）の管理について（ガラスバッジ等）
- ☐ レントゲン室入口の法定表示
- ※ このほか、保健所・担当者により様々な指摘があることも予想されますが、そのことで開設が遅れたり、再検査ということはまずありません。指導としてお伺いいただき、必要に応じて立ち入り後に改善していただければと思います。

　以上、あくまでも事例、よくあるケースではありますが、ご確認くださいませ。

▼原本について（ご用意のお願い）
- ☐ （歯科）医師免許証（あれば、臨床研修修了登録証も）原本をご用意ください。
- ☐ 賃貸借契約書の原本をご用意ください。
- ☐ （念のため）法人実印をご用意ください。
　当日30分前にお伺いいたします。よろしくお願いいたします。

「▼原本について（ご用意のお願い）」で、いくつか書類等を挙げてあります。保健所によっては原本確認が必要な書類がありますので、こちらも事前に確認してください。

③ 診療所開設届・廃止届の作成

診療所開設の許可が出たら、「診療所開設届」も提出します。

その際、人員の配置、診療時間、標榜診療科目及び担当診療科目は慎重に決めてください。特に、保険診療を行う場合、診療所の開設後に地方厚生局へ保険医療機関の指定申請が必要ですが、保険医ごとにどのような勤務体制なのかがポイントになります。

また、個人医師・歯科医師が開設者の場合は開設届だけを提出すればよいことはすでに述べましたが、個人と法人とで様式は必ずしも同一ではありません。許可申請書もそうですが、様式の末尾に列挙されている添付書類も一つひとつ確認してそろえてください。

管理者の「履歴書（職歴書）」については、おおむね高校以上の学歴と職歴を、空白期間なく記入します。医療機関に所属していた場合、勤務していたのか、開設・管理していたのかも明記しておく必要があります。一般的な履歴書とは異なり、書き方について細かくルールがありますので、各保健所等に確認するようにしてください。

管理者としての経歴がある場合、きちんと廃止届を出していなければ、別の医療機関での管理者就任は難しくなります。2か所管理の特例が認められれば複数の医療機関で管理者を兼務することも可能ですが、非常に限られた条件の下でしか認められません。管理者の経歴がある場合、間違いなく廃止届が提出されているか、今一度確認するほうが安心です。

一般的に、許可に続く開設届には管理者と勤務医・スタッフ等に関する情報、添付書類が必要であり、開設届のみの場合には、これらに加えて開設者、施設・設備に関するものが必要となります。先にも書きましたが、個人か法人か、医科か歯科かによって書類の様式が違うこともあります。

そして、診療所開設許可申請には審査手数料が必要となる点も、個人の場合と異なるところです。金額は自治体によって異なりますが、おおむね2万円前後見込んでおけばよいと思います。許可申請書提出時に支払います。これは、あとから取り下げた場合であっても返金はありません。慎重に準備をして臨んでください。

なお、開設者が個人から医療法人化する場合、あるいはその反対に法人から個人に変更となる場合、医療法人としての開設届と同時に、これまでの診療所についての「診療所廃止届」も提出しなければなりません。新医療機関開設の前日に、旧医療機関は廃止することが、あとから説明する保険医療機関の指定の遡及が認められるための条件になります。

④ 診療用エックス線装置備付届・廃止届の作成

診療用エックス線装置、すなわちレントゲンを使用する医療機関の場合、診療所の開設届とは別に「診療用エックス線装置備付届」を提出する必要があります。この届出は、あくまでも管理者個人が提出します。

ただし、開設届同様、実地検査が必要となりますので注意してください。日程については、可能な限り開設許可申請・開設届の実地検査と一緒に調整し、一度で済ませられるのが理想です。

また、**2-1**「医療法人設立の流れ」でも書きましたが、備付届には「エックス線漏えい検査報告書」を添付する必要があります。報告書は直近のものが必要ですので、個人から医療法人化する場合であっても、あらためて用意してもらわなければなりません。レントゲン業者に依頼してから時間がかかるのが通常ですので、早めに手配しておくほうがよいと思います。

開設届の場合と同様に、診療用エックス線装置についても、旧医療機関で設置していた場合には「廃止届」を提出します。個人診療所に設置していたレントゲンは廃止となり、新たに法人の診療所設置に切り替えるということになります。

⑤ 専属薬剤師・調剤所を設置しない理由書

医療法上、病院または診療所には専属の薬剤師を置かなければならない場合があります。

●医療法第18条

> 病院又は診療所にあっては、その開設者は、厚生労働省令で定める基準に従い都道府県（診療所にあっては、その所在地が保健所を設置する市又は特別区の区域にある場合においては、当該保健所を設置する市又は特別区）の条例の定めるところにより、専属の薬剤師を置かなければならない。ただし、病院又は診療所所在地の都道府県知事の許可を受けた場合は、この限りでない。

●医療法施行規則第6条の6

> 法第18条の厚生労働省令で定める基準は、病院又は医師が常時3人以上勤務する診療所に専属の薬剤師を置くこととする。

しかし、院外処方の診療所もありますので、そのような診療所では、医療法第18条ただし書きのとおり専属の薬剤師を置かないことについて許可を受ける必要があります。なお、歯科診療所ではもともと薬剤師を置く必要はありません。

該当する医療機関は、医療法施行規則第7条により下記の事項を記載した書類を提出することとなっていますので、これらを盛り込んで理由書を作成するか、様式があればそれに合わせて作成すれば問題ありません。

① 当該病院または診療所の診療科名
② 病院であるときは、病床数
③ 専属の薬剤師を置かない理由

このうち、③の「専属の薬剤師を置かない理由」については、以下の3

つのパターンが考えられます。実情に合わせて書いてください。

① すべて院外処方
② 原則として院外処方だが、必要な場合は医師が処方
③ すべて医師が処方

6 診療所を開設できる法人

診療所を開設できるのは、（歯科）医師と医療法人だけだと思われがちですが、そんなことはありません。

●**医療法第7条第1項**（該当部分を抜粋）

> 医師法第16条の6第1項の規定による登録を受けた者（以下「臨床研修等修了医師」という。）及び歯科医師法第16条の4第1項の規定による登録を受けた者（以下「臨床研修等修了歯科医師」という。）でない者が診療所を開設しようとするときは、開設地の保健所を設置する市の市長又は特別区の区長の許可を受けなければならない。

条文のとおり、臨床研修等修了医師及び臨床研修等修了歯科医師で·な·い·者·と規定されています。したがって、医療法人に限らず、他の法人等であっても、許可を受ければ診療所を開設することは可能なのです。実際に、特定非営利活動法人や（公益）社団・財団法人が開設している病院や診療所を見かけたこともあると思います。旧法上の社団・財団法人は、設立時点で公益性が認められていたこともあって比較的簡単に医療機関開設の許可を得ていました。

しかし、本稿では、公益法人制度改革によって近年増えつつある一般法人による診療所開設のうち、一般社団法人によるものについて解説していきます。

①　一般社団法人による診療所開設について

　通常、医師・歯科医師でない者といえば医療法人であり、都道府県等から認可を受けて設立された法人ということになります。したがって、すでに非営利性の確認がされていますので、診療所開設許可申請に際してはそれ以外の部分を審査されることになります。

　しかし、一般社団法人の場合は準則主義、すなわち法律で定められた一定の要件を満たしていれば、ただちに設立可能となっています。非営利性を確保できているか否かは審査されていません。したがって、許可申請の際に、非営利性が確保されているかを含めて審査されることになります。

　一般法人による診療所開設許可申請については、平成5年2月3日付で厚生省（当時）から出されている「医療機関の開設者の確認及び非営利性の確認について（医政総発・指発0330第4号、平成24年3月30日最終改正）」（以下、「通知」といいます）に記載があります。以下に、重要な部分を抜粋します。

■医療機関の開設者の確認及び非営利性の確認について

第一　開設許可の審査に当たっての確認事項
　1　医療機関の開設者に関する確認事項
　（1）　医療法第7条に定める開設者とは、医療機関の開設・経営の責任主体であり、原則として営利を目的としない法人又は医師（歯科医業にあっては歯科医師。以下同じ。）である個人であること。
　（2）　開設・経営の責任主体とは次の内容を包括的に具備するものであること。
　　①　開設者が、当該医療機関を開設・経営する意思を有していること。
　　②　開設者が、他の第三者を雇用主とする雇用関係（雇用契約の有無に関わらず実質的に同様な状態にあることが明らかなものを含む。）にないこと。
　　③　開設者である個人及び当該医療機関の管理者については、原則として当該医療機関の開設・経営上利害関係にある営利法人等の役職

員を兼務していないこと（ただし書きは省略）。

④　開設者である法人の役員については、原則として当該医療機関の開設・経営上利害関係にある営利法人等の役職員を兼務していないこと（ただし書きは省略）。

⑤　開設者が、当該医療機関の人事権（職員の任免権）及び職員の基本的な労働条件の決定権などの権限を掌握していること（ただし書きは省略）。

⑥　開設者が、当該医療機関の収益・資産・資本の帰属主体及び損失・負債の責任主体であること（なお書きは省略）。

（３）　開設・経営に関する資金計画については、次の内容を審査すること。
（省略）

①　収入見込の根拠となる患者数等の見込は過大でないこと。

②　支出見込の根拠となる人件費等の見積りは適正であること。

③　必要な自己資本が確保されていることを金融機関等の残高証明で確認できること。

④　借入金がある場合は、その借入が確実なものであることを金融機関等の融資証明等によって確認できること。

⑤　第三者から資金の提供がある場合は、医療機関の開設・経営に関与するおそれがないこと。

（４）　開設申請者が名義上の開設者で第三者が医療機関の開設・経営を実質的に左右するおそれがあるとの指摘、情報等がある場合には、その指摘等の内容も含め申請書類のみならず実態面の各種事情を十分精査の上判断すること。

（５）　医療法第10条に規定する管理者とは、開設者の任命を受けて医療機関の管理・運営について責任を持つ者で医師に限定されていること。また、病院の管理者は常勤であること。

2　非営利性に関する確認事項等

（１）　医療機関の開設主体が営利を目的とする法人でないこと。

（２）　医療機関の運営上生じる剰余金を役職員や第三者に配分しないこと。

（３）（４）　省略

東京都の医療安全課からは、一般法人による診療所開設に際して、「非営利性における遵守事項について」という書面の提出を求めていますが、この通知をもとにしたものと考えられます。

　下記に示しましたので、通知と照らし合わせてみてください。

　この書面は、出典としては東京都医療安全課からの通知ですが、前述のとおり元々は現厚生労働省からの通知です。したがって、どこの保健所に対しても説明の基礎になります。

■非営利性における遵守事項について

> 　　　　　　　　　　　　　　　　　　令和　　年　　月　　日
>
> ××保健所長　　様
>
> 　　　　　　　非営利性における遵守事項について
>
> 　　　　　　　　　　　　　　開設者　一般社団法人○○
>
> 　　　　　　　　　　　　　　代表理事　　　　　　　印
>
> 　この度、「○○クリニック」を開設するに当たって、営利を目的としない法人として「医療機関の開設者の確認及び非営利性の確認について」（平成5年2月3日付け厚生労働省健康政策局総務・指導課長通知）に記載のある以下の項目について、現在及び今後の運営において遵守いたします。
>
> 　また、貴職より当法人が実質的に診療所の開設・運営の責任主体たり得ること及び営利を目的とするものでないことにつき疑義が呈された場合は、速やかに対応いたします。
>
> 　　　　　　　　　　　　　　記
>
> 1　医療機関の開設者について
> （1）　当法人は、他の第三者を雇用主とする雇用関係（雇用契約の有無に関わらず実質的に同様な状態であることが明らかなものを含む。）にありません。

（2）　当該診療所の管理者は、当該診療所の開設・経営上利害関係にある営利法人等の役職員と兼務しておりません。

（3）　当法人の理事は、当該診療所の開設・経営上利害関係にある営利法人等の役職員と兼務しておりません。

（4）　当法人は、当該診療所の幹部職員に定款、内部規程等の規定により権限を委任している場合以外において、当該医療機関の人事権（職員の任免権）及び職員の基本的な労働条件の決定権などの権限を掌握いたします。

（5）　当法人が、当該診療所の収益・資産・資本の帰属主体及び損失・負債の責任主体です。

2　開設・経営に関する資金計画について

（1）　収入見込の根拠となる患者数等の見込は過大ではありません。

（2）　支出見込の根拠となる人件費等の見積りは適正です。

（3）　資金の提供がある第三者は、当該診療所の開設・経営に関与しません。

（4）　管理者は、当法人の任命を受けて当該診療所の管理・運営について責任を持つ者で、常勤医師（歯科医師）に限定します。

3　非営利性について

（1）　当法人は、診療所の運営上生じる余剰金を役職員や第三者に配分しません。

（2）　当法人が解散した場合の残余財産は、当法人の出資者又はこれに準ずる者には帰属しません。

以上

②　一般社団法人の構造について

　医療機関を開設する一般法人のことを、本稿では「医療型一般法人」と呼ぶことにします。医療型一般法人は、通常の一般法人とどのように違うのか、明確な定義があるわけではありません。重要なのは、「非営利性が

確保できているか？」という点です。前出の通知に加え、併せて確認していただきたいのが税法上の「非営利型法人」です。それだけで要件を満たすものではありませんが、大前提として、開設者となる一般社団法人の定款については、非営利型法人の要件を満たすように作成することで、非営利性を強化できます。法人税法には、以下のように定義されています。

●法人税法第２条（定義）

> 九の二　非営利型法人　一般社団法人又は一般財団法人（公益社団法人又は公益財団法人を除く。）のうち、次に掲げるものをいう。
> 　　イ　その行う事業により利益を得ること又はその得た利益を分配することを目的としない法人であってその事業を運営するための組織が適正であるものとして政令で定めるもの
> 　　ロ　その会員から受け入れる会費により当該会員に共通する利益を図るための事業を行う法人であってその事業を運営するための組織が適正であるものとして政令で定めるもの

このうち、イの法人を目指します。具体的には、次の要件をクリアしてください。
① 　定款に、剰余金の分配を行わない旨の定めがあること
② 　定款に、解散したときはその残余財産が国若しくは地方公共団体または次に掲げる法人に帰属する旨の定めがあること
③ 　上記の規定に反する行為を行わないこと
④ 　理事の中に、配偶者、３親等内の親族、一定の特殊の関係のある者の合計が、理事全体の３分の１以下であること

　４番目の役員の人選に関する制限は、医療法人とは異なる制限ですので注意してください。役員全体ではなく、理事の中で３分の１以内です。
　詳しくは、「新たな公益法人関係税制の手引」（平成24年９月）31頁が参考になります。以上の要件を満たした一般社団法人を開設者として、いよいよ診療所開設許可申請を行っていきます。

■ 「新たな公益法人関係税制の手引」（平成 24 年 9 月）31 頁

（1） 非営利型法人の要件（法 2 九の二、令 3）

非営利型法人の要件は、次のとおりとなります。

類　　型	要　　件
（イ） 一般社団法人・一般財団法人のうち、その行う事業により利益を得ること又はその得た利益を分配することを目的としない法人であってその事業を運営するための組織が適正であるものとして右欄に掲げる要件の全てに該当するもの（注1）	① その定款に剰余金の分配を行わない旨の定めがあること。
	② その定款に解散したときはその残余財産が国若しくは地方公共団体又は次に掲げる法人に帰属する旨の定めがあること。 　i　公益社団法人又は公益財団法人 　ii　公益法人認定法第 5 条第 17 号イからトまでに掲げる法人
	③ ①及び②の定款の定めに反する行為（①、②及び④に掲げる要件の全てに該当していた期間において、剰余金の分配又は残余財産の分配若しくは引渡し以外の方法（合併による資産の移転を含みます。）により特定の個人又は団体に特別の利益を与えることを含みます。）を行うことを決定し、又は行ったことがないこと。
	④ 各理事（清算人を含みます。以下同じです。）について、その理事及びその理事の配偶者又は 3 親等以内の親族その他のその理事と一定の特殊の関係のある者（注2）である理事の合計数の理事の総数のうちに占める割合が、3 分の 1 以下であること（注3）。
（ロ） 一般社団法人・一般財団法人のうち、その会員から受け入れる会費によりその会員に共通する利益を図るための事業を行う法人であってその事業を運営するための組織が適正であるものとして右欄に掲げる要件の全てに該当するもの（注1）	① その会員の相互の支援、交流、連絡その他のその会員に共通する利益を図る活動を行うことをその主たる目的としていること。
	② その定款（定款に基づく約款その他これに準ずるものを含みます。）に、その会員が会費として負担すべき金銭の額の定め又はその金銭の額を社員総会若しくは評議員会の決議により定める旨の定めがあること。
	③ その主たる事業として収益事業を行っていないこと。
	④ その定款に特定の個人又は団体に剰余金の分配を受ける権利を与える旨の定めがないこと。
	⑤ その定款に解散したときはその残余財産が特定の個人又は団体（国若しくは地方公共団体、上記（イ）②ⅰ若しくはⅱに掲げる法人又はその目的と類似の目的を有する他の一般社団法人若しくは一般財団法人を除きます。）に帰属する旨の定めがないこと。
	⑥ ①から⑤まで及び⑦に掲げる要件の全てに該当していた期間において、特定の個人又は団体に剰余金の分配その他の方法（合併による資産の移転を含みます。）により特別の利益を与えることを決定し、又は与えたことがないこと。
	⑦ 各理事について、その理事及びその理事の配偶者又は 3 親等以内の親族その他のその理事と一定の特殊の関係のある者（注2）である理事の合計数の理事の総数のうちに占める割合が、3 分の 1 以下であること（注3）。

（注）1　清算中に表の右欄に掲げる要件の全てに該当することとなったものを除きます。
　　　2　理事と一定の特殊の関係のある者は、次の者をいいます（規則 2 の 2 ①）。
　　　　ⅰ　その理事の配偶者
　　　　ⅱ　その理事の 3 親等以内の親族
　　　　ⅲ　その理事と婚姻の届出をしていないが事実上婚姻関係と同様の事情にある者
　　　　ⅳ　その理事の使用人
　　　　ⅴ　ⅰ～ⅳ以外の者でその理事から受ける金銭その他の資産によって生計を維持しているもの
　　　　ⅵ　ⅲ～ⅴの者と生計を一にするこれらの者の配偶者又は 3 親等以内の親族
　　　3　一般社団法人は一般財団法人の使用人（職制上使用人としての地位のみを有する者に限ります。）以外の者でその一般社団法人又は一般財団法人の経営に従事しているものは、その一般社団法人又は一般財団法人の理事とみなして、上記（イ）④又は（ロ）⑦の要件を満たすかどうかの判定をします（令 3 ③）。

> 非営利型法人の要件について、法人税基本通達 1 − 1 − 8 から 1 − 1 − 12 まで及び平成 21 年改正通達経過的取扱い（2）にその取扱いが定められていますので、その内容については 82 頁以降をご覧ください。
> 《取扱いの例》
> ・ 「特別の利益を与えること」の意義について例示により明らかにしているもの（法基通 1 − 1 − 8）
> ・ 理事の親族等の割合に係る要件は、原則として判定される時の現況によることを明らかにしているもの（法基通 1 − 1 − 12）
> ・ 特例民法法人が既に法基通 15-1-28（実費弁償による事務処理の受託等）の確認を受けた業務を行っている場合の取扱い（平成 21 年改正通達経過的取扱い（2））

③　一般社団法人による診療所開設許可申請のポイント

　医療法人であっても、医療型一般法人であっても、診療所の開設許可申請が必要であることはすでに述べました。診療所開設許可申請の手続きについては前述のとおりですので、ここでは医療型一般法人の場合に注意すべきポイントに絞ります。

　まず、医療型一般法人の場合、非営利性の確認が審査に含まれると書きました。この点は、前述のとおりです。

　さらに、通知の第一１（３）にある、資金計画が適切であることが、もう一つのポイントになります。この点について、前出の東京都医療安全課からの通知には、事業計画と予算明細書の書式が添付されています。

　事業計画は、ご覧のとおり非常にシンプルなもので十分ですが、法人のものと診療所のものの２種類を要求されることがあります。書く内容は決まっていませんが、記載例を挙げておきます。

■歯科の事業計画例

初年度（令和２年４月１日〜令和２年９月30日：６か月）
　　歯科医療、予防歯科、歯科に関する医療連携の重要性に対する認識を高めるための研究・普及啓発活動を行う。
　　具体的には、HP を開設して伝えていく。

　　東京都……において、診療所を開設する。

　　名　　　称　　○○歯科医院
　　管 理 者　　×　×　　　×　×
　　診療科目　　歯科、小児歯科、矯正歯科、歯科口腔外科

　このほか、予算明細書に合わせて、一日の売上単価などを記載するのがよいと思います。また、建物増改築計画、資金計画、債務の弁済計画、職

員採用や物品購入の計画、収支の見込みなどを記載してもよいと思います。ただ、シンプルなもので十分ですので、詳細なものは不要です。

　しかし、この書式だけでは判断も説明も難しいと言わざるを得ません。そこで、「予算明細書」の内訳についての説明資料を追加することをお勧めします。筆者のオリジナルではありますが、内訳となる資料をご参考までに掲載します。オリジナルとはいえ、元々は医療法人の書式からつくり出したものですし、予算明細書の説明資料として必要な情報は十分記載できているはずです。都内はもちろん、埼玉県、神奈川県、兵庫県や大阪府での実績もありますので、十分実用に耐え得ると思います。

　予算書には、通知の（3）③にありますとおり、預金残高証明書を添付してください。この金額を上限に、「拠出金」として「運営経費」に計上します。

　これらの書類を提出さえすれば許可となるというものではありませんが、非営利性が確保できていることと資金計画が適正であることについて、通知に則ってしっかりと説明することがポイントです。

　審査期間は、通常の診療所開設許可申請と比べて長くなるところもありますし、全く変わらないところもあります。事前に確認することはもちろんですが、保健所にとっても未経験のところが多く手探りの手続きとなりますので、いつ頃までに許可を得たいと思っても、そのとおりにいくかどうかはわかりません。経験上でも、最短では2〜3日ですが、最長となると2か月ほどかかったところもあります。保健所とのコミュニケーションを密にして、見極めていくしかないと思います。

　最後にもう一点、ポイントというより注意点を挙げておきます。

　一般法人による診療所開設は、完全に適法な手続きではありますが、一部の保健所は非営利性の確認ができないといって、非常に厳しい態度で臨んでくることがあります。確かに、医療法人であれば設立認可時はもちろん、法人となってからも定期的に決算届（事業報告）を提出する際にチェックを受けることになります。これに対して、一般法人にはそのような制度がありません。その点を重視して、医療法人制度の活用を勧めてく

るというわけです。

　しかし、医療機関の開設・運営が適切であれば、何の問題もありません。通知の内容をよく理解し、その趣旨を踏まえた上で丁寧に説明することがポイントになります。医療法人であっても、一般法人であっても、医療機関を適切に運営すべきことに変わりはありません。

　以上の点に注意しつつ手続きを進めれば、医療法人に限らず、診療所を開設することは可能です。選択肢の一つとして、検討してみてはいかがでしょうか。

■事業計画

開設者名：一般社団法人○○※

事業計画

初年度（令和2年6月1日～令和2年9月30日：4か月）

次年度（令和2年10月1日～令和3年9月30日）

次々年度（令和3年10月1日～令和4年9月30日）

※別途「診療所名：○○クリニック」が必要です。

■予算明細書

予 算 明 細 書

単位：千円

		初年度	次年度	次々年度
医 業 収 益	入 院 収 入 （ G ）			
	外 来 収 入 （ H ）			
	医 療 相 談 収 入			
	そ の 他 医 業 収 入			
	保 険 等 調 整 増 減			
	運 転 資 金			
	計 （A）			
医 業 費 用	給 与 費 ①			
	材 料 費 ②			
	委 託 費			
	運 営 経 費			
	減 価 償 却 費 （F）			
	リ ー ス 料			
	研 究 研 修 費			
	計 （B）			
医業損益 ③（（A）－（B））				
医業外収益 ④				
医業外費用	支 払 利 息			
	そ の 他 経 費			
	計 ⑤			
経常損益 （C）（③＋④－⑤）				
特別利益 ⑥				
特別損失 ⑦				
税引前利益 （D）（（C）＋⑥－⑦）				
法人税・事業税等 （E）				
当期利益 （（D）－（E））				
入 院	1 日 平 均 （ 人 ）			
	1 日 単 価 （ 円 ）			
	自 費 収 入			
	社 会 保 険 等 収 入			
	計 （G）			
外 来	1 日 平 均 （ 人 ）			
	1 日 単 価 （ 円 ）			
	自 費 収 入			
	社 会 保 険 等 収 入			
	計 （H）			
給 与 比 率	①／（A）			
原 価 率	②／（A）			
減 価 償 却 費 医 業 収 益 対 比 率	（F）／（A）			

■設立後3年間の予算書

（収入予算額総括表）　　　　　　　　　　　　　　　　　　　　　（単位：千円）

科　　　　目	初年度（4か月）	次　年　度	次々年度
医業収入			
保険診療収入			
自費診療収入			
医業外収入			
拠出金			
前年度繰越金			
合　　　　計			

（支出予算額総括表）　　　　　　　　　　　　　　　　　　　　　（単位：千円）

科　　　　目	初年度（4か月）	次　年　度	次々年度
医業費用			
医業外費用			
借入金（元本）返済			
法人税等（租税公課）			
翌年度繰越金			
合　　　　計			

（運転資金）　　　　　　　　　　　　　　　　　　（単位：千円）

必　要　額	準　備　額	内訳	拠 出 金	
			窓口収入等 （2か月分）	

（注）準備額は、必要額と同額かそれ以上であること。

■職員給与費の内訳書

初年度（4か月）　　　　　　　　　　　　　　　　　　　　　　　（単位：千円）

職　　種	常　勤（名） 非常勤（名） 計　　（名）	A 一人当たり 月額給与	B 月　　額 給　与　計	C 年間給与計 （4か月分）	D 年　間 賞　与	E 年　間　計
歯科医師						
歯科衛生士						
歯科助手						
合　　計						

※　役員報酬を受ける歯科医師　　　　　　　　　　年額　　　　　　千円

■予算明細の計算書

初年度（4か月）

	1日平均	1か月平均	4か月
外来患者数	人	人	人

(注)　1　入院患者数（1年）＝入院患者数（1日平均）×365（366）日
　　　2　外来患者数（1年）＝外来患者数（1か月平均）×12とする。
　　　3　初年度の月数に注意してください。

（収入）

科　　目	金額（千円）	内　容　説　明
医業収入		
外来収入		
保険診療収入		平均　　　円×　　　人＝　　　円
自費診療収入		平均　　　円×　　　人＝　　　円
医業外収入		
受取利息		預金利息
その他		
拠　出　金		現預金
前年度繰越金		
計		

（支出）

科　　目	金額（千円）	内　容　説　明
医業費用		
給与費		
職員給与		内容別紙のとおり
その他		法定福利費
役員報酬		
材　料　費		薬品費、医療消耗品費
経　　　費		
賃借料		月額　　　円×　　　4か月
委託費		
リース料		
研究研修費		
その他		旅費交通費、広告宣伝費、交際接待費、消耗品費、支払手数料、支払報酬、保険料、雑費
医業外費用		
借入金（元本）返済		
法人税等（租税公課）		
翌年度繰越金		
計		

（河野理彦）

2-4 保険医療機関指定申請書等の作成

　新たに設立された医療法人が保険診療を行う場合、保険医療機関の指定申請をします。

　医療機関となるための手続きとしては保健所等への開設許可申請・開設届で完了していますので、自由診療であればすぐにでもスタートすることができます。しかし、地方厚生局から保険医療機関としての指定を受けなければ医療保険が使えませんので、保険診療を行う医療機関は、この指定がなければ診療をスタートすることができません。

　気を付けなければならないのは、申請から指定までにタイムラグが生じるということです。だいたい1か月くらいは時間が必要となりますので、スケジュールを考える際は注意してください。

　一方、個人開設の医療機関を法人開設に切り替えた場合は、申請日以前にさかのぼって指定を受けること（遡及指定）ができます。とはいえ、あくまでも新規の開設者（医療法人）・医療機関なので、保険診療を行うためには新規の指定手続をとる必要があります。

　指定までのスケジュールとしては、月単位で指定を受けることができますが、それぞれ締切りが厳格に設定されています。締切日に1日でも遅れてしまうと、次の機会は1か月後となりますので、それまで保険診療ができないということになりかねません。

　各地方厚生局のホームページで、月ごとの締切日を公表しています。事前に確認して診療スタートの日付を決めてから、逆算して準備をしていきます。保健所等への診療所開設手続と、併せて検討しておく必要があります。

1 保険医療機関指定申請書・同廃止届の作成

① 添付書類について

　「保険医療機関指定申請書」と、主に以下のような添付書類を提出します。保険薬局の指定申請と共通の様式ですが、ここでは保険医療機関に絞って説明します。

　基本的には、申請書自体は簡易なもので、保健所へ提出した「診療所開設許可申請書」「許可書」「診療所開設届」の写しを添付します。しかし、診療所としての基準と保険医療機関としての基準は、あくまでも別個のものです。別の手続きとして準備を整える必要がある点には注意してください。

■「保険医療機関指定申請書」の添付書類

① 保険医療機関指定申請書
② 保険医療機関指定申請書添付書類（様式）
③ 保険医登録票の写し
④ 診療所開設許可申請書の写し
⑤ 許可書の写し
⑥ 診療所開設届の写し

　ただし、これは関東信越厚生局の例であり、例えば近畿厚生局となると上記のほかに、以下のような書類も必要となります。

⑦ 近畿厚生局における指定申請に係る連絡票・指定希望日記載票
⑧ 開設者・管理者・勤務する保険医の履歴書
⑨ 周辺図（近隣の保険医療機関、保険薬局の位置がわかるように記載）
⑩ 平面図（敷地内の建物に保険医療機関、保険薬局が存在する場合（予定を含む）、その位置等を記載）

⑪　医療機関配置図（レイアウト図）

⑫　賃貸借契約書の写し　　※土地または建物が自己所有でない場合

⑬　法人登記事項証明書の写し　　※法人開設の場合

⑭　同一建物内のテナント名がわかる書類

　⑦「近畿厚生局における指定申請に係る連絡票・指定希望日記載票」には、名称と更新・遡及の有無、そして遡及を希望する場合には希望日を記入します。関東信越厚生局にはない様式ですので、注意してください。繰り返しになりますが、厚生局ごとに手続きや書式が異なるものもありますので、事前に必ず確認する必要があります。

　履歴書や周辺図、平面図などは、開設許可申請書や開設届にも添付されていますが、⑭「同一建物内のテナント名がわかる書類」などは、新たに添付する必要があります。特に所定の様式があるわけではなく、例えばデパートなどのテナントとして開設する場合、そのデパートのフロア案内図などを提出すれば大丈夫です。同一フロアだけでなく、建物全体のテナントを記入してください。

　また、「周辺図」についてですが、最寄りの保険薬局の位置は押さえておいてください。特に、院外処方の場合は、位置とそこまでの距離を確認しておくとスムーズです。

　保険医療機関指定申請書自体は、特に作成が難しい書類ではありません。保険医登録票と、診療所開設許可申請書・開設届を確認しながら作成すれば、それほど苦労はないと思います。

　とはいえ、提出すべき書類がこれだけ違うこともありますので、管轄の地方厚生局にしっかり確認した上で書類をそろえ、手続きしてください。

②　申請時の注意点

　申請の仕方については、持ち込むだけでよいところと、予約を取って行かなければならないところがあります。予約が必要な場合、指定された期間内に予約が取れないと困りますので、早めに予約することをお勧めしま

す。何といっても、締切厳守です。

　通常、締切日までに指定申請すれば、翌月の１日付けで指定を受けられることになります。指定申請のためには診療所開設届等に受付印をもらったもの（副本）の写しを添付する必要がありますので、先に診療所開設の手続きを済ませ、副本を受け取る必要があります。その上で、毎月指定される締切日までに申請を行って翌月１日まで待つことになります。締切日は、地方厚生局のホームページに掲示されていますので、必ず確認してください。

　しかし、個人で診療所を開設していて法人開設に切り替える場合は、保険診療のできない期間が生じてしまっては大変ですから、遡及して指定を受けることができます。遡及指定が認められるのは、以下のようなケースです。

（１）　保険医療機関等の開設者が変更となった場合で、前開設者の変更と同時に引き続いて開設され、患者が引き続き診療を受けている場合

（２）　保険医療機関等の開設者が個人から法人組織に、または法人組織から個人に変更となった場合で、患者が引き続いて診療を受けている場合

（３）　保険医療機関が病院から診療所に、または診療所から病院に組織変更となった場合で、患者が引き続いて診療を受けている場合

（４）　保険医療機関等が至近の距離（原則として２km 以内）に移転し同日付けで新旧医療機関等を開設・廃止した場合で、患者が引き続いて診療を受けている場合

　また、初めて保険医療機関指定申請をする場合、新規集団指導に参加しなければなりません（健康保険法第73条）。毎月開催されるものではありますが、正当な理由がない限り欠席は認められませんので、必ず出席してください。

③ 新しい医療機関コードの発行

完全な新規指定の場合も、遡及指定の場合も、医療機関コードは新しいものが発行されることになります。医療機関コードの記載された「保険医療機関指定通知書」は、指定日、つまり申請の翌月1日に発送され、郵送で届きます。

ただし、決定のタイミングとしては、いずれの場合も申請した月の末頃になりますので、指定通知書が届く前に電話で確認することもできます。医療機関コードは診療報酬の請求時に必要となりますので、早めに知りたい方は電話確認してください。

なお、遡及指定の場合で新医療機関コードが届くまでの間に処方せんを発行したいときは、備考欄に「現在遡及指定申請中のため医療機関コード未記入」等と記入し、医療機関コード欄は空欄としてください（平成22年12月6日事務連絡）。

その後、新医療機関コードがわかり次第、調剤薬局に通知してください。

④ 個人から法人への切替えに伴う手続き

個人から法人への切替えに伴う指定申請の場合、個人時代の医療機関について「保険医療機関廃止届」を提出する必要があります。指定申請時に、一緒に提出するようにしてください。提出する書類は、以下のようなものです。

---

① 保険医療機関廃止届
② 診療所廃止届の写し
③ 廃止する医療機関の指定通知書（原本を返還）

旧医療機関が廃止されたことが確認できないと受理されませんので、診療所廃止届の写しは必ず添付してください。

また、現行の指定通知書は返還することになりますが、提出できない場

合、別途「紛失届」を提出しなければならない厚生局もありますので注意してください。

保険医療機関の指定申請を行うと、それと同時か後日、国民健康保険団体連合会（国保連）と社会保険診療報酬支払基金から、「保険医療機関届」や振込先銀行の指定に関する手続書類などが届きます。手続きの締切りまであまり余裕がありませんので、入手でき次第手続きするよう心がけてください。

② 施設基準の届出の作成

保険医療機関としての指定を受ければ、さらに「施設基準の届出」を提出することにより、加算の算定をすることができます。大きく分けると、①基本診療料の施設基準と②特掲診療料の施設基準があり、非常にたくさんの種類があります。

多くの種類があり、基準によって実績がないと届出できないものなどもありますので、どのような要件でいつから届出可能となるのか確認しなければなりません。地方厚生局が説明会を開催してくれることもありますので、可能な限り参加することをお勧めします。

個人からの切替えの場合、従前の施設基準も継続して加算を希望する場合は遡及できる旨の案内があります。保険医療機関の指定に続いて、施設基準の届出を行ってください。

こちらももちろん提出期限がありますので、厳守してください。

手続様式は地方厚生局のホームページにあり、添付書類と併せてダウンロードできます。繰返しになりますが、自院で算定することが可能なのか否か、算定可能としていつから届出・算定可能なのか、早めの確認をお勧めします。

③ 生活保護法・中国残留邦人等支援法指定医療機関指定申請書の作成

公費負担に基づく医療に関しても、指定を受ける必要があります。例えば、生活保護法に基づく医療扶助、労災保険法に基づく労災診療、障害者総合支援法に基づく育成医療・更生医療、原爆援護法に基づく被爆者一般疾病診療等の公費負担医療などです。

これら公費負担医療については、自治体ごとに役所または福祉事務所等が窓口となっていますので、必要に合わせて申請手続をしてください。

ここでは、代表的な例として「生活保護法・中国残留邦人等支援法指定医療機関指定申請書」について解説します。

生活保護を受給している患者を受け入れる場合、「生活保護法・中国残留邦人等支援法指定医療機関指定申請書」を、管轄の福祉事務所等に提出し、指定を受けている必要があります。

平成26年7月から様式が変わり、東京都の場合、福祉保健局のホームページから手引きとともにダウンロードすることができます。提出の際は、申請書と、開設者が欠格事由に該当しない旨の「誓約書」を添付してください。

申請先は、各自治体の福祉事務所等です。原則として、空白期間が生じないように指定を受けられますが、実際に指定通知書が届くまではけっこう時間がかかります。必要な場合は、要件を満たせば遡及指定も受けられます。個人からの切替えの場合には、タイミングについても注意してください。

また、他の手続き同様、個人開設時の旧医療機関に関しては「廃止届」を一緒に提出する必要があります。

（河野理彦）

2-5 非営利法人による医療機関の開設

　本書は医療法人に関する事項を解説する本なので、本来は医療法人以外の非営利法人による開設について説明する必要はないかもしれませんが、多くの方が医療法人以外は医療機関を開設できないと思い込んでいるようなので、本書の趣旨とは異なりますが、非営利法人による医療機関の開設について説明いたします。

1 一般社団法人等の非営利法人で開設

　厚生労働省は「医療法人以外の法人による医療機関の開設者の非営利性の確認について」（平成19年3月30日、医政総発第0330002号、各都道府県医政主管部（局）長あて厚生労働省医政局総務課長通知）という通知を出しており、医療法人以外でも非営利法人であれば医療機関を開設することができます。

● 「医療法人以外の法人による医療機関の開設者の非営利性の確認について」（一部抜粋。下線は筆者）

　医療法第7条及び第8条の規定に基づく医療機関の開設手続きに際しての確認事項については、これまでも平成5年2月3日総第5号・指第9号健康政策局総務課長・指導課長連名通知（以下「平成5年通知」という。）により、ご配意いただいているところであるが、今般、良質な医療を提供する体制の確立を図るための医療法等の一部を改正する法律（平成18年法律第84号。以下「改正法」という。）において、医療法人の解散時の残余財産は個人に帰属しないこととする等の規定を整備し、医療法人の非営利性に関する規律の明確化を図ったところである。

改正法の趣旨に鑑みれば、<u>医療法人以外の法人についても非営利性の徹底を図ることが必要であることから、今般、医療法人以外の法人が解散した時の残余財産の取扱いについて、医療機関を開設する際に留意すべき点を定めた</u>ので、当該法人の開設許可の審査及び開設後の医療機関に対する検査にあたり十分留意の上厳正に対処されたい。

　なお、その他の事項については、引き続き平成5年通知に基づいて審査及び指導願いたいが、近年、特定非営利活動法人や、今般の公益法人制度改革による<u>一般社団法人・一般財団法人</u>など、従来の法人と比べて簡易な手続きで法人を設立できる仕組みが整備されてきていることから、平成5年通知に定める「医療機関の開設者に関する確認事項」については、従来以上に慎重に確認の上、対処されたい。併せて、本通知の旨を各都道府県内関係部局に周知願いたい。

　上記通知に書いてあるように医療法人以外の法人が医療機関を開設する場合は非営利性を徹底する必要があります。

　つまり、剰余金の配当の禁止と、解散時の残余財産の帰属先を国や地方公共団体等にする限定する必要があります。

　したがって、非営利性が確保されている社会福祉法人や特定非営利活動法人の他に、非営利型の一般社団法人でも医療機関を開設することができます。

　都道府県や市区町村等の地区医師会が休日応急診療所等を開設しているのはご存じだと思いますが、多くの地区医師会は非営利型の一般社団法人です。

② 非営利法人で開設するメリット・デメリット

　非営利法人で医療機関を開設するメリットとして下記を挙げることができます。

　　・非医師でも代表理事になれる

- ・医療法人に比べ迅速に設立でき、手間もかからない
- ・個人開設に比べて節税しやすい
- ・相続税が課されない（ただし、一般社団法人を親族が支配している場合は一般社団法人を個人とみなして相続税が課税される）
- ・医療法人と違い都道府県の指導監督下にないので指導を受けない
- ・医療法人と違い定期的な届出や登記は必要ない
- ・定款変更に認可の必要がない

　非営利法人といっても社会福祉法人や特定非営利活動法人等がありますが、本稿ではもっとも簡単な非営利型の一般社団法人で説明します。

　まず一般社団法人は定款の違いにより営利型と非営利型に分けられます。

　このうち医療機関を開設できる可能性があるのは非営利型のみです。一般社団法人の設立は医療法人と違い都道府県の認可は不要なので、株式会社の設立と同じように簡単に設立が可能です。

　医療機関の開設には保健所に開設許可申請をしなければなりませんが、都道府県の認可は不要なので、都道府県の指導は受けません。

　これが一般社団法人で開設する最大のメリットかもしれません。

　デメリットは医療機関の開設を許可するかどうかは保健所によって異なるので必ず医療機関を開設できるとは限らないことが挙げられます。

　前述したように厚生労働省の通知もあるので、保健所は、本来は開設許可申請を拒否できませんが、医療法人で設立すべきと指導してくる保健所や、そもそも一般社団法人で医療機関を開設できることを知らない保健所もあり、対応が異なっているのが現状です。

３　一般社団法人で医療機関を開設する場合のポイント

　一般社団法人で医療機関を開設する場合は、医療法人ではなく一般社団法人で開設する理由や、非営利性を徹底していることをしっかり保健所に

説明する必要があります。

　前述したように保健所によって対応が異なるので必ず事前相談が必要です。

　そして一般社団法人の定款には必ず下記のように剰余金の配当禁止と解散時の残余財産の帰属先を国や地方公共団体等にする限定する項目を入れてください。

●非営利型の一般社団法人の定款例

（剰余金の不分配）
第○条　当法人は、剰余金の分配を行わない。

（残余財産の帰属）
第○条　当法人が清算をする場合において有する残余財産は、社員総会の決議を経て、当法人と類似の事業を目的とする他の公益法人又は国若しくは地方公共団体に贈与するものとする。

　保健所の中には、活動実績がある一般社団法人でなければ医療機関の開設を認めないと指導してくるところもあるようですが、医療法人の場合は、個人診療所として実績のない診療所でも2年分の事業計画書・予算書を添付することで医療法人の設立認可申請が認められることや、「医療法人以外の法人による医療機関の開設者の非営利性の確認について」「医療機関の開設者の確認及び非営利性の確認について」等の通知に活動実績が必要とは書かれていないことを保健所職員に丁寧に説明すべきです。

　なお、本来は医療法人と違い一般社団法人は決算届等の提出は必要ありませんが、保健所によっては決算届のような書類の提出をお願いしてくるところもあるようです。

　保健所も書類の提出を定めた法令がないことは知っている上でのお願いなので、どう対処するかは各自の判断となりますが、医療機関にとって特に不利益がなければ要望に応じるという判断もありだと思います。

④ 株式会社での医療機関の開設

　非営利法人での医療機関の開設を説明したついでに株式会社での医療機関の開設についても説明しておきます。

　株式会社では医療機関は開設できないと決めつけている方が多いようですが、今でも「専ら当該法人の職員の福利厚生を目的とする場合」は、株式会社でも医療機関を開設することは可能です。

● 「医療機関の開設者の確認及び非営利性の確認について」（一部抜粋）

> 2　非営利性に関する確認事項等
> （1）　医療機関の開設主体が営利を目的とする法人でないこと。
> 　　ただし、専ら当該法人の職員の福利厚生を目的とする場合はこの限りでないこと。
> （2）　医療機関の運営上生じる剰余金を役職員や第三者に配分しないこと。
> （3）　医療法人の場合は、法令により認められているものを除き、収益事業を経営していないこと。
> （4）　営利法人が福利厚生を目的とする病院の開設許可を行う場合及び医師でない個人に対し病院の開設許可を行う場合は、事前に当職まで協議すること。

　実際に「株式会社○○健康管理室」「△△株式会社医務室」「××株式会社診療所」といった診療所は実在します。

　他には特区における株式会社の医療への参入が認められています。

　ただし、こちらは現在も株式会社バイオマスターによるセルポートクリニック横浜しか認められていません。

（西岡秀樹）

第3章

医療法人運営の実務

3-1 医療法人設立後の許認可届出

法人設立時に限らず、医療法人には様々な許認可届出が義務付けられています。

本節では、特に断りのない限り医療法人社団が無床診療所を開設する場合を中心に、医療法人に求められる各種の許認可届出義務につき確認していきます。

① 法人設立時に求められる許認可届出等

① 設立登記申請（法務局）

年2～3回開催される都道府県医療審議会の答申を経て設立が認可された医療法人は、認可されただけでは成立しておらず、その後に設立登記を申請した日に法人として成立（創設的登記）します。

登記申請に際しては、登記申請書に設立認可書、社員総会議事録等のコピーを添付し、登記簿に記載されることになる登記事項を印字した用紙またはCD－ROMとともに法人事務所所在地を所管する法務局に提出、またはオンライン申請します。また、その際には同時に理事長個人の発行後3か月以内の印鑑証明書を添付して、法人代表印を届け出るのが通例です。

法人設立登記と印鑑登録が完了すると、当該法務局から印鑑カードが交付され、その後はそのカードを持参することで、どこの法務局でも印鑑証明書の発行が可能になります。

② 登記事項届出・閲覧用定款提出（都道府県）

設立登記完了後に、法務局発行にかかる登記事項証明書（旧登記簿謄

本）を添付して、登記が完了した旨を所管の都道府県に届け出ます。また、すべての医療法人は所管する都道府県窓口で定款（財団の場合は寄附行為）を閲覧に供することが要求されていますので、閲覧用定款１通を提出します。

　なお、この定款に押印を求めるか否か、表紙を付けるか本文のみとするか等の取扱いは都道府県によって異なりますので、事前に確認が必要です。また近年では、印章偽造による犯罪防止の観点から、押印不要または押印部分に黒塗り等の対応を求める自治体が増える傾向にあるようです。

③　診療所開設許可申請（所轄保健所）

　設立認可を受け、設立登記を経た医療法人は、法人としては存在しながらも、病院または診療所は持っていない存在であり、実際に診療所を開設するためには、診療所所在地を管轄する保健所に診療所開設許可を申請する必要があります。それまで個人で開設していた診療所を法人化する場合、仮に診療所の名称や所在地、管理医師等すべてが同一であったとしても、医師個人の開設にかかる診療所を廃止し、法人で許可を受けて改めて開設することになります。

　申請は、診療所開設許可申請書に法人の定款、登記事項証明書、診療所平面図、敷地図、案内図、管理医師の履歴書、診療所土地建物の使用権限を証する書面（賃貸の場合は契約書写し、法人所有の場合は不動産登記事項証明書等）等を添付して、申請手数料（１万8,000円〜２万円前後が多い）を添え、保健所窓口への書面提出により申請します。なお、この際の添付書類は保健所設置主体により異なり、管理者や勤務医の医師免許証の写し等を要求する自治体もあります。また、手数料の納付も、受付時間に制限のある庁舎内または近隣の金融機関窓口での納付によるもの、証紙貼付によるもの等があり、事前の確認が重要です。

　この申請について、行政手続法に定める標準処理期間は申請書受付後２週間前後と定める自治体が多く、事前協議済みの申請であれば、実際には申請後１週間前後で許可書が交付されるのが通例です。なお、申請後、実

地立入り検査をした後に許可を出す自治体もありますので、その際の日程も含めて事前の調整は必須です。

④　診療所開設届（所轄保健所）

開設許可を受けた医療法人が診療所を開設した後は、10日以内にその旨を届け出ることを要します。届出は、診療所開設届に管理医師の医師免許証のコピー、履歴書等を添付して、書面提出で行います。なお、頻発する偽医者事件の影響もあり、近年では保健所窓口で医師免許証の原本照合を要求されることがあります。また、医師個人による開設の際の「診療所開設届」（医療法第8条／届出制）と区別するため、法人による開設の場合の届出書面を（医療法施行令第4条の2／許可制）を「診療所開設後の届」と称している自治体もあります。

なお、保健所の実地検査は、許可を受けて診療所を開設した後に医療法第25条第1項に基づく立入検査として実施する自治体もあります。

⑤　診療用エックス線装置備付届（所轄保健所）

院内にレントゲン装置を持つ診療所の場合は、個人開設時代に設置したレントゲン装置であっても診療所廃止に伴い一旦廃止し、法人での診療所開設時に再度設置する扱いとなります。届出の際には、6か月ごとに義務付けられている線量測定の直近の報告書を添付し、法人開設の診療所であっても管理者である医師個人が届出人となり、診療所開設届と同時に提出するのが通例です。

⑥　保険医療機関指定申請（地方厚生局都道府県事務所）

個人開設時と同様に、診療所を開設し、医療法上の届出まで完了したとしても、そこで行うことができるのは自費診療のみであり、保険診療を行う場合は健康保険法に基づく別途の指定を受ける必要があります。

申請は、申請書に保健所から交付された診療所開設許可書の写し、保健所の受付印で届出が確認できる診療所開設届の写し等に加え、管理者の保

険医登録票の写しを添付して、毎月10〜14日頃に設定される締切日までに地方厚生局都道府県事務所に提出することで行います。指定申請後、地方社会保険医療協議会への諮問、答申を経て、答申を受けた翌月1日付で保険医療機関として指定を受けることになります。ただし、個人開設の診療所を法人化し、新たに保険指定を受ける場合にあっては、指定日付を診療所開設日に遡及して指定する扱いが認められていますので、事前に厚生局窓口で充分な調整をしておくことが重要です。

なお、保険医療機関指定に際して付与される医療機関コードは、指定日の翌日以降に「保険医療機関指定通知書」に記載されて正式に通知されますが、協議会の翌日以降に地方厚生局都道府県事務所への電話照会で教えてもらえる場合もあります。電子カルテの設定等の事務上の都合で新しいコードが指定日以前に必要な場合は、電話にて口頭で聞き取った番号で設定を進め、正式な通知書が届いたところで再確認、というのが実務の取扱いです。

また、発行する処方箋についても新医療機関コードが付与されるまでの間は医療機関コードを空欄で発行し、新医療機関コード確定後翌月初の保険請求前までに調剤薬局に連絡することとなります。

健康保険法に基づき地方厚生局長より指定を受けた保険医療機関は、健康保険法に加えて国民健康保険法に基づく療養の給付についても担当するものと定められています。（国民健康保険法第40条）

⑦　各種施設基準届出（地方厚生局都道府県事務所）

保険診療に際し、基本診療料の加算項目、特掲診療料の算定を予定している場合、それぞれの項目ごとに、人員基準・設備基準等の算定上の要件を満たした上でそれぞれの届出が必要になります。毎月の届出締切日と当該報酬の算定開始日付は月ごとに異なり、算定に実績が必要な項目については、個人開設時代の実績を通算できるものとできないものが混在しますので、事前に地方厚生局都道府県事務所に確認しておくことが重要です。

⑧　公費負担医療等指定申請（福祉事務所、市町村等）

　生活保護法に基づく医療扶助、労災保険法に基づく労災診療、障害者自立支援法に基づく育成医療・更生医療、原爆援護法に基づく被爆者一般疾病診療等の公費負担医療を行う場合は、保険医療機関指定を受けた後、自治体のそれぞれの所管窓口に申請してそれぞれの指定を受けることになります。保険医療機関指定と同様に、個人開設時代の指定は、個人開設診療所の廃止に伴い原則としてすべて失効しますので、法人化後も必要となる公費負担医療については、すべて再度の指定を受けることになります。

② 法人運営と定期的に求められる許認可届出等

①　社員総会

　医療法人は、定款に定めるところに従って毎年少なくとも２回、定時社員総会を開催し、必要に応じて臨時総会を招集・開催することが求められます。
　３月決算の法人の場合は、以下のとおりになるのが一般的です。

３月（定時総会）	翌年度事業計画・予算（借入予定ある場合は借入限度額）決定
５月（定時総会）	前年度決算の確定、役員改選（隔年／任期満了時期により３月の総会または臨時総会で決議する場合もある）
随時（臨時総会）	役員交代時の選任、社員の入退社、定款・事業計画の変更等

②　決算届出／事業報告（都道府県）

　すべての医療法人は、毎会計年度終了後３か月以内に事業報告等をとり

まとめ、都道府県知事に提出する他、いくつかの手続きを踏むことが求められます。3月決算の法人の場合を例にとると、以下のような流れとなります。

3月末日	：決算
5月	：監事による監査（監査報告書作成）、総会で決算承認、税務申告、資産総額変更登記
6月	：任期満了に伴う役員重任登記（隔年）、決算届出、登記事項届出

なお、平成27年度医療法改正により、決算書類とともにその役員と特殊の関係がある事業者（いわゆるMS法人）との取引の状況に関する報告書を作成し、都道府県知事に届け出なければならないものとされています。

③　登記事項届出

■組合等登記令に基づく医療法人の登記事項

- ・名称
- ・主たる事務所（所在地）
- ・目的（病院、診療所、附帯事業所等の名称及び所在地）
- ・役員（理事長氏名住所、就任・登記年月日）
- ・資産総額

以上の登記事項に変更があった場合は、その都度登記を申請し、登記完了後に登記事項証明書を添付して都道府県宛てに登記が完了した旨を届け出ることが求められます。

④　特別代理人選任を要する場面（廃止）

《平成27年度医療法改正以前の制度につき参考までに言及しています》

理事長個人と医療法人との間で何らかの契約等を締結する場合、利益相

反として理事長には法人を代理する権限がありません。そのため、都道府県知事に特別代理人選任を申請し、当該特別代理人（が代理する医療法人）と理事長個人との間で契約を締結することになります。

■特別代理人選任が必要となる主な場面

> ・不動産賃貸借契約
> ・動産、不動産売買契約
> ・金銭消費貸借契約（社員総会で承認を受けて証書を取り交わす契約）

　なお、理事長が医療法人に金銭を貸し付ける場合は不要、無利息の場合は不要等の解釈をしている都道府県もありますが、金銭消費貸借契約は片務要物契約であり、理事長が医療法人に金銭を貸し付けることは医療法人が理事長に対し一方的に債務を負う契約であるため、本来は契約締結時には特別代理人が必要となります。また、これらの場合の特別代理人には法人の役職員、役員の親族、医療法人と取引関係ある個人または法人関係者は就任することができません。

　なお、平成27年度医療法改正により平成28年9月1日以降、利益相反取引に際して特別代理人選任を要する場合はなくなり、代わりにすべての理事について法人と契約を締結または利益が相反する取引をする際には、理事会において重要な事実を開示した上で承認を受け、取引後には遅滞なく当該取引につき重要な事実を理事会に報告する義務を負うものとされています。また、この理事会の承認決議については、医療法第51条第1項に定める毎年の事業報告の際に報告事項の一部となり、取引内容については次節で解説する「関係事業者との取引の状況に関する報告」で都道府県知事に報告することになります。

⑤　法人に備え置くべき帳票類

　すべての医療法人は、次頁の帳票類を法人事務所に備え置くことが求められます。これらの書類は各種届出書類とあわせて時系列で保管し、変更ある場合は随時更新し、常に現状と過去の経緯が把握できていることは医

療法人としての当然の義務です。

- ・社員名簿、役員名簿
- ・定款（社員、債権者から請求ある場合には閲覧に供しなければならない）
- ・事業報告書、監事の監査報告書等
- ・決算書類（社員、債権者から請求ある場合には閲覧に供しなければならない）
- ・社員総会、理事会議事録

　なお、平成27年度医療法改正により、すべての医療法人は適時に正確な会計帳簿を作成し、その帳簿と事業に関する重要書類を10年間保存する義務を負うものとなっています。

③ 変更時に求められる許認可届出等

① 役員変更届出

　医療法人の役員の任期は2年を超えることができない（医療法第46条の5第9項）こととされ、設立後の最初の任期を除き、実務上は2年の確定任期となります。役員の最初の任期は定款附則中で定め、その後は定款で定めた任期の2年後に任期満了となり、特に辞任者等がいない場合は任期満了の直前に次期役員を予選、任期満了の翌日付けで重任とする扱いが通例です。

　また、役員の一部に辞任や死亡により退任する者があった場合、定款が厚労省が提示する定款例に倣ったものであれば補欠役員は退任した役員の任期の残期間の任期となり、他の役員と同時に改選時期を迎えることとなるのが通例です。ただし、補欠ではなく単に増員として選任された役員については、特に定款規定がない限りその就任日から2年の確定任期となり、他の役員と改選時期がずれることになります。増員により選任された

役員の任期を他の役員とそろえる必要がある場合には、他の役員の任期満了改選時に一旦退任して新たに選任する、または定款中に補欠の場合のみならず増員で選任された役員も他の役員と任期の終期を同一とする旨の規定を設ける等の対応が必要となります。

辞任等に伴う後任者の就任の場合、任期満了による改選の場合、いずれの場合であっても役員の退任、就任があった場合は都道府県知事宛てに届け出ることが求められます。

届出書に新役員選任の際の社員総会議事録と就任承諾書、辞任者がいる場合は辞任届を添付するほか、理事長変更（重任の場合を含む）に際しては、上記に加えて理事就任決議にかかる理事会議事録を添付して届け出ることになります。また、理事長に変更があった場合は登記が必要となり、完了後に前述の登記事項届出も必要となります。

② 定款変更を要する場面

医療法人の事務所や目的（開設する診療所等）の変更または追加等に際しては、都道府県知事の認可を要する場合と、都道府県知事への届出で足りる場合があります。

■認可を要する場合の主なもの

・新規診療所開設または移転開設
・附帯事業所の追加
・法人名称変更
・診療所名称変更
・役員定数変更
・会計年度の変更

一方、変更届出で足りるものは「同一都道府県内で事務所のみを変更」「公告の方法を変更」があります。ただし、他の都道府県に事務所を変更する場合は、定款規定中の認可権者等にも変更が加わるため、届出制ではなく認可制となります。

認可を受ける際には、申請書に議事録や新旧条文対照表等に加え、変更内容によっては事業計画、収支計画等大量の書類を添付して申請する場合があるので、充分な準備期間をおいて、所管都道府県と協議しながら進めることが重要です。

③ 診療所開設許可（届出）事項に変更等ある場合

医療法人が所轄保健所の許可を受けて診療所を開設して以降、診療所の体制に変更ある場合には、事前の許可または事後の届出が必要な場合があります。代表的なものは以下のとおりです。

■事前許可が必要なもの

・医師、歯科医師、薬剤師、看護師その他の従業者の定員
・敷地の面積及び建物の構造概要及び平面図

■事後届出が必要なもの

・診療所を廃止した時、診療所を休止した時
・開設者の住所・名称を変更した時
・診療所の名称・診療科目を変更した場合

ちなみに、医師個人開設の診療所の変更届出対象の主なものは、以下のとおりです。

■変更届出を要する事項

・開設者の住所及び氏名
・診療所の名称・診療科目
・医師、歯科医師、薬剤師、看護師等その他の従業者の定員
・敷地の面積及び建物の構造（設備及び各室の用途等）
・管理者の住所及び氏名
・診療に従事する医師、歯科医師、薬剤師
・診療日及び診療時間

開設者が個人である場合は、すべて届出制（開設自体が届出制ですから）、法人開設の場合は内容によって事前許可を要する場合と事後届出を要する場合、また届出すら要しない場合、の違いがあることに注意が必要です。

　ただし、この差異は医療法に基づく「医療機関」としての保健所への届出または許可申請の場合のみであって、健康保険法に基づく「保険医療機関」としての地方厚生局都道府県事務所への届出にこの差異はなく、基本的に上記事項のすべてが届出対象になります。

　また、本稿で取り上げた届出や申請は、医療法人の理事長または担当者が自ら所管庁に出向いて手続きすることが原則ですが、登記申請等他の法律で規制されている手続きを除くすべての行政手続は、行政書士または行政書士法人に代理を委任することが可能です。その場合は、申請書または届出書への押印は申請代理人である行政書士または行政書士法人の職印となり、法人代表印は議事録等に加え、委任状に押印して行政書士に交付することとなります。

（岸部宏一）

3-2 関係事業者との取引の状況に関する報告書

1 関係事業者との取引の状況に関する報告書

　医療法人は、平成29年4月2日以降に開始する会計年度から毎年都道府県に対して提出義務がある決算届（事業報告書）に、関係事業者との取引の状況に関する報告書が追加されました。

　関係事業者とは医療法人と取引を行う下記の者をいいます。

---

① 当該医療法人の役員またはその近親者（配偶者または二親等内の親族）

② 当該医療法人の役員またはその近親者が代表者である法人

③ 当該医療法人の役員またはその近親者が株主総会、社員総会、評議員会、取締役会、理事会の議決権の過半数を占めている法人

④ 他の法人の役員が当該医療法人の社員総会、評議員会、理事会の議決権の過半数を占めている場合の他の法人

⑤ ③の法人の役員が他の法人（当該医療法人を除く。）の株主総会、社員総会、評議員会、取締役会、理事会の議決権の過半数を占めている場合の他の法人

　そして上記の関係事業者と行う下記の取引が報告の対象となります。

---

① 事業収益または事業費用の額が、1,000万円以上であり、かつ当該医療法人の当該会計年度における事業収益の総額（本来業務事業収益、附帯業務事業収益及び収益業務事業収益の総額）または事業費用の総額（本来業務事業費用、附帯業務事業費用及び収益業務事業費用の総額）の10%以上を占める取引

---

② 事業外収益または事業外費用の額が、1,000万以上であり、かつ当
　該医療法人の当該会計年度における事業外収益または事業外費用の総
　額の10％以上を占める取引
③ 特別利益または特別損失の額が、1,000万円以上である取引
④ 資産または負債の総額が、当該医療法人の当該会計年度の末日にお
　ける総資産の1％以上を占め、かつ1,000万円を超える残高になる取
　引
⑤ 資金貸借、有形固定資産及び有価証券の売買その他の取引の総額
　が、1,000万円以上であり、かつ当該医療法人の当該会計年度の末日
　における総資産の1％以上を占める取引
⑥ 事業の譲受または譲渡の場合、資産または負債の総額のいずれか大
　きい額が、1,000万円以上であり、かつ当該医療法人の当該会計年度
　の末日における総資産の1％以上を占める取引

　　ただし、関係事業者との間の取引のうち、次に定める取引について
　は、報告を必要としません。
　イ　一般競争入札による取引並びに預金利息及び配当金の受取りその
　　　他取引の性格からみて取引条件が一般の取引と同様であることが明
　　　白な取引
　ロ　役員に対する報酬、賞与及び退職慰労金の支払い

　わかりやすく説明すると、同族関係者またはMS法人と行う1,000万円
以上、かつ、事業費用の総額の10％以上の取引が報告の対象となります。
　例えば事業費用の総額が9,000万円の医療法人であれば1,000万円以上
の取引が報告の対象となり、事業費用の総額が2億円の医療法人であれば
2,000万円以上の取引が報告の対象となります。
　報告の対象となる取引がある場合は、関係事業者の名称、所在地、直近
の会計期末における総資産額、事業内容、取引の内容、取引金額などを報
告しなければなりません。

■関係事業者との取引の状況に関する報告書

様式5

法人名 _____

所在地 _____

※医療法人整理番号 | | | | |

関係事業者との取引の状況に関する報告書

（1）法人である関係事業者

種類	名称	所在地	総資産額（千円）	事業の内容	関係事業者との関係	取引の内容	取引金額（千円）	科目	期末残高（千円）

（取引条件及び取引条件の決定方針等）

（2）個人である関係事業者

種類	氏名	職業	関係事業者との関係	取引の内容	取引金額（千円）	科目	期末残高（千円）

（取引条件及び取引条件の決定方針等）

2 報告書提出に当たって気を付けるべきこと

　この報告書を提出すると、都道府県から非営利性を損なっていないかどうか確認するために委託金額の根拠や、ＭＳ法人に委託しなければならない理由等の提出を求められることがあります。

　不動産賃貸借取引であれば、参考物件との１平方メートル当たりの単価を比較した近傍類似値の資料を提出すればよいので、提出を求められても簡単に対応できますが、委託契約等の場合は近傍類似値がないことが多く、対応に苦慮しているケースが多いようです。

　しかし、都道府県がＭＳ法人との取引について細かくチェックするであろうことは、制度導入前からわかっていました。

そもそもＭＳ法人との取引を認めているからこそ、関係事業者との取引の状況に関する報告書が追加されたにもかかわらず、某都道府県の医療法人の担当者は改正医療法の説明会で「関係当事者（ＭＳ法人）との取引は絶対にダメ。だから報告書を出すことはないはず。あってはならない」と話していたことがあるそうです。

　このことからも都道府県はＭＳ法人との取引については基本的に否定的であり、取引について細かくチェックするであろうことは容易に想像できます。

　したがって、報告書にＭＳ法人との取引について記載するときは、あらかじめ都道府県から何を聞かれても対応できるように準備しておく必要があります。

　ちなみに筆者は原則として不動産賃貸借取引以外は報告書に記載しません。ＭＳ法人との委託契約を給与計算事務委託契約、経理事務委託契約、経営コンサルタント契約等、業務ごとに細かく分けて契約しているからです。こうすることで各取引は 1,000 万円以上、かつ、事業費用の総額の 10％以上の取引に該当しなくなります。

③　都道府県からの問い合わせ事例

　報告書を提出したことで都道府県から問い合わせがあった事例をいくつかご紹介します。

事例1

　ＭＳ法人との契約書及びＭＳ法人で働く役員を含むすべての職員のシフト表の提出を求められた。

　この事例はＭＳ法人に本当に実態があるかどうか確認するための問い合わせだと思われます。

このような確認は税務調査でもあるので、ＭＳ法人との取引については下記のポイントをしっかり守るべきです。

●ＭＳ法人との取引で守るべき３つのポイント
① 契約書をきちんと作る
② 金額の算定根拠を用意する
③ ＭＳ法人側で収入に対する原価（費用）がある

　契約書を作るのは当たり前だと思う方がいると思いますが、案外作られていません。契約書を作成しているＭＳ法人のほうが少ないと思います。
　家賃や委託費の算定根拠についても「税理士が決めたから私は知らない」という医療法人は本当に多いです。
　さらにＭＳ法人側の原価に至ってはほとんど考慮されていません。
　税務調査でＭＳ法人に実態がないと税務署から指摘されてしまい1,000万円以上の追徴金が課された医療法人の話を聞いたことがありますが、ＭＳ法人に年間数千万円もの収入がありながら、職員が１名もおらず非常勤役員が１名のみという状況では、ペーパーカンパニーと見られても仕方ないと思います。
　例えば医療事務をＭＳ法人に委託するのであれば、医事課職員をＭＳ法人に転籍させるなど、ＭＳ法人側でその業務を行っている実態を作る必要があります。
　このように３つのポイントを守っていれば都道府県から問い合わせがあってもすぐに対応できるはずです。

事例２
　医療法人から個人に名義替えした生命保険について、詳しい理由の提出を求められた。

これは生命保険を使った節税スキームを利用した医療法人に対してあった事例です。

　この節税スキームについて簡単に説明すると、医療法人で生命保険に加入して数年間保険料を支払いますが、解約返戻率が低いうちに個人（一般的には理事長）に名義を変更し、その後すぐに解約返戻率が何倍も高くなるので解約することで個人が得をするというものです。

　完全に節税のためですが、都道府県に対して節税のためと答えるわけにはいきません。間違いなく医療法第54条の剰余金の配当禁止に抵触するとして指導を受けるからです。

　そもそも前述したように同族関係者またはMS法人と行う1,000万円以上、かつ、事業費用の総額の10%以上の取引が報告の対象となるのはわかっているので、この節税スキームを利用するのであれば報告書への記載を考慮して金額を決めるべきです。

　なお、報告書には役員に対する報酬、賞与及び退職慰労金の支払いについては記載する必要がないので、せめて退職金や賞与の一部の支払いに解約返戻金相当額を充当すべきです。

事例3
　MS法人との委託契約の取引価格、MS法人を委託先に選定した理由、及び取引の具体的な内容について提出を求められた。

　この事例はMS法人との取引が適切がどうか確認するための問い合わせだと思われます。

　事例1で紹介した3つのポイントを守っていれば問題なく回答できると思いますが、参考までに回答事例を紹介しておきます。

回答事例

今般の事業報告内容について、以下補足説明申し上げます。

1．株式会社○○への委託に関する取引価格について
　個別の委託内容ごとに、類似他社との比較で遜色ないものにつき委託しました。

2．株式会社○○の選定理由について
　発注単位が小額であり、他の業者が積極的に受託したがらないため、株式会社○○に委託しました。

3．取引の内容について
　①　経理事務
　②　受付対応事務
　③　その他上記に附随する業務

（西岡秀樹）

3-3 医療法人の登記手続

医療法人は、組合等登記令という政令に基づき登記をします。

医療法人が登記しなければならない事項は、下記のとおりです。

■医療法第 43 条に定められている登記事項

① 設立

② 従たる事務所の新設

③ 事務所の移転

④ その他登記事項の変更

⑤ 解散

⑥ 合併

⑦ 分割

⑧ 清算人の就任又はその変更

⑨ 清算の結了

■組合等登記令による登記事項

① 目的及び業務

② 名称

③ 事務所の所在場所

④ 代表権を有する者の氏名、住所及び資格

⑤ 存続期間又は解散の事由を定めたときは、その期間又は事由

⑥ 資産の総額

登記を怠ったときは、医療法第 93 条の規定により、医療法人の理事、監事または清算人に対して 20 万円以下の過料が科されます。

医療法人が最初に登記する事項は、設立です。医療法第 46 条には「医

療法人は、その主たる事務所の所在地において政令の定めるところにより設立の登記をすることによって、成立する。」と書かれており、設立認可を受けていても設立の登記をしない限り、医療法人は成立しません。

１　医療法人設立時の登記事項

　医療法人設立時の登記事項は、その医療法人の定款により異なります。

　異なるのは、組合等登記令による「存続期間又は解散の事由を定めたときは、その期間又は事由」という登記事項です。

　医療法人の定款に「定款第○条に掲げる病院（または診療所）のすべてを廃止したとき」という解散事由が記載されているかどうかで、下表のように登記項目が変わります。

定款に解散事由が記載されていない医療法人の登記項目	定款に解散事由が記載されている医療法人の登記項目
１．名称	１．名称
２．主たる事務所	２．主たる事務所
３．目的等	３．目的等
４．役員に関する事項	４．役員に関する事項
５．資産の総額	５．資産の総額
	６．解散の事由

　ところで医療法人は「定款第○条に掲げる病院（または診療所）のすべてを廃止したとき」以外の事由でも解散します。

　医療法第55条で定められている解散事由は、下記のとおりです。

　社団たる医療法人は、次の事由によって解散する。

一　定款をもって定めた解散事由の発生

二　目的たる業務の成功の不能

三　社員総会の決議

四　他の医療法人との合併（合併により当該医療法人が消滅する場合

　　五　社員の欠亡
　　六　破産手続開始の決定
　　七　設立認可の取消し

　このうち、第2号から第7号までは医療法で定められた解散事由です。したがって、定款に第2号から第7号までの解散事由が記載されていても登記する必要はありません。

　「定款第○条に掲げる病院（または診療所）のすべてを廃止したとき」という解散事由は、医療法で定められた解散事由ではなく、医療法人が定款で独自に定めた解散事由なので、登記する必要があるのです。

　たとえ都道府県のモデル定款に従って「定款第○条に掲げる病院（または診療所）のすべてを廃止したとき」という解散事由を入れた場合であっても、医療法人がモデル定款の記載を参考にして自らが定款を作成したことになります。

　モデル定款で「定款第○条に掲げる病院（または診療所）のすべてを廃止したとき」という解散事由がある都道府県の医療法人は、解散事由の登記が抜けていないかご確認ください。

② 役員の任期

　医療法人の役員の任期は医療法第46条の5第9項の規定により2年を超えることはできません。

　したがって、2年に一度役員（理事及び監事）の改選をしなければならず、理事の改選があることで理事長も改選することになります。

　医療法人は株式会社と違い、役員は代表権を有する者（理事長）のみを登記しますが、理事長の改選があったときは、重任であっても登記をする必要があります。

　ところが、理事長の重任については間違いが多く見受けられます。

役員の任期を2年ではなく、選任後2年以内に終了する事業年度のうち最終のものに関する定時社員総会の終結の時までと勘違いしている例が、本当に多いです。理事長の重任登記の日が毎回異なっている医療法人は、役員の任期を間違っています。

　会社法や一般社団・一般財団法人法では、役員の任期は「選任後二年以内に終了する事業年度のうち最終のものに関する定時社員（株主）総会の終結の時までとする。」と定められているので、一般的な会社や法人は決算承認の社員（株主）総会の日が理事長や代表取締役の任期満了の日となりますが、前述したように医療法人の役員の任期は2年です。

　2年ですので、就任した日から2年を経過する日が任期満了の日です。

　例えば、令和2年6月1日に就任したのであれば、任期満了の日は令和4年5月31日となります。もっと厳密にいうと、5月31日の24：00で任期満了です。

　ただし、定款の附則に「本社団の設立当初の役員の任期は、第○条第○項の規定にかかわらず、令和○年○月○日までとする。」という規定が必ずあるはずなので、設立後最初の役員の任期満了の日は、定款の附則に定められた日です。

　これが令和4年5月31日であれば、以後の役員の任期満了の日は令和6年5月31日、令和8年5月31日…となります。

③　役員就任年月日

　登記の日を、任期満了の日と勘違いしているケースもあります。

　上記の例でいうと、令和4年5月31日重任と登記されている場合は間違いです。登記の日は就任年月日なので、令和4年6月1日重任と登記されているのが正しいです。

　登記の日を間違えているのは法務局の間違った指導が原因の可能性もあります。役員の任期には初日不算入の原則があるので、6月1日に役員改選を行うと6月1日は初日不算入となり、6月2日が就任日になると指導

されたことが、実際にあります。

　初日不算入の原則は、民法第 140 条で次のように規定されています。

　日、週、月又は年によって期間を定めたときは、期間の初日は、算入
しない。ただし、その期間が午前零時から始まるときは、この限りでな
い。

　医療法人の役員の任期は 2 年なので、5 月 31 日の 24：00 をもって任期
満了となり、6 月 1 日午前零時をもって次の役員の任期が始まります。

　したがって、医療法人の役員重任には初日不算入の原則は適用されま
せん。

　しかし、医療法人に初日不算入の原則が適用されないからといって、役
員改選を 6 月 1 日で行うのは不適当です。

　理由は、医療法人の役員の任期は 2 年と定められているので、2 年を 1
日でも過ぎると役員の資格を喪失し、役員不在となるからです。

　定款に「役員は、任期満了後といえども、後任者が就任するまでは、そ
の職務を行うものとする。」という規定がある場合がありますが、医療法
には 2 年と書かれているだけで後任者が就任するまで任期が延長されると
は書かれていません。

　したがって、厳密にいうと 6 月 1 日に役員改選を行うのであれば、仮理
事の選任という手続きが必要になります。

　ですから役員改選は 5 月 31 日に行うのが正しいのです。

　なお、医療法第 46 条の 5 の 3 に「この法律又は定款若しくは寄附行為
で定めた役員の員数が欠けた場合には、任期の満了又は辞任により退任し
た役員は、新たに選任された役員（次項の一時役員の職務を行うべき者を
含む。）が就任するまで、なお役員としての権利義務を有する。」という規
定があるので、欠員の場合に限り、後任者が就任するまで任期が延長され
ます。

　参考までに、役員重任の場合の社員総会議事録の記載例を載せておきま
す。

第○号議案　役員の任期満了に伴う改選に関する件

　議長は、理事及び監事全員が○月○日をもって任期満了し退任することとなるので、令和○年○月○日からの理事及び監事を選任する必要がある旨を述べ、その選任方法を諮ったところ出席社員の中から議長の指名に一任したいとの発言があり、一同これを承認したので、議長は下記の者をそれぞれ指名し、これらの者につきその可否を議場に諮ったところ、満場一致をもってこれを可決承認した。

　　理　　事　×××　×××　×××
　　監　　事　×××

　なお、被選任者は、いずれもその就任を承諾した。

④ 理事長の変更登記（重任の場合）

　重任の場合の理事長の変更登記には社員総会議事録、理事会議事録、定款、医師（歯科医師）免許証の写しを添付する必要があります。

　一般的に、就任承諾書は社員総会議事録及び理事会議事録に就任を承諾したという文言を入れることで添付を省略しますが、議事録に就任を承諾したという文言がない場合は、就任承諾書も添付する必要があります。

　また、非医師が理事長となっている医療法人の場合は、医師（歯科医師）免許証の写しの代わりに理事長選出認可書の写しを添付します。この場合は、申請書に認可書の到達年月日を記載してください（筆者がいつもお願いしている司法書士によると、認可書の到達年月日の記載の有無については認可書の写しが添付してあれば比較的緩やかで、記載がなくても登記申請が受理されることが結構あるそうです）。

　なお、定款、医師（歯科医師）免許証の写しまたは理事長選出認可書の

写しを添付する場合は、原本と相違ない旨を記載し、医療法人の実印で押印した理事長の原本証明が必要です。

5 資産の総額の変更登記

　医療法人は、毎事業年度終了後3か月以内に資産の総額を登記しなければなりません。したがって、資産の総額の変更登記は毎年行います。なお、以前は資産の総額の登記は毎事業年度終了後2か月以内でしたが、社会福祉法等の一部を改正する法律が施行されたことに伴い、平成28年4月1日以後に開始する事業年度から毎事業年度終了後3か月以内に改正されました。

　資産の総額の変更登記には、財産目録を添付する必要があります。

　次頁は法務省のホームページに掲載されている財産目録例です。

　資産の部が基本財産と運用財産に分かれていますが、基本財産の記載を間違えている財産目録を、たまに見かけます。

　基本財産は、定款に定められています。病院の場合には不動産等を基本財産にしている場合がありますが、診療所の場合には基本財産がない定款のほうが圧倒的に多いです。

　ところが、定款に基本財産の定めがないにもかかわらず、不動産を基本財産として財産目録を作成したものがあります。定款に基本財産の定めがない場合は、基本財産は0円として財産目録を作成してください。

　なお、財産目録は資産の総額が判明する貸借対照表でもかまいません。この場合でも、貸借対照表の余白に次頁の財産目録（例）のように、財産目録に相違ない旨を証明した理事長または監事の記名押印は必要です。

　資産の総額がプラスの場合は、登記すべき事項は下記のように書きます。

　令和○年○月○日資産の総額変更
　資産の総額金○万円

■財産目録（**例**）（一例です。法人の実情に合わせて作成してください）

財 産 目 録

1．資産の部

（1）　基本財産　金〇〇円

　　　内訳

　　　（注）基本財産の内容が現金であるときには（2）の10の記載方法により、建物であるとき
　　　　　　には（2）の2の記載方法によります。

（2）　運用財産　金〇〇円

　　　内訳

1	土　　地	種　類	筆　数	地　積	単　価	金　額
2	建　　物	構　造	棟　数	床面積	単　価	金　額
3	附帯設備	種　類	構　造			金　額
4	什器設備	品　名	数　量		単　価	金　額
5	貸 付 金	貸付先	摘　要			金　額
6	未 収 金	未収先	摘　要			金　額
7	立 替 金	立替先	摘　要			金　額
8	仮 払 金	仮払先	摘　要			金　額
9	証　　券	種　類	枚　数	額　面		金　額
10	預　　金	種　類	預け先			金　額
11	現　　金					金　額

2．負債の部　金〇〇円

　　　内訳

1	借 入 金	借入先	摘　要	金　額
2	未 払 金	未払先	摘　要	金　額
3	預 り 金	預り先	摘　要	金　額
4	仮 受 金	仮受先		金　額
5	減価償却引当金			金　額
6	退職給与引当金			金　額

3．差引正味財産　金〇〇円

　　　（注）差引正味財産は、「資産の部の合計」から「負債の部の合計額」を減じた金額を記載し
　　　　　　ます。この金額が、「資産の総額」として登記されることになります。

　　上記は、財産目録に相違ありません。

　　　　　　　　　医療法人〇〇

　　　　　　　　　　理事長　法 務 太 郎　㊞

　　　　　　　　　（注）証明者は、監事でも差し支えありません。

また、資産の総額がマイナス（債務超過）の場合には、登記すべき事項は下記のように書きます。

> 令和〇年〇月〇日資産の総額変更
>
> 資産の総額　　0円
>
> （債務超過額　　〇万円）

　ところで医療法人は、増資または減資をした場合であっても、登記の必要はありません。理由は、出資の総額は医療法人の登記事項ではないからです。医療法人の登記事項は資産の総額なので、増資または減資により資産の総額が変わった場合であっても、事業年度終了後3か月以内に資産の総額を登記してください。

●組合等登記令第3条（下線は筆者）

> 　組合等において前条第2項各号に掲げる事項に変更が生じたときは、2週間以内に、その主たる事務所の所在地において、変更の登記をしなければならない。
> 2　前項の規定にかかわらず、出資若しくは払い込んだ出資の総額又は出資の総口数の変更の登記は、毎事業年度末日現在により、当該末日から4週間以内にすれば足りる。
> 3　第1項の規定にかかわらず、<u>資産の総額の変更の登記は、毎事業年度末日現在により、当該末日から3月以内にすれば足りる。</u>

6　従たる事務所とは

　医療法第43条に従たる事務所の新設は登記しなければならないと書かれているので、2か所以上の医療機関を開設している医療法人から「分院は従たる事務所に該当するのか？」と質問されることがありますが、結論を先に書くと、一般的には分院は従たる事務所には該当しません。従たる

事務所の定義は明確にされていませんが、事務所とは「事務を取り扱う所」で事務は「事業経営などに必要な各種の仕事」（いずれも岩波書店『広辞苑第五版』より）のことを指すので、事務を行うスペースがあり事務職員が常駐しているところを事務所と解釈して差し支えないと思います。

事務所のうち会社でいう本店に相当するのが主たる事務所で、支店に相当するのが従たる事務所となります。医療法施行令でも会社法の規定を準用する場合は本店を主たる事務所と読み替えると書かれています。

この場合の事務とは、医療事務や受付事務ではなく、会計や労務など事業経営に関する事務と解釈すべきなので、分院などの医療機関や医療法第42条に定められている附帯業務として行う介護施設などであっても、会計や労務など事業経営に関する事務を行うスペースがなく、事務職員も常駐していない場合は事務所には該当しないと思われます。

もっとも、明確な定義はないので、分院や介護施設を従たる事務所として登記することは可能です。

要するに医療法人のほうで事務所と認識しているかどうかで従たる事務所として登記するかどうか決めてください。

ところで、従たる事務所として登記した事務所には都道府県の立入検査を受ける可能性もあるので、従たる事務所として登記する場合は、メリット・デメリットをよく考えた上で登記されることをお勧めします。

●**医療法第63条**（傍点は筆者）

> 都道府県知事は、医療法人の業務若しくは会計が法令、法令に基づく都道府県知事の処分、定款若しくは寄附行為に違反している疑いがあり、又はその運営が著しく適正を欠く疑いがあると認めるときは、当該医療法人に対し、その業務若しくは会計の状況に関し報告を求め、又は当該職員に、その事務所に立ち入り、業務若しくは会計の状況を検査させることができる。

（西岡秀樹）

3-4 社団医療法人の議事録の適切な記載例

　本稿は、社団医療法人を前提とした議事録の記載例について解説しますので、財団医療法人の場合は、「社員総会議事録」を「評議員会議事録」と読み替えてください。

1　社員総会議事録の冒頭部分

　社員総会議事録で、下記のような記載をたまに見かけます。

社員総会議事録

　令和○年○月○日午前○時より、当会社の本店において社員総会を開催した。

当会社社員総数	3名
発行済出資総数	15,000,000円
出席社員数（委任状による者を含む）	3名
出席者の出資総数	15,000,000円

　完全に、株式会社と勘違いしています。社団医療法人は、社員1人が1個の議決権を持っており、出資金額は議決権に一切関係ありません。

　ちなみに、評議員会も評議員1人が1個の議決権を持っています。

　次に、下記のような記載も、本当によく見かけます。

　上記のとおり出席があったので定款の規定により理事長×××は議長席につき、開会を宣しただちに議事に入った。

　医療法には社員総会の議長は社員総会において選任することになっています（医療法第46条の3の5）。したがって、社員総会の議長は理事長と決まっていません。

また、医療法第46条の3の6で、一般社団法人及び一般財団法人に関する法律第57条の規定を医療法人の社員総会について準用します。

　したがって本書面のような記載が、社員総会議事録の冒頭部分の適切な記載例となります。

社員総会議事録

1．日　時　令和○年○月○日午前○時～午前○時

2．場　所　本社団会議室

3．出席者　社員総数　　5名

　　　　　　出席社員数　5名（うち本人出席4名、表決委任1名）

　　　　　　出席社員　　×××　×××　×××　×××

　　　　　　表決委任者　×××

　　　　　　出席理事　　×××　×××　×××　×××

　　　　　　出席監事　　×××

4．議長兼議事録作成者　　×××

　以上のとおり社員出席があったので、定款第○条第○項の規定により×××が議長に選出され、議長となった。議長は、午前○時開会を宣し、本日の社員総会は、社員総数5名中5名出席により定足数に達し、有効に成立する旨を述べ、議案の審議に入った。

　これは、一般社団・一般財団法人法施行規則第11条で、次のように定めているからです。

一　社員総会が開催された日時及び場所（当該場所に存しない理事、監事、会計監査人又は社員が社員総会に出席した場合における当該出席の方法を含む。）

二　社員総会の議事の経過の要領及びその結果

三　次に掲げる規定により社員総会において述べられた意見又は発言があるときは、その意見又は発言の内容の概要

　　（省略）

> 四　社員総会に出席した理事、監事又は会計監査人の氏名又は名称
>
> 五　社員総会の議長が存するときは、議長の氏名
>
> 六　議事録の作成に係る職務を行った者の氏名

　社員の氏名は記載事項に含まれていませんが、都道府県や法務局から出席した社員の氏名を記載するよう指導される場合があるので、出席した社員の氏名を記載することをお勧めします。

　なお、出席した理事や監事の氏名は必ず記載してください。

② 社員総会議事録の署名または記名

　議事録の署名または記名（以後、「記名」）の部分について、次のような記載をよく見かけます。

> 　以上の決議を明確にするため、この議事録を作成し、議長及び出席理事の全員が記名押印する。
>
> 　令和○年○月○日
>
> 　　医療法人社団△△会
>
> 　　　　　　　　　　　　　　　　議長・理事長　×××
>
> 　　　　　　　　　　　　　　　　出 席 理 事　×××
>
> 　　　　　　　　　　　　　　　　　　　同　　　×××

　旧商法では、株主総会議事録に議長及び出席した取締役が署名または記名押印（以後、「記名押印」）することになっていましたので、旧商法の規定を参考にして議事録を作成しているのかもしれません。

　前述したように、医療法は一般社団・一般財団法人法第57条の規定を医療法人の社員総会について準用します。

　一般社団・一般財団法人法第57条には「社員総会の議事については、法務省令で定めるところにより、議事録を作成しなければならない。」と規定されており、議事録の記名が必要とは書かれていません。

一般社団法人や一般財団法人は、社員総会で代表理事を定めた場合には、その議事録に変更前の代表理事が届出印を押印している場合を除き、議長及び出席理事の全員が議事録に押印する必要があると一般社団法人等登記規則に書かれているので、社員総会議事録に議長及び出席した理事の全員が押印しているところも多いようですが、医療法人は組合等登記令に基づいて登記する上に、登記が必要な役員は理事長のみです。

　しかし、医療法人も役員の改選があったときは都道府県に対して役員変更届を提出しなければなりません。役員変更届には、役員の就任を証する書類として、社員総会議事録及び理事会議事録の写しを添付するケースが多く、就任した役員の記名押印はあったほうが望ましいと思われます。

　新たに就任した役員の場合には、役員変更届に社員総会議事録の他に役員ごとの就任承諾書の添付が必要なので、社員総会議事録に役員の記名押印がなくても問題ないかもしれません。

　しかし、重任の場合には一般的には就任承諾書の添付は不要ですが、社員総会議事録に重任により就任した役員の記名押印がなければ就任の承諾を確認できる書類が別途必要として、都道府県から重任であっても就任承諾書の提出を求められる可能性があります。

　したがって、役員改選に関する社員総会議事録の末尾の適切な記載例は、下記のようになります。

■役員改選に関する社員総会議事録の記載例

　以上の決議を明確にするため、この議事録を作成し、議事録作成者及び出席役員の全員が記名押印する。

　令和〇年〇月〇日
　　医療法人社団△△会

　　　　　　　　　　　　　議長・議事録作成者　　××××
　　　　　　　　　　　　　出　席　理　事　　××××
　　　　　　　　　　　　　　　　　同　　　　××××
　　　　　　　　　　　　　　　　　同　　　　××××
　　　　　　　　　　　　　出　席　監　事　　××××

なお、役員改選以外の社員総会議事録であれば下記のような記載例でも構わないと思われます。

■役員改選以外の社員総会議事録の記載例

> 　以上の決議を明確にするため、この議事録を作成し、議事録作成者が記名押印する。
> 　令和○年○月○日
> 　　医療法人社団△△会
>
> 　　　　　　　　　　　　　　　議長・議事録作成者　×××

　定款に「議事録には議長及び議事録署名人が、署名捺印しなければならない。ただし、議事録署名人は、社員総会において出席社員のうちから選出するものとする。」といった議事録署名人の規定がある医療法人の場合は、定款に則り議事録署名人を選任し、議長と議事録署名人が記名押印して問題ないと思われます。

③ 理事会議事録

　理事会の場合ですが、理事会の議長は定款で理事長と規定されているはずなので、議長は理事長です。

　医療法において、一般社団・一般財団法人法第91条から第98条までの規定を医療法人の理事会について準用します（医療法第46条の7の2）。

　理事会議事録の記載事項は、一般社団・一般財団法人法施行規則第15条で次のように定められています。

> 一　理事会が開催された日時及び場所（当該場所に存しない理事、監事又は会計監査人が理事会に出席した場合における当該出席の方法を含む。）
> 二　（省略）
> 三　理事会の議事の経過の要領及びその結果

四　決議を要する事項について特別の利害関係を有する理事があると
　きは、当該理事の氏名

五～六　（省略）

七　理事会に出席した会計監査人の氏名又は名称

八　理事会の議長が存するときは、議長の氏名

　したがって、理事会議事録の冒頭部分の適切な記載例は下記のようにな
ります。

■理事会議事録の冒頭の記載例

理事会議事録

1．日　　時　　令和○年○月○日午前○時～午前○時

2．場　　所　　本社団会議室

3．出 席 者　　理 事 総 数　　5名

　　　　　　　出席理事数　　5名（うち本人出席4名、表決委任1名）

4．議　　長　　×××

　理事長×××は定款第○条第○項の規定により議長となり、午前○時開
会を宣し、本日の理事会は、理事総数5名中5名出席により定足数に達し、
有効に成立する旨を述べ、議案の審議に入った。

　理事会議事録の記名は、一般社団・一般財団法人法第95条で「理事会
の議事については、法務省令で定めるところにより、議事録を作成し、議
事録が書面をもって作成されているときは、出席した理事（定款で議事録
に署名し、又は記名押印しなければならない者を当該理事会に出席した代
表理事とする旨の定めがある場合にあっては、当該代表理事）及び監事
は、これに署名し、又は記名押印しなければならない。」と定められてい
るので、医療法人の理事会議事録の記名は、出席した理事及び監事がする
ことになります。

■理事会議事録の末尾の記載例

> 　以上の決議を明確にするため、この議事録を作成し、議長及び出席役員の全員が記名押印する。
> 　令和〇年〇月〇日
> 　　　医療法人社団△△会
>
> | | |
> |---|---|
> | 議長・出席理事 | ××× |
> | 出　席　理　事 | ××× |
> | 同 | ××× |
> | 同 | ××× |
> | 出　席　監　事 | ××× |

④　署名と記名の違い

　署名とは自分で氏名を書くことをいうので、署名押印となっている場合はワープロで氏名を印字できないことになります。

　記名であればワープロで氏名を記載できます。

　医療法は一般社団・一般財団法人法を準用しますが、理事会議事録については、一般社団・一般財団法人法第95条で「署名し、又は記名押印」と定められているので署名、記名のどちらでもよいことがわかります。

　社員総会議事録についてはそもそも記名自体が求められていませんし、社員総会で代表理事を定めた場合であっても押印のみで署名押印は求められていないことを考慮すると、記名押印でよいと思われます。

　したがって、議事録を作成するときはできるだけ記名押印にすることをお勧めします。本稿の議事録記載例を記名押印と書いているのは、そのためです。

（西岡秀樹）

3-5　医療法人の役員給与・退職金

1　役員給与

　法人税法上、法人が役員に対して支給する給与は、定期同額給与、事前確定届出給与または利益連動給与以外のものは、損金の額に算入されません。このうち、役員への利益連動給与は上場会社等の有価証券報告書作成会社に限定したものであるため、医療法人が損金に算入できるものは、「定期同額給与」と「事前確定届出給与」の2つになります。

①　定期同額給与

　定期同額給与とは、毎月の支給額が一定の役員給与で、一般的なものです。これを改定する場合は、会計期間開始の日から3か月を経過する日までに、毎年所定の時期に開催される社員総会などで改定を決議することになります。

②　事前確定届出給与

　事前確定届出給与は、会計期間開始の日から4か月を経過する日、または社員総会の決議で支給を決定した場合は決議の日の1か月を経過する日の、いずれか早い日までに税務署に届出を行うことで、役員に対する賞与を損金にできるというものです。

2　過大な役員給与の損金不算入

　過大な役員給与であるかどうかの判断は、以下の2つの基準によります。それぞれの基準で過大と判定された役員給与は、損金不算入となります。

① 形式基準

定款に記載されている額または社員総会で支給限度額等が決議された場合はその額。

② 実質基準

⑦職務の内容、⑦法人の収益、⑦法人の使用人に対する給与の支給の状況、㋩同業類似規模の法人の役員給与の状況に照らして、相当であると認められる金額とされています。

③ 過大な退職給与の損金不算入

役員に対する退職金についても、過大と判断される部分については、損金に算入することができません。役員給与の実質基準と同様の基準があります。

① 実質基準

役員に対して支給した退職給与の額が、⑦業務に従事した期間、⑦退職の事情、⑦同業類似規模の法人の退職給与の状況に照らし、相当であると認められる金額とされています。

一般的に、役員に対する退職金については、退職時の適正報酬額に従事年数を乗じて算出した金額にその役員が会社に対して残した功績を加味した金額が、一応の目安として使用されることがあります。この算定は「功績倍率方式」といわれています。

■功績倍率方式

退職時の適正役員報酬月額×勤続年数×功績倍率＝適正な役員退職給与

この算式自体に意味があるものではありませんが、退職時の月額報酬と勤続年数は客観的な数値なので、類似規模の医療法人で使用された功績倍率と課税当局が比較しやすいというところがあります。

　功績倍率の決め方には、「平均功績倍率法」と「最高功績倍率法」があります。

① 平均功績倍率法

　同業類似規模の法人を選別し、それらで使用された功績倍率の平均値を適正な功績倍率とし、適正な功績倍率により計算した金額を超える退職給与は、損金に算入しないというものです。一見シンプルでわかりやすい方法ですが、平均値を超える退職給与は否認されることになるので、税務調査をすればするほど全体の平均値は下がっていくことになります。数学的に考えれば、税務調査の実施に伴い平均の功績倍率は0に近づくことになり、究極的には退職給与は損金として認めないという結果になります。それゆえ、平均功績倍率法は不合理な方法といわざるを得ませんが、平均功績倍率法を是とする判例もあります。

② 最高功績倍率法

　同業類似規模の法人を選別し、それらで使用された功績倍率の最高値を上限とし、最高値の功績倍率により計算した金額を超える退職給与は、損金に算入しないという考え方です。抽出した同業類似規模の法人での功績倍率のバラつきの程度により、損金算入できる限度が変わります。たまたま異常値といえるほど高い功績倍率を使用している法人が選別されたり、平均値に近いような法人のみが抽出されたりしてしまうと、不合理な結果になってしまいます。しかし、この最高功績倍率法が採用された判例も複数あります。

　一般的には、功績倍率は3倍まで、などといわれることが多いようです。これは、過去の税務調査の実績や税務訴訟の判例などを参考にしたものと推察されます。しかし、功績倍率3倍とすれば適正な退職給与になるという考え方は、危険です。功績倍率がどうであれ、基本的にはあくまで

退職金のそのものの金額が相当であるという理由を準備しておくことが重要であると思われます。

4 過大な使用人給与の損金不算入

　役員の親族や事実上婚姻関係にある者などは特殊関係使用人とされ、不相応に高額な部分の給与の金額は損金に算入することができません。不相応に高額な部分の判定については、実質基準となります。

① 実質基準

　㋐職務の内容、㋑法人の収益、㋒法人の使用人に対する給与の支給の状況、㋓同業類似規模の法人の使用人給与の状況に照らし、相当であると認められる金額とされます。

5 医療法人における留意点

　次に、医療法人の役員給与・退職金で特に留意すべき点をあげます。

① 使用人兼務役員

　役員のうち、法人の使用人としての職制上の地位を有し、かつ、常時使用人としての職務に従事するものを「使用人兼務役員」といいます。使用人兼務役員の使用人としての職務に対する給与のうち、他の使用人の給与と照らして相当と認められる部分については役員給与には含まれず、損金に算入できます。

　医療法人が役員に対し、医師部分の給与を別に支払っている場合などは社員総会での決議の際に注意が必要です。

●**法人税法施行令第 70 条 1 号ロ**

　定款の規定又は株主総会、社員総会若しくはこれらに準ずるものの
決議により役員に対する給与として支給することができる金銭の額の
限度額若しくは算定方法又は金銭以外の資産（ロにおいて「支給対象
資産」という。）の内容（ロにおいて「限度額等」という。）を定めて
いる内国法人が、各事業年度においてその役員（当該限度額等が定め
られた給与の支給の対象となるものに限る。ロにおいて同じ。）に対
して支給した給与の額（法第 34 条第 6 項に規定する使用人としての
職務を有する役員（第 3 号において「使用人兼務役員」という。）に
対して支給する給与のうちその使用人としての職務に対するものを含
めないで当該限度額等を定めている内国法人については、当該事業年
度において当該職務に対する給与として支給した金額（同号に掲げる
金額に相当する金額を除く。）のうち、その内国法人の他の使用人に
対する給与の支給の状況等に照らし、当該職務に対する給与として相
当であると認められる金額を除く。）の合計額が当該事業年度に係る
当該限度額及び当該算定方法により算定された金額並びに当該支給対
象資産（当該事業年度に支給されたものに限る。）の支給の時におけ
る価額（第 71 条の 3 第 1 項（確定した数の株式を交付する旨の定め
に基づいて支給する給与に係る費用の額等）に規定する確定数給与に
あっては、同項に規定する交付決議時価額）に相当する金額の合計額
を超える場合におけるその超える部分の金額（同号に掲げる金額があ
る場合には、当該超える部分の金額から同号に掲げる金額に相当する
金額を控除した金額）

　社員総会決議では、使用人兼務役員の使用人分の給与を含めたものを役
員給与の限度額とするか、または使用人としての職務に対するものを含め
ないことを明示した上で、使用人部分の給与を除いた額を役員給与の限度
額とする必要があります。

　医療法人の場合は、理事長に医師としての給与を支払っているケースも

少なからずあります。しかし、下記のように理事長は、法人税法上の使用人兼務役員になれませんので、注意が必要です。

●法人税法施行令第71条第1項（使用人兼務役員とされない役員）

一　代表取締役、代表執行役、代表理事及び清算人

二　副社長、専務、常務その他これらに準ずる職制上の地位を有する役員

三　合名会社、合資会社及び合同会社の業務を執行する社員

四　取締役（指名委員会等設置会社の取締役及び監査等委員である取締役に限る。）、会計参与及び監査役並びに監事

五　前各号に掲げるもののほか、同族会社の役員のうち次に掲げる要件の全てを満たしている者（以下、省略）

したがって、理事長に医師としての給与を別途支払っていたとしても、法人税法上はすべて役員給与として扱われることになります。社員総会決議で使用人兼務役員の使用人分給与を含む・含まないにかかわらず、理事長の医師としての給与部分は支給限度額に含めておく必要があります。決議された支給額に含めていない場合は、役員給与の形式基準を超過してしまうので、注意が必要です。

また、上記の法人税法施行令第71条第1項第5号には同族会社の一定の役員は使用人兼務役員になれないことが規定されていますが、当然医療法人は同族会社に該当しませんので、適用がありません。したがって、医療法人の持分を持っている理事であっても使用人兼務役員になることができます。

さらに、医療法人において基本的に院長は管理者として理事に加わることになりますが、院長が理事長や常務理事ではない理事である場合、使用人兼務役員となることができます。他の使用人の給与の状況と照らして相当と認められるのであれば、院長に役員給与とは別に成果給を支払うことも可能になります。

② みなし役員

　法人税法上、法人の使用人（職制上使用人としての地位のみを有する者
に限る）以外の者で、その法人の経営に従事しているものと、同族会社の
使用人で一定の要件を満たすものは、役員とみなされることになります。

　医療法人は同族会社には該当しないので、理事等の他、法人の使用人
（職制上使用人としての地位のみを有する者に限る）以外の者でその法人
の経営に従事しているもののみが役員とされます。したがって、医療法人
の場合、株式会社のように創業者一族の使用人がみなし役員になってしま
うことがありません。

　したがって、理事長の家族が経営に参画せずに使用人としての給与を受
け取っても、役員給与とはなりません。ただし、特殊関係使用人ではあり
ますので、過大な給与は認められないことに留意が必要です。

（増田卓也）

3-6　医療法人の業務範囲

　医療法人の業務には、医療法第39条に定められた本来業務、医療法第42条に定められた附帯業務があります。その他に本来業務の一部として、またはこれに附随して行われる附随業務があります。さらに、社会医療法人に認められている収益業務があります。附帯業務につきましては、**第1章 1-8** 「医療法人の附帯業務」を参照してください。

1 附随業務

■厚生労働省のホームページに掲載されている「医療法人の業務範囲」による附随業務（下線は筆者）

○　開設する病院等の業務の一部として又はこれに附随して行われるものは収益業務に含まれず、特段の定款変更等は要しません。（附随業務として行うことが可能）
　　附随して行われる業務とは、次に掲げるものです。

①　病院等の施設内で当該病院等に入院若しくは通院する患者及びその家族を対象として行われる業務又は病院等の職員の福利厚生のために行われる業務であって、医療提供又は療養の向上の一環として行われるもの。
　　したがって、病院等の建物内で行われる売店、敷地内で行われる駐車場業等は、病院等の業務に附随して行われるものとされ、敷地外に有する法人所有の遊休資産を用いて行われる駐車場業は附随する業務に含まれないものとして取り扱います。

②　病院等の施設外で当該病院に通院する患者を対象として行われる業務であって、当該病院等において提供される医療又は療養に連続して行われるもの。

したがって、当該病院等への、又は、当該病院等からの患者の無償搬送は、病院等の業務に附随して行われるものとされ、当該病院等以外の病院から同じく当該病院等以外の病院への患者の無償搬送は附随する業務に含まれないものとして取り扱います。

③　①及び②において、当該法人が自らの事業として行わず、当該法人以外の者に委託して行う場合にあっては、当該法人以外の者が行う事業内容が、①又は②の前段に該当するものであるときは、当該法人以外の者への委託は附随する業務とみなし、①又は②の前段に該当しないものであるときは、附随する業務に含まれないものとして取り扱います。

　附随業務と収益業務は区別され、社会医療法人以外の医療法人では、附随業務は業務範囲として認められ、収益業務は業務範囲外で行ってはならない業務です。法人税法は収益事業を「販売業、製造業その他政令で定める事業で、継続して事業場を設けて行われるものをいう」とし、34種類の事業の範囲を示しています。その中に物品販売業、不動産貸付業がありますが、たとえ収益事業に分類される業務に該当しても、①病院等の医療提供または療養の向上の一環として行われるものまたは②病院等において提供される医療または療養に連続して行われるものは、附随業務として医療法人の業務範囲になります。

② 附随業務の変遷

　附随業務については、過去において次のように解釈されていました。

①　病院内の食堂は従業員や患者の家族の利用に限定される場合には附随業務として認められるが、病院の外部に出入口を設けて第三者が利用できる形態の食堂は、附随業務とはならない。

②　病院内の売店は物品販売業であり営利行為に該当するので、非営利である医療法人の附随業務には該当しない。

③　コンタクトレンズの販売も物品販売業であり、営利行為に該当する

ので、医療法人の附随業務には該当しない。

④　将来診療所等を開設するために土地を取得したが、暫く建設できないのでその間だけ第三者に駐車場として貸したいが不動産貸付業になり、医療法人の附随業務にならない。

しかし、現在は非営利の判断基準は、厚生労働省通知等によって次のように整理されています。

■「第1回医療法人の事業展開等に関する検討会議事録」平成25年11月6日（伊藤指導課長補佐の発言の一部抜粋）

> 医療を提供する法人は、営利を目的としないこと、すなわち、法人の対外的活動による収益を前提としてその利益を構成員に分配することを目的としないこと（非営利性の確保）が求められるということとなっており、医療を提供する医療法人については、営利を目的としないということが大きく求められるということです。

このことから物品等の販売が収益事業に該当するから営利行為であり、医療機関の非営利性の観点から認められないとする解釈や指導は、誤りとなります。医療提供、療養の向上の一環として行うコンタクトレンズ、サプリメントの販売は、医療機関の附随事業として認められています。

■（事務連絡）平成26年8月28日厚生労働省医政局総務課

> 今般、規制改革実施計画（平成26年6月24日閣議決定）において、医療機関におけるコンタクトレンズ等の医療機器やサプリメント等の食品の販売については、これが可能であることを明確化し、周知を行うこととされています（参考資料参照）。
> 　医療機関においてコンタクトレンズ等の医療機器やサプリメント等の食品の販売を行うことは、<u>当該販売が、患者のために、療養の向上を目的として行われるものである限り</u>、以前から可能ですので、適切に取扱われますよう、お願いいたします。

その後、厚生労働省は平成27年6月16日に「交付」であれば高度管理医療機器であるコンタクトレンズ等であっても患者に譲渡することが可能とした「保険医療機関におけるコンタクトレンズ等の医療機器やサプリメント等の食品の販売について」という通知を行いました（平成28年9月21日一部改正）。

　これにより「交付」という方法であれば、医薬品医療機器等法（旧薬事法）に基づく医薬品販売業の許可を取らずに高度管理医療機器であるコンタクトレンズ等を患者に譲渡（販売）することが可能です。

■交付の要件

> 1　コンタクトレンズ等を交付する保険医療機関に対しては、以下の点を求めること。
>
> （1）　当該保険医療機関においてコンタクトレンズ等の交付を受けることについて、患者の選択に資するよう、当該保険医療機関外の販売店から購入もできること等について説明し、同意を確認の上行うこと。ただし、この同意の確認は必ずしも同意書により行う必要はなく、口頭説明により確認する方法で差し支えない。
>
> （2）　患者から徴収するコンタクトレンズ等の費用は社会通念上適当なものとすること。その際、保険診療の費用と区別した内容の分かる領収証を発行すること。
>
> 2　以前、一部の保険医療機関（特にコンタクトレンズ販売店に併設された診療所等）において、コンタクトレンズ検査料1の施設基準の不適切な届出や、不適切な診療報酬請求を行っている事例があったところなので、今後も同様の事例が生じないよう、本通知に示す保険医療機関においてコンタクトレンズ等を交付するにあたっての取扱いを周知する際、コンタクトレンズ検査料を算定する保険医療機関に対しては、適正な診療報酬請求を行うよう改めて周知するとともに、引き続き適切な指導等を行うこと。

「交付」と一般的な「販売」との違いは、「交付」は患者のために療養の向上を目的として行われるものに限られるのに対し、一般的な「販売」は患者以外にも販売できる点です。

　したがって患者以外にも高度管理医療機器であるコンタクトレンズ等を販売する場合は医薬品医療機器等法（旧薬事法）に基づく医薬品販売業の許可が必要です。すなわち、医薬品販売業の許可を取れば医療機関であっても患者以外にコンタクトレンズ等を販売することは可能です。

　上記内容は、医療法人が開設する保険医療機関だけでなく、個人開設の保険医療機関においても同様の扱いとなります。税務上の観点からは、一般的に眼科を開設する個人の医師がコンタクトレンズの販売も行うと個人所得が増加しますので、節税のためにMS法人を設立し、MS法人でコンタクトレンズや眼鏡販売を行って所得を分散するようにします。

③　社会医療法人の収益業務

　厚生労働省のホームページに掲載されている「医療法人の業務範囲」において、社会医療法人の収益業務について触れています。

　社会医療法人は、その開設する病院、診療所、介護老人保健施設又は介護医療院の業務に支障のない限り、定款又は寄附行為の定めるところにより、その収益を当該社会医療法人が開設する病院、診療所、介護老人保健施設又は介護医療院の経営に充てることを目的として、厚生労働大臣が定める業務（収益業務）を行うことができます。
（平成18年法律第84号附則第8条、平成19年厚生労働省告示第92号、改正前の医療法第42条第2項）

　収益業務の種類

　収益業務の種類は、日本標準産業分類（平成25年10月30日総務省告示第405号）に定めるもののうち、次に掲げるものです。

---

① 農業、林業

② 漁業

③ 製造業

④ 情報通信業

⑤ 運輸業、郵便業

⑥ 卸売業、小売業

⑦ 不動産業、物品賃貸業（建物売買業、土地売買業を除く。）

⑧ 学術研究、専門・技術サービス業

⑨ 宿泊業、飲食サービス業

⑩ 生活関連サービス業、娯楽業

⑪ 教育、学習支援業

⑫ 医療、福祉（病院、診療所、介護老人保健施設又は介護医療院に係るもの及び医療法第42条各号に掲げるものを除く。）

⑬ 複合サービス事業

⑭ サービス業

（注）医療法関係法令の規定に基づく定款・寄附行為変更の手続き以外に、それぞれの業務に係る関係諸法令に基づく許認可、届出等の手続きが必要です。

業務要件

収益業務については、次に掲げる要件を満たすものに限られるものであり、その規模、内容等についても、規則第30条の35の3の要件を満たすものであるほか、法の規定により設立された法人の行う業務として社会的に許容される範囲内のものであることに十分留意する必要があります。

① 一定の計画の下に収益を得ることを目的として反復継続して行われる行為であって、社会通念上業務と認められる程度のものであること。

② 医療法人の社会的信用を傷つけるおそれがあるもの（注）でな

いこと。

③　経営が投機的に行われるものでないこと。

④　当該業務を行うことにより、当該医療法人の開設する病院、診療所、介護老人保健施設又は介護医療院の業務の円滑な遂行を妨げるおそれがないこと。

⑤　当該医療法人以外の者に対する名義の貸与その他不当な方法で経営されるものでないこと。

（注）　「社会的信用を傷つけるおそれがあるもの」とは、風俗営業、武器製造業、遊技場などをいいます。

④　実費徴収できる附随収入

　保険医療機関が保険診療を行う際の、治療（看護）とは直接関連のない「サービス」または「物」について、患者からその費用を徴収する場合の運用について、平成17年9月1日保医発第0901002号、最終改正平成20年9月30日保医発第0930007号で下記のように通知されています。

　治療（看護）とは直接関連のない「サービス」または「物」であっても、「医療提供または療養の向上の一環として行われるもの」は、附随業務であり、一定の条件を満たすことにより患者から費用徴収することが認められています。

■療養の給付と直接関係ないサービス等の取扱いについて　（一部抜粋）

1　費用徴収する場合の手続について

　療養の給付と直接関係ないサービス等については、社会保険医療とは別に提供されるものであることから、もとより、その提供及び提供に係る費用の徴収については、関係法令を遵守した上で、保険医療機関等と患者の同意に基づき行われるものであるが、保険医療機関等は、その提供及び提供に係る費用の徴収に当たっては、患者の選択に

資するよう次の事項に留意すること。

（1）　保険医療機関等内の見やすい場所、例えば、受付窓口、待合室等に費用徴収に係るサービス等の内容及び料金について患者にとって分かりやすく掲示しておくこと。（中略）

（2）　患者からの費用徴収が必要となる場合には、患者に対し、徴収に係るサービスの内容や料金等について明確かつ懇切に説明し、同意を確認の上徴収すること。（中略）

（3）　患者から費用徴収した場合は、他の費用と区別した内容のわかる領収証を発行すること。

（4）　なお、「保険（医療）給付と重複する保険外負担の是正について」及び「『療担規則及び薬担規則並びに療担基準に基づき厚生労働大臣が定める掲示事項等』及び『保険外併用療養費に係る厚生労働大臣が定める医薬品等』の制定に伴う実施上の留意事項について」に示したとおり、「お世話料」「施設管理料」「雑費」等の曖昧な名目での費用徴収は認められないので、改めて留意されたいこと。

2　療養の給付と直接関係ないサービス等

　療養の給付と直接関係ないサービス等の具体例としては、次に掲げるものが挙げられること。

（1）　日常生活上のサービスに係る費用

　　ア　おむつ代、尿とりパット代、腹帯代、Ｔ字帯代

　　イ　病衣貸与代（手術、検査等を行う場合の病衣貸与を除く。）

　　ウ　テレビ代

　　エ　理髪代

　　オ　クリーニング代

　　カ　ゲーム機、パソコン（インターネットの利用等）の貸出し

　　キ　ＭＤ、ＣＤ、ＤＶＤ各プレイヤーの貸出し及びそのソフトの貸出し

　　ク　患者図書館の利用料　等

（2）　公的保険給付とは関係のない文書の発行に係る費用

　ア　証明書代

　　（例）　産業医が主治医に依頼する職場復帰等に関する意見書、生命保険等に必要な診断書等の作成代　等

　イ　診療録の開示手数料（閲覧、写しの交付等に係る手数料）

　ウ　外国人患者が自国の保険請求等に必要な診断書等の翻訳料　等

（3）　診療報酬点数表上実費徴収が可能なものとして明記されている費用

　ア　在宅医療に係る交通費

　イ　薬剤の容器代（ただし、原則として保険医療機関等から患者へ貸与するものとする。）　等

（4）　医療行為ではあるが治療中の疾病又は負傷に対するものではないものに係る費用

　ア　インフルエンザ等の予防接種

　イ　美容形成（しみとり等）

　ウ　禁煙補助剤の処方　等

（5）　その他

　ア　保険薬局における患家への調剤した医薬品の持参料

　イ　日本語を理解できない患者に対する通訳料

　ウ　他院より借りたフィルムの返却時の郵送代

　エ　院内併設プールで行うマタニティースイミングに係る費用　等

（小林　弘）

3-7　医療法人の増資と減資

　医療法人制度の類型については **1-2** 「医療法人制度の類型」において
述べられているとおりですが、財団医療法人及び持分なし医療法人に関し
ては出資という概念がありません。よって本稿のテーマは、経過措置型医
療法人のみが対象となります。

　株式会社と同じように医療法人においても、増資に関しては、

・社員として新たに経営に参画する場合

・純粋に資本の増強をする場合

また、減資に関しては

・法人地方税における均等割の問題

等々、検討される局面があると思われますが、医療法において増資及び減
資に関する明文規定は存在しません。医療法人においても、増資や減資は
できるのでしょうか。

1　増　　資

　上述したように、増資について医療法上の規定はなく、また医療法人の
財産を害するおそれもありませんので、医療法の観点からは特に問題にさ
れることもないと思われます。注意したいのは税法上、贈与税の問題で
す。医療法人が増資を行う場合、１口をいくらで増資するかが税務上の問
題を生じさせることがあります。複数の出資者がいる場合、その全員が平
等の条件で追加出資をすることにならない場合や、新規に社員になるもの
が出資する場合の１口当たりの価格によっては、贈与税が発生しますので
注意が必要です。

　医療法人の額面増資に関して、注目される判決も出ています。医療法人
においては、医療法での取決めも少なく定款自治が大きく認められていま

す。医療法人独自の定款規定を税法上も認めるならば、当該額面増資によって出資者間に贈与は発生しないことになるが、もし、税法上当該定款規定は認められないとするならば、明らかに贈与が発生するという内容です。最高裁では医療法人の定款規定を排除して税務当局の主張を認めた、税法を優先させたという事件です（平成20年（行ヒ）第241号平成22年7月16日最高裁判決）。

② 減　資

　法人地方税均等割の金額は資本金等の金額に依存しますので、医療法人でも複数の市町村に分院を展開していたり、従業員のために福利厚生施設を保有していると、法人地方税申告の際に均等割の支払いが気になるものです。福利厚生施設だけの場合には均等割のみの支払いとなりますので、特に気になるところです。

　株式会社において、減資は株主のみならず会社財産を唯一の担保とする会社債権者にとっても重大な影響を与えるので、厳格な債権者保護手続等の規定を会社法において定めています。それに対して医療法では、減資に関する規定はありませんが、持分の払戻しに関しては以下の規定があります。

●医療法第56条

> 　解散した医療法人の残余財産は、合併及び破産手続開始の決定による解散の場合を除くほか、定款又は寄附行為の定めるところにより、その帰属すべき者に帰属する。
> 2　前項の規定により処分されない財産は、国庫に帰属する。

　そして、厚生労働省が公表している従前（旧制度）の持分の定めのある社団医療法人定款例によれば、次のように規定されています。

第9条　社員資格を喪失した者は、その出資額に応じて払戻しを請求することができる。

第34条　本社団が解散した場合の残余財産は、払込済出資額に応じて配分するものとする。

　ここでは出資者である社員が医療法人を退社した場合等、社員資格を喪失したときについて出資持分に応じた財産の払戻しを請求する権利を認めています。すなわち、この払戻請求権の行使については、社員資格を喪失した場合に限り認められ、社員資格を有したままでの持分の一部あるいは全部に関する払戻請求権は、行使できないと解することができます。

　一方で、医療法人の設立後における出資金額の変更に関しては、医療法等の規定や通知も存在していません。よって、医療法人の出資金は法人の任意で変更できると考えられます。またそのように理解しないと、減資のみならず増資もできないことになってしまいます。そして、社員総会決議で新たに決められた出資金に変更するため実施された払戻しは、払戻請求権という権利の行使とは、また別のものと考えられます。

　医療法人に関しては、その変更事項の内容によっては、許認可や届出が必要になっています。しかし、出資金の増減に関しては都道府県からの認可を受ける必要もなく、変更に関する届出義務もありません。近いものとしては、資産総額の変更登記があるのみです。この資産総額とは総資産額から総負債額を控除した純資産額となっており、ここにおいても出資金額そのものについては問われていません。この資産総額変更登記は、毎事業年度終了後3か月以内となっており、その後、登記事項変更については届出義務があります。しかし、増資及び減資によって資産総額の変更が生じても、それに関して登記や届出の必要はありません。これらのことからも、医療法人の出資金に関しては法によって厳格に規定する必要性が薄く、その変更に関しても可能であると理解するのが自然であると考えられます。

　また、平成16年6月に厚生労働省で行われた「医業経営の非営利性等に関する検討会」で出資額限度法人に関する議論で以下のようなやりとり

がありました。

> 山崎　學委員
>
> 「(中略) 従来、厚生労働省は、減資というか、出資額の一部払戻しは禁止していたのです。できなかったのです。そういう出資額の一部払戻しについては認めるのでしょうか。」

> 渡延指導課長
>
> 「ただいまの社団医療法人の出資の払戻し、さらに言えば一部払戻しですが、確かに、現在の社団医療法人の標準定款には、社員が脱退した場合に払い戻すという書き振りになっていますが、社員たる地位を残したまま一部を払い戻すことを想定した規定は入っていません。
>
> 　厚生労働省が、厚生省時代も含めて、出した社団医療法人の解説書を見ると、社員資格を残したまま一部だけ払い戻すことについては、「今のモデル定款の出資額に応じて」という規定を前提にしての解釈と思われますが、54条違反の事態が起こる可能性があるからそれは認められないという解釈を示したものがあります。これは、正式な通知ではありませんが、過去の取扱い例としてはそういうものがあります。
>
> 　今後これについてどう考えるかですが、定款を出資額限度方式に変更した事態の下では54条違反となるような、出資に応じて剰余が払い戻されるという事態は起こらなくなる。そういうことであれば、54条違反の問題は直ちに生じることはないだろうと考えています。ただ、山崎委員がご提起になりました減資の問題については、既にいる出資者の全員が均等に減資するのか、それとも特定の人が減資するのかによっては、出資者相互間で利益の付け替えのようなことが起きる可能性がある。したがって、そこは実務的に生じる問題について十分に検討することが必要であろうと考えています。」

(第3回「医業経営の非営利性等に関する検討会」議事録より一部抜粋)

このやりとりでは明確に「払戻し」という文言を使っていますが、ここで重要視されているのは医療法第54条に抵触するか否かのようです。

●医療法第54条

> 医療法人は、剰余金の配当をしてはならない。

このやりとりからは出資額限度法人において払戻しが生じてもただちに医療法第54条違反の問題は生じない、つまり、剰余金の配当に相当する現象が発生しないのであれば減資も可能であるとも解されます。

③ 有償減資（払戻し）における税務

経過措置型医療法人が払戻しによる減資を行った場合には、税法上は株式会社と同様に取り扱われます。よって、払戻金が経過措置型医療法人の出資金額に「対応する」金額よりも大きい場合には、みなし配当が発生します。例えば、出資金2,000万円の経過措置型医療法人が1,000万円の減資を行った場合、一見出資金の範囲内での払戻しですが、この場合にもみなし配当が発生する場合と発生しない場合があるわけです。

払戻金額が決定した後に、以下の計算式で上記の「対応する」金額が決定します。

$$減資資本金額 = 資本の払戻し直前の資本金等の額 \times \frac{資本の払戻しにより減少した資本剰余金の額}{前期末簿価純資産価額}$$

上記の計算式を経過措置型医療法人の減資に当てはめて考えると、前期末簿価純資産価額に利益剰余金に相当する部分がある限りは、税務上必ずみなし配当部分が発生することになります。事実上、債務超過の経過措置型医療法人でないと、減資に伴う払戻しではみなし配当が発生して医療法第

54条に抵触することになってしまいます。

　実務上、減資が使えることは少ないという結論ですが、債務超過状態の経過措置型医療法人ならば、法人地方税均等割の節減のため等、検討の余地があるかもしれません。

（鳴海英俊）

　近年では、在宅医療ニーズの高まり等により、無床診療所であっても複数の医師によるグループ診療や、同一グループで複数の診療所を展開する等の集約化が進んでいます。

　本節では、診療所を1か所開設しているいわゆる一人医師法人が、同一都道府県内に2か所以上の診療所（いわゆる分院）を追加開設する場合を例にとり、一連の許認可手続の手順について、実務の視点から確認していきます。

1 事前確認事項

① 診療所を開設する場所（土地建物）の使用権限

ⅰ 法人自己所有の場合

　法人が病院または診療所等を開設する土地建物については、「法人が所有するものであることが望ましい（平成19年3月30日医政発第0330049号／改正平成24年5月31日医政発0531第1号6（2）／以下、同通知）」ものとされています。

　医療法人以外の他者から土地建物の譲渡を受け、医療法人が所有することとなった土地建物内で診療所を開設する場合、譲渡により取得した不動産の所有権移転登記はいわゆる「権利の登記」であることから、現行法上は必ずしも登記をしなければならないという決まりはありません。とはいえ、定款変更認可申請や診療所開設許可申請の段階では、建物使用権限の確認が許可の要件とされることがほとんどであることから、所有権の確認に最も効率的な手段である所有権移転登記を経由してそれぞれ申請時に登記事項証明書を添付することは、実務的には必須といえるでしょう。

また、新築建物の場合は申請段階では未完成または未登記、という場合もあり得ます。その場合は、建物建築確認済証、完成検査済証等により建築主が申請人たる法人であることを説明し、建物が完成して表示登記または所有権保存登記が完了した時点で登記事項証明書を追加提出する、といった対応が考えられます。

　いずれにしても、工事等も含めた分院開設スケジュール全体の中で、所管庁との十分な事前協議が肝要です。

ⅱ　賃貸による場合

　前述のように、病院または診療所を開設する土地建物は法人自己所有が望ましいとされながらも、同通知でも「賃貸借契約による場合でも当該契約が長期間にわたるもので、かつ、確実なものであると認められる場合には、その設立を認可して差し支えない」として、現在では都市部を中心に不動産賃貸借による病院、診療所の開設は一般化しています。

　また、同通知は「土地、建物を医療法人の理事長又はその親族等以外の第三者から賃貸する場合には、当該土地、建物について賃貸借登記をすることが望ましい」としながらも、「借地借家法（平成3年10月4日法律第90号）に基づき、土地、建物の所有権を取得した者に対する対抗要件を具備した場合（引渡しを受けること）は、賃貸借登記がなくても、当該土地、建物の賃貸借を認めても差し支えない」としていることから、不動産賃借権登記を経由する実益はなく、今ではほとんど使われていません。

　実務的には、不動産所有者と医療法人との間の賃貸借契約書に加え、不動産所有者名義で所有権が登記された不動産登記事項証明書を添付して、法人に建物使用権限があることを疎明することになります。

　その際、「賃貸借契約期間は医業経営の継続性の観点から、長期間であることが望ましい」「契約期間の更新が円滑にできるよう契約又は確認されていることが望ましい」「賃借料は近隣の土地、建物等の賃借料と比較して著しく高額でないこと」（いずれも平成19年3月30日医政発0330049号／改正平成24年5月31日医政発0531第1号別添9　Ⅲ－2－7備考）とされていることから、賃貸借契約については常識的な賃料での賃貸借契

約で、できるだけ契約期間の長いもの、また自動更新条項が付いている等により長期間の契約が予定されていること等を、契約書または契約書案文等で確認します。当然、契約の更新がない事業用定期建物賃貸借契約であって、再契約による事実上の契約延長等も予定されていない契約等は、医療法人が開設する病院、診療所建物の使用権限としては適正を欠き、場合によっては定款変更の認可を受けられない可能性があることになり、注意が必要です。

　また、不動産登記事項証明書での土地建物所在は「地番」で表記されており、都市計画法に定める住居表示実施地区では「住所」と異なる表記であることが多く、不動産登記事項証明書と賃貸借契約での権利の連続性が説明できない場合が少なくありません。実務上の対応としては、賃貸借契約書上の目的不動産の表示の欄に「住所」「地番」を併記した契約書として作成することをお勧めします。

②　管 理 者

　分院の管理者は、当然、医師（歯科診療所の場合は歯科医師）であることが要求され、複数の病院等を開設する法人で都道府県知事の認可を受けた場合を除き、原則として理事に就任することが要求されます。管理者就任予定医師の履歴書、医師免許証のコピー、印鑑証明書、保険医登録票コピーを入手した上で、以下の確認をします。

①　医籍登録年度

　平成16年以降、病院または診療所の管理者は臨床研修を修了した医師でなければならないとされましたが、平成16年3月31日（歯科医師は平成18年3月31日）以前に医籍登録した医師は、臨床研修を修了したものとみなされています。そのため、平成16年4月1日以降に医籍登録した医師が管理者となる場合は、医師免許証とあわせて臨床研修修了登録証のコピーを入手し、臨床研修修了した旨が医籍へ登録されていることを確認します。臨床研修修了が登録されなくても勤務医としての医療行為には問題ないことから、2年間の前期研修を修了して臨床研修施設発行の修了証

までは持っていながら、医籍への登録を申請していない若手医師が散見されます。その場合は、ただちに住所地を管轄する保健所経由で厚生労働大臣宛てに医籍への登録を申請し、登録済証が交付されるまでの間は暫定的に保健所長発行の「臨床研修修了登録申請受付証」の交付を受け、臨床研修修了登録証の代用とします。

ⅱ 姓の変更の有無

医師免許取得後、婚姻等により姓が変わっている場合があります。医師免許証、臨床研修終了登録証と履歴書、印鑑証明書を照合し、医師免許証、臨床研修終了登録証に姓の変更が反映されていない場合は、上記の臨床研修修了登録の手続きと同様に、ただちに住所地を所管する保健所窓口を経由して医籍の変更申請を申請する必要があります。

ⅲ 現勤務先の退職予定（分院開設後の非常勤勤務予定）

現勤務先で管理者または常勤医として勤務している場合、そのままでは分院の管理者になることはできません。2か所管理の特例（医療法第12条第2項）の許可は、現在では山間僻地等を除いて与えられない取扱いとなっています（平成23年10月20日医政発1020第1号医療法人の附帯業務の拡大について等）。

また、非常勤医として勤務を継続する場合であっても、自らが管理者となる診療所の休診日に非常勤で勤務する以外は認められないので、先方との調整ができているかにつき確認します。

ⅳ 役員就任意思確認

分院の管理者は、原則として法人理事にならなければなりません（医療法第46条の5第6項）。管理者に加え、理事に就任する意思についても事前に確認するとともに、定款上の理事定数と現理事の人数から、理事の定数に空きがあることを確認します。

ⅴ 保険医登録の都道府県

保険医登録票のコピーを入手し、開設する分院と同じ都道府県での登録であるかにつき確認します。もし異なる都道府県で登録されている場合は、旧登録地の地方厚生局都道府県事務所に勤務先の変更を届出し、厚生

局窓口での受付印付きの変更届書の控えを保管しておき、分院開設後の保険医療機関指定申請の際にはそのコピーで保険医登録票の代替とします。異なる都道府県であっても、保険医として登録がある以上は保険医療機関の管理者となることに制限はありません。

③ 分院の事業計画内容、職員等

分院開設後にどのような診療を行う予定であるか、どのような体制でその医療を行うことを想定しているかにつき確認し、定款変更認可申請時の事業計画、収支計画を組み立てる材料とします。想定患者数等、数字に関する部分はあくまで予定であり、実際には誤差が発生することについては、あまり極端な場合を除いては許容されるものと考えられます。

④ 法人の現状

定款変更認可申請以前の問題として、法人運営に問題があって申請を受け付けられない場合が散見されます。最低限、以下の書類が保管されているかにつき確認します。

・現行定款
・過去の理事会・社員総会等の議事録
・毎年の都道府県への事業報告書または決算届、資産総額変更登記後の届出、役員変更手続等の控え書類
・社員名簿、役員名簿
・過去に定款変更がある際は申請書等の控え

今回の定款変更認可を申請するに当たり、過去の決算届や役員変更届等に未提出または手続き未了のものがあった場合、当然、今回の申請の前提としてすべて完了することが求められます。また、直近の2年間に新規の法人設立または定款変更等があり、その際に2年間の事業計画を都道府県に提出している場合、天変地異等のやむを得ない事情がある場合を除き、その2年間が終了するまでは事業計画の変更を認めないとする都道府県がありますので、法人のこれまでの履歴を確認することも重要です。

② 実際の手続実務

　分院開設に向けての実際の許認可手続については、以下の流れとなります。

① 定款変更認可申請書素案作成（内部作業）

　所管する都道府県のホームページにアクセスし、都道府県が条例として定めている申請書様式を、添付書類まで含めてすべてダウンロードします。変更内容ごとの添付書類一覧等の案内があるのが通例なので、それに沿って必要となる書類を特定し、ファイルとして保存してから順次作成します。

　書面の作成段階では、単にそれぞれの様式に文字を埋めるのではなく、分院開設の目的からその具体的計画に至るまで、一連のストーリーを書面上に表現する、というスタンスが重要です。

　また、事業計画、収支計画、人件費明細書のように、書面相互での数字の整合性が求められる場面がありますので、特に注意が必要です。

② 定款変更事前審査（都道府県）

　すべての書類の入力と準備が整ったら、実際に申請するときと全く同じ形でクリップ留めし、都道府県提出用と申請者控えの2部、全く同じものを作成します。なおこの段階では、押印は一切せずに、添付する登記事項証明書や印鑑証明書類もすべてコピーを添付します。

　手元に控えを残し、所管の都道府県に事前審査用の1部を提出します。都道府県によっては、事前に担当者とアポイントメントをとり、素案を持ち込んだ際にその場で事前審査をして修正点の確認をする例や、郵送で素案を送付し、修正点はFAXまたはメールのやりとりで進める、という例もありますので、所管の都道府県に確認します。

　事前審査の段階で、申請書素案の精度によっては一旦持ち帰っての全面見直しを指示される場合も、逆に即日の本申請OKとする回答が来ることもあります。素案審査が終盤に入ったら、各書面の押印作業にかかり、本申請の準備を開始します。

③　診療所開設手続打診（分院の所轄保健所）

　都道府県への定款変更認可申請の準備が進んできたところで、次の診療所開設手続に向け、分院予定地を所轄する保健所に打診します。

　まずは、定款変更認可申請と同様に、所轄保健所のホームページからすべての添付書類を含む申請書類をダウンロードし、診療所開設許可申請書案を作成して所轄の保健所に持ち込みます。保健所では、診療所建物の使用権限、診療所名称、管理医師、診療所の構造設備等の許可要件につき確認し、申請書類に修正が必要な場合はその旨を指示します。

　定款変更認可申請に際して都道府県に提示した新定款中の診療所名称については、たとえ都道府県が内諾または定款変更を認可していたとしても、診療所開設許可申請は地方自治法に基づく全く別の自治事務であり、保健所設置者が法人を所管する都道府県と異なる場合、当該保健所は定款変更認可に際しての都道府県の判断に拘束されません。そのため最低限でも、新たに開設する分院の名称については、定款変更認可申請前に所轄保健所と協議しておくことが重要です。

④　保険医療機関指定申請打診（分院開設予定地を所轄する地方厚生局都道府県事務所）

　定款変更認可、診療所開設許可の段階までそれぞれ内諾を得た時点で、地厚生局都道府県事務所にも保険医療機関指定についての事前協議をします。

　この段階での厚生局での主な審査ポイントは、以下のとおりです。

・定款変更認可、登記等が完了しているか？（確実に完了しそうか？）
・保健所が開設許可をしているか？（確実に許可を得られそうか？）
・管理者となる医師の常勤性に問題はないか？

　特に、管理医師の常勤性について、厚生局は全国の保険医療機関のデータベースにアクセスし、他の保険医療機関での勤務医や管理者としての届出済事項につき照会します。他の保険医療機関で勤務医として届出が出て

いる場合は、退職予定等につき確認し、自ら管理者となる診療所の勤務に影響する他院での勤務がなくなるかどうかにつき、確認されます。

　以前に勤務していた際の届出が、その保険医療機関の手続き漏れで抹消されていない場合が散見されますので、事前の確認に加え、過去の勤務が残っている場合はこの段階で抹消の届出をしてもらうよう、以前の勤務先に依頼することになります。

⑤　定款変更認可申請（都道府県）

　事前審査が完了すると、電話またはFAX等により本申請OKの旨の連絡が入ります。連絡が入ったら、速やかに申請書類を以下の「正」「副」「控」の要領で整え、都道府県窓口若しくは本院所在地の保健所等、指定された窓口に申請書類を持ち込むことで本申請します。申請書類は正副2通を提出し、認可書と一緒に副本が返却されることが通例ですが、所轄保健所を経由しての申請の場合等、提出部数が多くなる場合がありますので、必ず所管庁に確認してから提出します。

ⅰ　正　　本

　添付する議事録や就任承諾書等は、すべて理事長、議事録署名人、就任者本人等当該書面の作成者による押印済原本を添付します。また、原本を提出することができない書面（医師免許証、賃貸借契約書等）については写しを添付し、その写しが原本に相違ない旨の理事長名での原本証明書を作成し、申請書綴りの末尾に添付するのが通例です。

ⅱ　副　　本

　認可後、認可書とあわせて都道府県知事の公印で袋とじされて返却されます。副本への添付書類はコピーでも構いませんが、社員総会議事録等は法人保管用原本をここに綴りこみ、認可書とあわせて保管しておくことで散逸を防ぐこともできます。

ⅲ　控　　え

　正式申請後、認可書が交付されるまでの間は、申請の事実すら何の証明もできません。そのため、実務的には副本と全く同じコピーをもう1通作

成し、申請時に都道府県の受付印押印後に回収、申請中（認可待ち）の状態であることの証拠資料とし、認可後は申請代理人の保管用とするのが実務の通例です。

　なお、平成27年3月31日までは、都道府県をまたがって病院、診療所等を開設する法人にあっては、広域医療法人（通称）として許認可権者が地方厚生局長であるため、申請書の名宛人を地方厚生局長とし、申請書正本を2通（都道府県知事あての場合より一通多く）提出する取扱いでしたが、同年4月1日以降は都道府県知事の所管となっています。

　また、申請後、認可までの期間は1〜2週間（行政手続法に定める標準処理期間は14〜25日間と定める都道府県が多い）が通常です。

⑥　認可書受領後（都道府県、法務局）

　変更された新定款の効力発生日は、都道府県知事の認可日（認可書に記載されている日）となります。認可書受領後2週間以内に法人の目的変更登記を申請し、登記が完了したところで、登記事項証明書を添付して都道府県に登記事項届出を提出します。

⑦　開設手続（分院所在地を所轄する保健所）

　定款変更の認可を受け、目的等変更登記が完了したところで、所轄保健所に診療所開設許可を申請します。具体的な手続きの手順は、**3-1**①③〜⑤にある法人設立後の診療所開設手続と同様です。

⑧　保険医療機関指定手続（分院所轄地方厚生局都道府県事務所）

　医療法に定める診療所開設手続が終了したら、分院所在地を所轄する地方厚生局都道府県事務所に保険医療機関としての指定を申請します。具体的な手続きの手順は、**3-1**①⑥にある法人設立後の保険医療機関指定手続と同様です。

（岸部宏一）

■分院開設スケジュール（例）

医療法人社団○○会　分院開設スケジュール／ビル診・賃借の場合

（筆者事務所での例）

時期		法人（定款変更）関連 横浜医療法務事務所	法人（定款変更）関連 医療機関側	診療所（開設、保険指定）関連 横浜医療法務事務所	診療所（開設、保険指定）関連 医療機関側
5か月前	上	資料手配依頼		賃貸借契約内容確認	建物賃貸借契約締結
	中	認可申請案作成	資料手配	診療所構造確認	内装工事平面図完成
	下			保健所事前協議①	内装工事発注
4か月前	上	都道府県事前審査	社員総会招集		
	中				内装工事
	下	補正	追加資料手配	保健所事前協議②	
3か月前	上	社員総会立会	社員総会開催／議事録・委任状等押印	厚生局事前協議	
	中				
	下	本申請			
2か月前	上	認可書受領、登記申請依頼			
	中	登記事項証明書取得、登記事項届出		法人登記事項証明書取得	内装工事完了
	下			診療所開設許可申請	
1か月前	上			診療所開設許可／開設届出	備品等搬入・立入実査対応
	中			保険医療機関指定申請	管理医師免許証原本提示
	下				
開設月	上	保険医療機関指定（1日付）／開院／施設基準提出			

第4章

医療法人承継の実務

4-1　医療法人の相続税対策

1　相続税と贈与税の納税義務と課税価格

　持分の定めのある医療法人の持分や MS 法人の株式等を贈与したり、相続によって取得したりする場合は、贈与税や相続税が課税されます。

　相続税・贈与税の納税義務が生じるのは、以下の場合です。なお、過去15 年以内の国内居住期間の合計が 10 年以下である一時居住者、国外に居住する被相続人・贈与者のうち日本国籍がない者については割愛しています。

被相続人 贈与者＼相続人 受贈者		国内に居住	国外に居住		
			日本国籍		日本国籍なし
			10 年以内に 国内に住所	左記以外	
国内に居住		国内財産・国外財産に課税			
国外に居住	10 年以内に 国内に住所				
	上記以外				国内財産のみ課税

　上図のように国内に居住している一時居住者以外の被相続人・贈与者は、国内・国外問わずすべての財産が課税対象となります。

　贈与税や相続税が課税される財産には、現金や預金以外にも、貸付金などの金銭債権、株式や債券などの金融資産、土地や建物などの不動産なども対象となり、医療法人の持分や MS 法人の株式なども対象となります。相続税法においては、相続時または贈与時の時価によって評価することが定められています。

●相続税法第22条

> この章で特別の定めのあるものを除くほか、相続、遺贈又は贈与により取得した財産の価額は、当該財産の取得の時における時価により、当該財産の価額から控除すべき債務の金額は、その時の現況による。

　現金や預金などの時価はそのままの額とされますので、わかりやすいのですが、株式などはどのように時価を評価するかが問題になります。上場会社の株式などは株式市場があり、基本的にはその時の相場価格が時価となります。一方、医療法人の持分やMS法人の株式は、一般的に取引相場がなく時価の算定が難しいため、一般的に国税庁から出されている財産評価基本通達によって評価したものを時価として取り扱うことになります。

①　医療法人の持分の評価

　医療法人の持分の評価は、原則として「取引相場のない株式」の原則的評価方法に準じて計算した金額によって評価するものとされています（財産評価基本通達194－2）。したがって、その医療法人の「従業員数」「総資産価額」「年取引額」を基に「大会社」「中会社」「小会社」に区分し、その区分に応じ「類似業種比準価額方式」「純資産価額方式」または両方式の併用方式により評価することになります。

　「類似業種比準価額方式」では、医療法人に類似する業種の標本会社（上場会社）の利益金額や純資産価額と時価との関係を用いて、医療法人の利益金額と純資産価額から時価を算定する方式です。「純資産価額方式」では、医療法人の資産・負債をそれぞれ財産評価基本通達に基づき評価した差額である純資産の価額が時価となります。

　「類似業種比準価額方式」を採用または併用する場合には、一般的に利益金額が大きな医療法人は総資産額に比して評価額が高くなり、利益金額が小さな医療法人は総資産額に比して評価額が低くなる傾向にあります。

②　MS法人の株式の評価

　MS法人の株式の評価も、基本的には上記のような取引相場のない株式の評価になります。ただし、MS法人については「株式保有特定会社」「土地保有特定会社」などといった「特定の評価会社」に該当する場合、「純資産価額方式」により評価することになります。MS法人は、医療法人と異なり剰余金の配当が可能ですので、理論的には取引相場のない株式の特例的評価方式である「配当還元方式」も適用可能となります。しかし、一般的にMS法人は同族会社に該当すると思われますので、あまり考慮する必要はありません。

③　持分の定めのない医療法人の場合

　①では、持分の定めのない医療法人について触れていません。持分の定めのない医療法人は、持分の定めのある医療法人やMS法人とは全く取扱いが異なります。

　持分の定めのない医療法人である基金拠出型医療法人の基金は株式や出資に該当しません。基金拠出型医療法人の基金は、医療法人の返済義務がありつつ、破産したときに約定劣後破産債権（通常の債権よりも返済の優先順位が低い債権）となるという性質から、貸付金等の債権と同様の評価となります。つまり、基本的には基金として拠出した額が相続税評価額となるということです。

　また、持分の定めのある医療法人の社員すべてが持分を放棄すれば「厚生年金基金拠出型法人ではない持分の定めのない医療法人」への移行が可能ですが、この場合は、医療法人の財産は相続財産にはなりません。

2　相続税・贈与税の税額の計算

　以上では相続税・贈与税の納税義務者と課税価格について述べましたが、以下では贈与税、相続税の税額の計算について説明します。

① 贈 与 税

贈与税は、個人から贈与により財産を取得した個人に対して、その財産の取得の時における時価を課税価格として課される税です。相続時に相続税が課税されるはずだった財産を相続の前に贈与してしまえば、それだけ相続税が減ることになるため、贈与税は相続税の補完税としての性格を持っています。課税方法は、受贈者が「暦年課税」または「相続時精算課税」を選択できます。

ⅰ 暦年課税

暦年課税とは、個人が1月1日から12月31日までの1年間に贈与により取得した財産について課税されるものです。課税される贈与財産からは基礎控除の110万円と非課税財産等（扶養義務者相互間の生活費または教育費に充てるために受贈した財産など）が除かれます。課税される財産額について超過累進税率が適用され、贈与税が計算されます。

■暦年課税の贈与税率

税 率	直系尊属から1月1日時点で20歳（注）以上のものへの贈与		左記以外の贈与	
	課税財産額	贈与税額	課税財産額	贈与税額
10%	～200万円	～20万円	～200万円	～20万円
15%	～400万円	～50万円	～300万円	～35万円
20%	～600万円	～90万円	～400万円	～55万円
30%	～1,000万円	～210万円	～600万円	～115万円
40%	～1,500万円	～410万円	～1,000万円	～275万円
45%	～3,000万円	～1,085万円	～1,500万円	～500万円
50%	～4,500万円	～1,835万円	～3,000万円	～1,250万円
55%	4,500万円～	1,835万円～	3,000万円～	1,250万円～

（注）令和4年4月1日以後の贈与により財産を取得した場合は18歳

上記の表のように直系尊属（祖父母・父母等）からの贈与の場合は、その他の場合よりも若干贈与税が少なくなります。例えば、610万円（課税財産額500万円）の贈与をした場合、直系尊属からの贈与の場合の贈与税額は70万円、それ以外の贈与では85万円になります。1,110万円（課税財産額1,000万円）の贈与の場合、直系尊属からの贈与では210万円、その他の場合では275万円となります。

　上記のように、暦年贈与においては毎年110万円が非課税となります。毎年子どもや孫に110万円の贈与をすれば、贈与税がかからずに相続財産が減ることになるので、時間をかけて実施すれば極めて有効な相続税対策となります。ただし、毎年の贈与が有効に行われたという事実についての証拠を残しておくことが重要です。公証役場で確定日付をとった贈与契約書を残すことや、110万円よりも若干多い金額を贈与して贈与税の申告をすること、受贈者が受け取った財産を管理している事実を残すことなど、何らかの対応をしておくことが必要になると思われます。

ⅱ　相続時精算課税

　贈与者は、受贈者ごとに暦年課税に代えて相続時精算課税を選択することができます。贈与をした年の1月1日において贈与者が60歳以上、受贈者が20歳以上で贈与したときの推定相続人または孫であれば、相続時精算課税を選択できます。

　相続時精算課税は、受贈者ごとに累計で2,500万円まで特別控除額があり、超過額は一律20％を課税されるというものです。相続時精算課税はその名のとおり相続の時に精算するということです。

　したがって、2,500万円が非課税になるわけではなく、相続時に「相続時精算課税を適用したときの価額で」精算するというものです。2,500万円の現金を相続時精算課税を利用して贈与した場合、贈与税はかかりませんが、相続時にその2,500万円が相続財産に加えられて相続税を計算することになります。これは相続税対策としては、全く意味がありません。

　しかし、将来値上がりが確実な資産についてはまだ時価が低いときに相続時精算課税を使って贈与しておけば、相続時の時価ではなく安いときの

時価で相続財産が計算されるというメリットがあります。将来も経営が順調にいくと見込まれる医療法人については、早い時期に相続時精算課税を選択して持分を贈与するというのも、一考に値します。しかし、一度この相続時精算課税を選択すると以後は暦年課税に戻れず、年間110万円の非課税枠も使えなくなるので、どちらがよいか慎重に検討する必要があります。

② 相 続 税

　相続税の計算を行うには、まず次の㋐の算式で課税価格の合計額を計算します。

　この課税価格の合計額が基礎控除額（3,000万円＋600万円×法定相続人の数）以下の場合は、相続税の申告をする必要がありません。

　基礎控除額を超える場合は、次の㋑の金額が課税資産総額となります。

> ㋐　相続または遺贈により取得した財産の合計
> 　　＋生命保険・死亡退職金などのみなし相続財産の額
> 　　＋相続時精算課税により取得した財産の贈与時の価額
> 　　－非課税財産（墓石や死亡保険金500万円×法定相続人の数、死亡退職金×法定相続人の数）－債務及び葬儀費用
> 　　＋相続人等が相続開始前3年以内に被相続人から暦年課税に係る贈与された財産の価額
> 　　＝課税価格の合計額

> ㋑　課税価格の合計額－基礎控除額＝課税遺産総額

　相続税額の計算のためには、この課税遺産総額を法定相続人が民法に定める法定相続分を取得したと仮定し、それぞれの法定相続人の法定相続分の金額を次の表にあてはめて相続税額を計算します。

各法定相続人の法定相続分	税率	控除額	相続税額
～1,000 万円	10%	－	～100 万円
～3,000 万円	15%	50 万円	～400 万円
～5,000 万円	20%	200 万円	～800 万円
～1 億円	30%	700 万円	～2,300 万円
～2 億円	40%	1,700 万円	～6,300 万円
～3 億円	45%	2,700 万円	～1 億 800 万円
～6 億円	50%	4,200 万円	～2 億 5,800 万円
6 億円～	55%	7,200 万円	2 億 5,800 万円～

　上記のように計算されたそれぞれの相続税額の合計を、実際の相続人の取得した割合に応じて按分し、各相続人の税額を計算します。ここからさらに各種の税額控除、相続時精算課税により納税した贈与税額を差し引いた額が、各相続人の納税額となります。代表的な税額控除は、配偶者の税額軽減があります。これは、配偶者の相続財産が課税価格の合計額に対して法定相続分以下である場合、または配偶者の相続財産が1億6,000万円以下である場合には、配偶者の納付税額は0になるというものです。ただし、財産を取得した人が被相続人の配偶者、父母、子ども以外の者である場合、税額控除を差し引く前の相続税額にその20％相当額を加算することになるので、注意が必要です。

③　医療法人の相続税対策

　贈与税・相続税の概要は、以上のようになっています。これを踏まえ、持分の定めのある医療法人の相続税対策としては、以下のようなものが想定されます。まずは、医療法人の持分を贈与税の非課税分を利用して少しずつ贈与していくことが可能です。有効な方法ではありますが、時間のかかる方法です。

次に、医療法人の持分を個人から MS 法人に移転するという方法も考えられます。この点、平成 3 年 1 月 17 日付け東京弁護士会会長あて回答書（「医療法人に対する出資又は寄附について」）において、当時の厚生省は営利を目的とする商法上の会社が「出資又は寄附によって医療法人に財産を提供する行為は可能であるが、それに伴っての社員としての社員総会における議決権を取得することや役員として医療法人の経営に参画することはできないことになる。」と、回答しています。つまり、医療法人の持分を MS 法人が持つことも可能ということです。医療法人の持分を利益の小さい MS 法人に移転することにより、相続税額を圧縮できる可能性があります。

　また、医療法人が設立間もない場合や将来に評価額が増大してしまうことが明らかな場合は、相続税評価額が低いうちに相続時精算課税を使って後継者に早期に贈与してしまうことも一つの方法です。しかし、すでに述べたようにこの方法は暦年課税が使えなくなるなどのデメリットもあり、実行するには慎重な判断が必要です。

　医療法人の根本的な相続税対策は、持分の定めのない医療法人に移行することです。すでに述べたように、持分の定めのない医療法人については相続税が増える心配をする必要はありません。移行する方法などは **4-3** で詳述します。

（増田卓也）

4-2 事業承継のケーススタディ

　いわゆる一人医師医療法人は昭和60年12月施行の医療法改正で設立が認められるようになりました。昭和63年にその設立認可手続が簡素化されたところから爆発的に増加しています。この黎明期に設立された一人医師医療法人は設立してから30年を超えるという時期に来ておりますので事業承継が大きなテーマになってきているのではないでしょうか。本稿では特に一人医師医療法人をイメージしてケーススタディを行います。

　医療法人の事業承継となりますと基本的には親族への承継か親族外第三者への承継のいずれかに分類されることになります。医師資格を持つ親族がいる場合でも親族内での承継に至らないケースも多く存在します。医療法第40条の2には「医療法人は〜略〜その地域における医療の重要な担い手としての役割を積極的に果たすように努めるべき」とあります。地域医療への継続的な貢献のためにも事業承継は重要です。

　事業承継を、①承継ができなかったケース、②親族に承継するケース、③親族外に承継するケース、に分けて概観します。

① 承継ができなかったケース

　まずは承継が成功したケースとの対比という観点で、承継ができないケースでの注意点に着目します。
① 一般に院長の年齢とともに患者層全体の年齢も上がっていくので売上の減少が考えられます。
② 診療所の廃止が近づくとスタッフのモチベーションを保つことも難しくなることが考えられます。
③ スタッフの退職金、その後の雇用についても考慮しなければなりま

せん。

④　リースや借入金の残高についての対応が必要です。

⑤　患者さんを信頼できる他の診療所等に紹介することを考える必要があります。

⑥　診療所を賃貸しているならば、退去時の原状回復費用が必要になることも考えられます。

⑦　特に院長急死の場合には、事務処理や患者対応のため売上がないにもかかわらず人件費の支払いが必要となることも想定されます。

　②以下への対応は①を起因としてより対応が難しくなってくることが考えられます。

②　親族に承継ができるケース

　親族への承継が成功するということは、承継ができなかったケースで想定された注意点やデメリットがほぼ発生しないものと考えてよいと思います。では親族への承継を成功に導くために考慮すべきことはどんなことでしょうか。

①　承継する親族とのコミュニケーション

　医師、歯科医師の資格をもっていれば、日本国内のどこでも仕事をすることができます。また、仕事のやりがいを大いに感じることができる職種です。親の診療所経営が軌道に乗っていて非常に大きな経済的メリットがあったとしても、子どもが診療所経営を引き継がないというケースは多々見られます。親世代と子世代では大学医学部で学んだ内容、臨床での経験、取り巻く社会情勢等の環境が大きく異なりますので、医療に関しても経営に関しても考え方が異なって当然のことと思われます。そのため、コミュニケーションが非常に重要になります。わかっていながらも承継の話はなかなか切り出せないことも多いと思われます。しかし、ここをきちん

としていかないと親族内承継にたどり着かないだけでなく、表面的には承継ができたとしても本当の成功にならないケースも存在します。

② 事業を承継しない相続人への配慮

　複数の子どもがいる場合には、事業承継をしない子どもへの配慮も重要となります。一定の成功を見ている診療所を引き継ぐことができる子どもと引き継ぐことができなかった子どもでは、引き継いだ財産価値が大きく異なることが考えられます。さらに、成功している診療所を引き継ぐことは、その時点での財産価値だけでなく、将来に向けての安定的な収入源を引き継ぐことができるわけですから、子ども間での平等を達成するのは非常に困難であると考えられます。そのような状況下で、医療法人の持分や診療所の不動産に関して遺産分割がまとまらないと、その後の診療所経営に困難が発生することも考えられます。

③ 突発的な事故や病気、急死が理事長に発生した場合の親族内承継

　医療法人の場合には、診療所の開設者が医師個人ではなく医療法人となるため、個人開業の場合と違い、診療所の廃止及び開設という手続きは不要となります。よって同じように承継者がいた場合でも、医療法人のほうが手続的にはより簡易に済みます。ただ、事業承継の本質的に重要な部分は変わりません。このように突発的に承継が発生した場合には、それまでの日常における配偶者の関わりやナンバー2の存在が重要となるようです。理事長が急逝した場合に大切なのは、周りのサポートです。理事長の医師仲間におけるネットワークに配偶者がかかわることができていれば、急遽理事長に就任した承継者にとっても、大きな助けになります。

　また、スタッフの不安を鎮めることについても、配偶者や優秀なナンバー2が大きな役割を果たすことになると思われます。理事長承継者が親族内で確保できたなら、突発的な激変においてまず考えなければならないのは、患者とスタッフのことになるでしょう。この時に配偶者や配偶者に代わるナンバー2の存在があったならば、激変に耐え得る可能性もより大

きくなります。

③ 親族外承継のケース

　親族外承継であっても、地域医療への継続的な貢献、スタッフの雇用問題解決を達成することができますが、親族外承継の場合には承継者への譲渡対価の決定が大きなテーマとなります。親族外の承継者にとっては、承継後の売上の継続可能性が最も重要な価値基準になるでしょう。よって価値が高いうちに、さらには価値が保てるように承継してもらうことが重要であり、被承継者にとってもそれが一番のメリットにつながることになります。

　突発的な原因による親族外承継であっても、医療法人の場合には医療機関の開設者変更とはなりません。つまり、保険医療機関としての継続が可能であるということが、個人事業と比較した場合の最大のメリットです。よって、経営が良好な医療法人であるならば、それを承継したい第三者は比較的現れやすいかもしれません。しかし、このような場合にはだいたい売手側が売却を急ぐケースが多く、買い手側有利に承継の交渉（事業の譲渡価格）が進むことがほとんどのようです。計画的に時間をかけて承継することが、親族外承継の成功に結びつくといえるでしょう。

事例1　親族内での承継

　業績が良く内部留保も大きいために、理事長は早くから事業承継及び相続税ということに大きな関心を寄せられていました。二人の子ども（姉弟）は両方とも医師資格を取得しました。一般的にはこれで一安心というところです。理事長は長男を後継者とすべく、医療法人の持分のみならず診療所の不動産を保有するMS法人の株式についても、生前贈与によって移転を進めました。

　業績が好調ですから、持分や株式を少しでも早い段階で下の世代に移していくことは有効です。しかし、結果として診療所を引き継ぐことになっ

たのは長女でした。実行してきた対策は、すべて無駄なものとなりました。経済的誘因から考えれば、承継しないという選択は通常は考えられない内容ですが、医師として力をつけた長男には経済的誘因は小さかったようです。

さらに親の教育方針のため、早くから全寮制の学校に通って無事医師になったものの、実家と診療所のある場所や地域に対して全く地元意識や愛着心が持てなかったことも、長男が承継しなかった大きな要因の一つになったようでした。理事長と長男の意思疎通がきちんと図られていなかったのが原因です。親子関係だからこそ、早くから承継に関して明確な議論、意思疎通が重要なものと思われます。

事例2　理事長急死

理事長がご病気で急逝されたケースです。複数のご子息が医師資格をお持ちでした。何とか診療所を存続することで、奥様やご子息の意思は一致しました。しかし、ご子息たちはみな大きな病院の勤務医であったため、すぐに明日から引き継ぐべき診療所での勤務とはいきません。その時に助けてもらったのが、亡くなった理事長の古くからの医師仲間でした。奥様も普段から学会等にも同行され、理事長の友人との人間関係を保っていたことが大いに役立ちました。

このように、急場をお願いできる医師の存在は大きいものです。約半年の間にご子息たちで体制を立て直し、スタッフや患者さんにも大きな混乱なく、引継ぎが完了しました。

事例3　親族外承継

親族には後継者がいませんでした。理事長は明確に自身の引退時期を定めるとともに、まずは本院で若い医師（以下、A医師）を雇用しました。このA医師とは、事業承継を込みでの雇用契約です。A医師からすると、非常に業績も好調な診療所で理事長の下、患者さんやスタッフと人間関係を築きつつ診療所経営を学び、承継することができるという話です。

一方、理事長は地域で知名度も高まった本院の診療所名称を使用して分院を設立しました。本院のA医師にも力がついてきた頃でしたので、本院管理者をA医師とし、分院の管理者医師（以下、B医師）を雇用し、理事長は分院を軌道に乗せることに集中しました。この過程で、B医師も重要なノウハウ等を理事長から学ぶことができました。

　理事長の決めた引退時期がきたところで、医療法人の2つの診療所をA医師、B医師に事業譲渡するとともに、理事長は医療法人から退職金の支払いを受け、医療法人は解散に持っていきました。分院だけを譲渡し、医療法人の持分譲渡も検討しましたが、A医師も理事長も、事後の税務調査等不測の事態がA医師に及ぶことを避けるために、解散を選択しました。

　A医師もB医師も、2年から3年をかけて理事長が築いた地盤、ノウハウ、人間関係をしっかりと引き継ぐことができ、かつ地域医療への継続的な貢献を実践することができた好例です。

事例4　親族外の医師を理事長に迎えたケース

　ご子息がせっかく医師資格を取得したものの、優秀であるがために診療所を引き継がないで大学病院に残るケースはよくあると思われます。その場合には、やはり何らかの形で親族ではない医師（以下、C医師）と契約して診療所の存続を図るケースが一般的です。これをオーナーサイドに立ってアドバイスするならば、C医師を理事長として迎えることはあったとしても、C医師を社員にしたり、出資持分を持たせることはしないようにということになると思います。

　逆に、C医師サイドでアドバイスするならば、理事や理事長が社員総会や理事会で選ばれることを考えれば、その身分は不安定であり、どれだけ医療法人に利益を残してもそれはオーナー一族のものとなりますので、力があるのならご自身がオーナーとして経営したほうがよいというアドバイスになります。

　根本的な利害対立が内包されていますので、このケースにはあまり長期的な安定性はないものと思われます。

事例5　赤字医療法人の債権譲渡

　赤字の医療法人ではありますが、その原因が明確な放漫経営にあった
ケースです。売上は平均以上に計上しているにもかかわらず、過剰な人件
費等のため赤字が続きました。医療法人としての資金をつなぐために、旧
理事長が医療法人に資金の貸し付けをしていました。旧理事長は医療法人
を他に譲渡したい一方で改善すべきポイントが明確だったため、引継ぎを
申し出る医師もすぐに見つかりました。

　本件では旧理事長による医療法人への貸付債権を新理事長に債権譲渡す
るという形になりました。旧理事長には医療法人が債務超過であるため、
持分の価値はゼロとして新理事長に持分譲渡していただくと同時に退社し
ていただきました。しかし、旧理事長に貸付金の回収をしていただくこと
はできました。他方、譲り受けた新理事長も事後順調に医療法人の業績を
回復させ、買い取った債権の回収を図ることができました。

事例6　事業と不動産を分離して承継するケース～1

　医師資格を持たない一人娘しかいないケースです。非常に経営が順調な
医療法人であるにもかかわらず、親族内での承継者が存在しません。理事
長の考えは一人娘に継続的な収益源を如何に残せるかという点です。

　一人娘が出資した株式会社を設立し、診療所の土地建物をその株式会社
で買い取りました。そして医療法人と適正な価格で賃貸借契約を締結し、
将来別の医師が医療法人を引き継いだ後でも、医療法人から一人娘の会社
に賃貸収入が確保される、という仕組みにしました。残るポイントは、次
代を継いでくれる若い医師と出会うことができるかにかかります。

事例7　事業と不動産を分離して承継するケース～2

　医師資格を持つ兄と医師資格を持たない妹という二人の子どもがいる
ケースで、二人の子どもにどのように財産を分けるべきか悩んだ理事長が
使った方式です。こちらも、医療法人の経営は順風満帆で事業を承継すべ
き者もはっきりしています。ですが親として二人の子どもへの相続を考え

た時に、非常に不公平になってしまうという考えになりました。妹に如何に収益源を作ってあげられるかがポイントです。

　妹が出資した株式会社を設立し、診療所の土地建物をその株式会社で買い取りました。そして医療法人と適正な価格で賃貸借契約を締結し、兄である医師が医療法人を引き継いだ後でも、医療法人から妹の会社に賃貸収入が確保される、という仕組みにしました。妹が自分の会社で収益源を確保できますので、無理に妹に医療法人の役員になってもらう必要もなく、医療法人の意思決定過程に問題が生じるおそれも排除できました。ただし、兄妹間の仲が良いことを前提に成立する例だと思います。

　親族外の事業承継の場合、世代の異なる若い医師に長い時間をかけて承継を行っているケースでは、引き渡すほうも引き継ぐほうも、高い満足感を得られるケースが多いようです。承継過程で逐次軌道修正や話合いが行われ、より深いコミュニケーションにつながるからのようです。親族内承継でも親族外承継でも、後手に回らないように早い段階で事業承継の準備を開始することは、おのずとコミュニケーションを深めることになるので、より満足度の高い承継につながると思われます。

（鳴海英俊）

4-3 持分なし医療法人への移行

1 持分なし医療法人制度と移行の問題点

① 持分なし医療法人ができるまで

医療法人は、剰余金の配当ができません（医療法第54条）。したがって、長年の経営により医療法人には剰余金が多額になる傾向にあります。このことが、持分の定めのある医療法人では様々な問題となってしまいます。

まず、出資した社員が死亡した際に持分の定めのある医療法人の持分は、株式などと同様の評価となり、多額の剰余金があり利益が大きい医療法人の持分の相続税評価は非常に高く評価されることとなり、後継者が多額の相続税を負担しなければ医療法人を継続できないことになってしまいます。

さらに、理事長以外のものが出資をしている場合などでは、出資者から払戻請求がなされる可能性があります。剰余金がたまった状態だと、当初の出資額の何十倍もの金額を医療法人が払戻ししなくてはならないこともあります。これは医療法人の経営を圧迫します。また、当初の出資額だけを支払った場合などは、残された社員が莫大な贈与税を支払う必要が出てきます。

平成16年には、「出資額限度法人」というものの定義が明確化されました。しかし、出資額限度法人になるための同族要件が厳しく、同族経営をしている医療法人が出資額限度法人になるのは事実上不可能であり、また出資額を払い戻した際の贈与税の問題は回避されますが、相続税に関しては従前同様のままであるという問題点があり、普及が進みませんでした。

こうした問題を受け、平成19年施行の第5次医療法改正の際に、出資持分のない医療法人の制度が創設されました。平成19年以降に新設された医療法人は、すべてこの持分の定めのない医療法人となりました。この新し

い医療法人は出資持分がないので、社員が退社した際の贈与税の課税の問題や相続税が多額になるという問題が起こりません。これで医療法人の贈与税と相続税の問題がすべて解決されたかというと、そうではありません。平成19年より前に設立された持分のある医療法人は経過措置型医療法人として維持されつつ、持分なし医療法人への移行が可能になりました。

② 持分なし医療法人への移行の問題点

　出資持分のない医療法人への移行をするには、2つの方法があります。出資者全員が出資額を基金として振り替え、剰余金部分の払戻請求権を放棄して「基金拠出型医療法人に移行する方法」と、出資者全員がすべての出資持分を放棄し、「基金拠出型法人でない持分なし医療法人に移行する方法」です。

　いずれの方法をとったとしても、各出資者が贈与税を負担することなく移行が可能になります。ただし、どちらの方法でも、出資持分の放棄に伴う出資者の権利の消滅に伴い医療法人が払戻しをする必要がなくなるという経済的利益を受けたとして、医療法人を個人とみなして贈与税が課税されてしまいます（相続税法第66条第4項）。

　この贈与税が課税されない要件は、以下のようになっています。

●相続税法施行令第33条第3項

　贈与又は遺贈により財産を取得した法第65条第1項に規定する持分の定めのない法人が、次に掲げる要件の全てを満たすときは、法第66条第4項の相続税又は贈与税の負担が不当に減少する結果となると認められないものとする。

一　その運営組織が適正であるとともに、その寄附行為、定款又は規則において、その役員等のうち親族関係を有する者及びこれらと次に掲げる特殊の関係がある者（次号において「親族等」という。）の数がそれぞれの役員等の数のうちに占める割合は、いずれも3分の1以下

とする旨の定めがあること。

(中略)

二　当該法人に財産の贈与若しくは遺贈をした者、当該法人の設立者、社員若しくは役員等又はこれらの者の親族等に対し、施設の利用、余裕金の運用、解散した場合における財産の帰属、金銭の貸付け、資産の譲渡、給与の支給、役員等の選任その他財産の運用及び事業の運営に関して特別の利益を与えないこと。

三　その寄附行為、定款又は規則において、当該法人が解散した場合にその残余財産が国若しくは地方公共団体又は公益社団法人若しくは公益財団法人その他の公益を目的とする事業を行う法人（持分の定めのないものに限る。）に帰属する旨の定めがあること。

四　当該法人につき法令に違反する事実、その帳簿書類に取引の全部又は一部を隠蔽し、又は仮装して記録又は記載をしている事実その他公益に反する事実がないこと。

　さらに、「運営組織が適正である」かどうかを判定する基準は、下記のようになっています。

●国税庁個別通達　第2　持分の定めのない法人に対する贈与税の取扱い

15　法施行令第33条第3項第1号に規定する「その運営組織が適正である」かどうかの判定は、財産の贈与等を受けた法人について、次に掲げる事実が認められるかどうかにより行うものとして取り扱う。

(中略)

⑶　贈与等を受けた法人が行う事業が、原則として、その事業の内容に応じ、その事業を行う地域又は分野において社会的存在として認識される程度の規模を有していること。この場合において、例えば、次のイからヌまでに掲げる事業がその法人の主たる目的として営まれているときは、当該事業は、社会的存在として認識される程度の規模を有しているものとして取り扱う。

（中略）

ヌ　医療法（昭和23年法律第205号）第1条の2第2項に規定する医療提供施設を設置運営する事業を営む法人で、その事業が次の（イ）及び（ロ）の要件又は（ハ）の要件を満たすもの

（イ）医療法施行規則（昭和23年厚生省令第50号）第30条の35の2第1項第1号ニ及び第2号（（社会医療法人の認定要件））に定める要件

（ロ）その開設する医療提供施設のうち1以上のものが、その所在地の都道府県が定める医療法第30条の4第1項に規定する医療計画において同条第2項第2号に規定する医療連携体制に係る医療提供施設として記載及び公示されていること。

（ハ）その法人が租税特別措置法施行令第39条の25第1項第1号（（法人税率の特例の適用を受ける医療法人の要件等））に規定する厚生労働大臣が財務大臣と協議して定める基準を満たすもの

　つまり、移行の際に医療法人が贈与税を課税されないためには、医療法人の運営組織が適正であることが求められており、具体的には以下のような要件になります。

・社会保険診療、健診、助産等に係る収入金額が全収入金額の80％超
・自費患者に対する請求金額が社会保険診療報酬と同一基準
・医業収入が医業費用の150％以内
・病院、診療所の名称が医療連携体制を担うものとして医療計画に記載（または一定の病床数以上かつ差額ベッドの割合が30％以下）
・同族親族等関係者が役員等の総数の3分の1以下

　上記のように非常に厳しい要件となっており、ほとんどの医療法人ではこうした要件をクリアして贈与税を回避するのは事実上不可能であるといえます。したがって、経過措置型医療法人から持分なし医療法人への移行

は進みませんでした。

　ちなみに出資持分の放棄に伴う出資者の権利の消滅に伴って、医療法人が払戻しをする必要がなくなるという経済的利益について、法人税は課税されません（法人税法施行令第136条の3第2項）。

② 移行に関する最近の動向

　持分なし医療法人への移行が進まない状況の中、平成26年に新たな移行促進策が始まりました。持分なし医療法人への移行について計画的な取組みを行う医療法人に対し、平成26年10月1日から移行計画の認定制度が実施され、令和2年9月30日まで延長されています（本稿執筆時）。

　移行計画の認定を受けた医療法人については、移行計画期間中に出資持分の相続などが起きた場合に、持分にかかる相続税額が移行計画期間終了後まで猶予され、移行期間中に持分のすべてを放棄した場合は、相続税の猶予税額が免除されます。同様に、出資者が持分を放棄した場合に他の出資者が受ける経済的利益に対応する贈与税額も移行期間終了後まで猶予され、移行期間中にすべての出資者が持分のすべてを放棄した場合は、贈与税の猶予税額が免除されます。

　以前は、すべての出資者が同時に持分を放棄しないと放棄をしていない出資者に贈与税が課税されるという問題点がありましたが、認定制度を利用すれば、各出資者が持分を放棄するタイミングを合わせる必要がなくなったことや、持分を放棄する前に相続が起こってしまった場合も、あとで持分を放棄すれば相続税が課税されないということが利点となります。

　しかし、この移行計画の認定制度には大きな問題があります。それは、出資者が持分を放棄した際に医療法人に課される贈与税については、何も手当がなされていないことです。移行計画の認定を受けたとしても、出資者が持分を放棄した際、医療法人が受ける経済的利益（＝剰余金を払い戻す必要がなくなったという利益）については以前と同様に贈与税が課税されてしまいます。結局のところ、新しい移行計画の認定制度を利用したと

しても、医療法人に課される贈与税の部分は変わらず、移行には相当の経済的負担が必要という大きな問題点は未解決のままとなっています。

　この認定制度は一定のメリットはあるものの、医療法人の贈与税の負担という大きな問題が解決しておらず、この認定制度によって持分なし医療法人への移行が大幅には進んでいません。本稿執筆時点では新しい推進策は出ていませんが、今後、持分なし医療法人への移行を推進する新たな施策が打ち出される可能性もありますので、今後の動向を注視する必要があります。

　なお、令和2年10月以降の移行計画認定制度の延長については、医療法の改正を前提に認定期限が2023年（令和5年）9月30日まで3年間延長される予定でしたが、令和2年度税制改正の大綱において3年間延長されることが決定したものの、医療法改正案が国会に提出されておらず、本稿執筆時点では調整中（厚生労働省医政局医療経営支援課　事務連絡　令和2年11月25日）となっています。

（増田卓也）

4-4 医療法人のM＆A

1 医療法人のM＆Aとは

　M＆Aとは、企業の買収及び合併を表すのに使われる言葉です。医療法人では合併に関しては医療法の規定がありますが、それ以外の多様なM＆Aを直接規定した法令はないといってよいと思われます。

　医療法人のM＆Aでは、経営がうまくいかない医療機関を再生させること、地域医療計画のルール内で支配下の病床を増加させることを目的としたものなど病院規模のM＆Aもあれば、診療所の事業承継問題の解決策としてのM＆Aも考えられます。本稿では、事業承継問題の解決策としてのM＆Aを念頭に考察します。

2 M＆Aのメリット

　M＆Aでは、以下のようなメリットが考えられます。

① 譲渡側のメリット

・地域医療への継続的な貢献
・スタッフの雇用確保
・相続問題の解消

② 譲受側のメリット

・初期投資を抑えつつ医療機器等を引き継げる
・既存スタッフの確保によるスムーズな事業の開始、管理、運営システムの継続
・開業直後からの安定した収入の確保

③ 医療法人のM＆Aの特徴

　医療法人は株式会社と異なり、資本多数決ではありません。よって、医療法人に多額の出資等行ったにもかかわらず経営権を行使することができない、ということもあり得ます。医療法人の意思決定の仕組みを正しく理解して必要な手順、手続きを取る必要があります。

①　持分あり（経過措置型）医療法人の場合

ⅰ　引継側が医療法人の新社員として入社

　社員が新しく入社するためには、最高の意思決定機関である社員総会での承認が必要です。つまり既存の社員に認められないと社員としての地位を得ることはできませんので、医療法人のM＆Aでは、旧経営陣の同意のないいわゆる敵対的買収などは考えられないことになります。

ⅱ　出資持分の譲渡または旧社員退社時に持分の払戻し

　出資持分の移転に関して、その手段を指定する規定は、医療法等にはありません。そこで、一般的には2つの方法が考えられます。

㋐　出資持分の譲渡

　旧社員から新社員への出資持分の譲渡となりますが、その時の価格は時価が基準になります。ただし、この時価に関してはいろいろな算定方法が考えられます。株式会社のM＆Aのように、第三者間の取引で買う側が価値を認めれば高額になることもあり得るということです。この場合は有価証券の譲渡となりますので、譲渡者が個人の場合には申告分離課税による譲渡所得として課税されます。

　また譲渡による場合、旧社員は必ずしも退社する必要がありません。

㋑　退社に伴う持分の払戻し

　旧社員が医療法人から退社すると同時に、出資持分の払戻請求権を行使します。経過措置型医療法人に係る厚生労働省モデル定款では「除名、死亡、退社」の場合に社員資格を喪失すると定めています。そして社員資格を喪失した者は、その出資額に応じて払戻しを請求することができるとさ

れています。この「出資額に応じて」の意義は、一般的に払戻し時点での出資持分の時価を基準としたものと解釈されています。

　払戻しを受けた者の課税関係ですが、払戻金額と出資金額の差額は配当所得とされ、個人の場合には総合課税で処理されます。ただし、医療法人設立後の中途に追加出資した部分がある場合には、譲渡所得が発生する場合もあります。

　払戻しと同時に新社員による出資を行うことになります。 **3-7** 「医療法人の増資と減資」でも述べていますが、経過措置型医療法人において、その出資金額については変更が可能です。よって、新社員は必ずしもこれまでと同金額を改めて出資するのではなく、この機会に改めて出資金額を社員総会において定め、その金額を出資することで足りるものと思われます。ただし、旧社員への払戻しや当面の医療法人の運営に必要な資金を銀行借入等も検討し、準備する必要があるでしょう。

ⓦ　持分譲渡と持分払戻選択のポイント

　経営権掌握の肝は、社員として入社し社員権を獲得することであり、通常はそれに伴って財産権たる持分の移転を行うわけですが、譲渡方式と払戻方式のどちらを選択するかについては、注意ポイントがあります。

　持分譲渡にしても持分払戻にしても、それぞれの時価が基準となりますので、その所得部分が高額となる場合、譲渡者にとっては、譲渡方式を採用したほうが、所得に適用される税率差により税引後の手元資金はより多く残せる可能性が大きいです。他方、この時新社員となる側では譲渡方式ではより多額の出資金が必要となります。この出資金は経費にはならないので、それだけ多くの資金が必要で、かつ資金が寝てしまうことになり、新社員側としては資金繰的により厳しくなります。

　そこで時価を下げる効果を期待できるのが、旧役員への退職金です。退職金によって医療法人の持分時価を下げることができますし、退職金ならば持分払戻による配当所得課税よりも多くの手元資金を残せることが期待できます。ただし、医療法人としては存続し続けますので過大役員退職金には注意が必要です。

○出資持分に関する譲渡所得課税

　医療法人の出資持分は、有価証券（措法37の10②二）として申告分離課税によって税額計算をします。

　　所得税：15.315％　　　住民税：5％　　　合計：20.315％

　（税率は令和2年7月現在、復興特別所得税を含む）

○出資持分の払戻しに伴う配当所得課税

　払戻金額と出資金額の差益は配当所得の金額とされ（所法25①五）、所得税・住民税は総合課税となります。配当控除も勘案しながらとなりますが、給与所得や不動産所得等と合算され累進課税制度によって税額計算がされるので、適用される税率が譲渡所得課税の20.315％を上回ることも大いに考えられます。

ⅲ　理事、理事長への就任

　医療法人を引き継ぐ側としては、社員の入社退社を通して頭数多数決である社員総会で過半数を得られるように社員の顔ぶれを固め、社員総会で理事への選任、理事会での理事長の選出という順序で経営陣を交代できたら、経営権の掌握は完了です。

　なお、社員の欠亡は、厚生労働省定款例で医療法人の解散事由に該当しますので、社員の退社と入社の順序には注意してください。

②　持分なし医療法人の場合

　一般の持分なし医療法人や基金拠出型医療法人では、持分という概念がありません。経営権掌握の流れとしては、経過措置型医療法人のケースで持分譲渡や持分払戻手続を除いたものとして考えることになります。もしM＆Aの対価を考えるとするならば、旧役員への退職給与ということにならざるを得ないと思われます。基金拠出型医療法人では、基金の返還に関する規定を定款に定めています。基金返還後ともなれば持分がないだけでなく基金という一種の債権もなくなります。また、返還前に基金を時価で譲渡することを考えたとしても、譲り受けた側が将来その処理に窮することになると思われます。

③ 事業譲渡の場合

　これまでは医療法人の存続を前提に検証してきましたが、事業を譲渡し、医療法人は解散しつつも実質的に医療機関としては継続する方法も考えられます。個人が事業を購入する場合、営業権の認識が考えられます。営業権に関しては5年間での償却となるので、購入側にとっては資金繰りの観点で有利な取引手法ともいえます。譲渡側としては、医療法人で受けた譲渡収入やこれまでの剰余金を、退職金や法人解散に伴う残余財産分配によって資金を回収することになります。事業譲渡の場合には、医療法人は引き継がれないので、医療法人に残っているかもしれない潜在的なリスクを承継せずに済むというメリットも考えられます。しかし、診療所の廃止開設の手続きになるので、保険医療機関の指定には十分の注意、準備が必要です。

4　医療法人の乗っ取り

　上記において多くの出資金を拠出したにもかかわらず、経営権を掌握できないケースがあると述べましたが、その反対に1円たりとも出資をしないのに経営権を掌握できる可能性があることもまた、医療法人の特徴です。医療法人の財産が食い物にされた例、頭数多数決であるがために内紛等から一切の議決ができなくなる例など、様々な問題も発生しているようです。ポイントは社員としての入社を許可してしまうこと、役員に選任してしまうことから発生しています。特に甘言をもって近づいてくる者には注意し、社員権を与えることには相当に慎重な判断が必要です。

5　株式会社による医療法人への出資

　医業経営の非営利性等に関する検討会（平成15年10月17日～平成17年7月22日）において、株式会社による医業への参入について多くの議

論がされましたが、医療法人の形態はより非営利性を徹底する方向に向かい、原則、株式会社による医業への参入はできません。しかし、現実的には経過措置型医療法人の持分（財産権）を、株式会社が保有しているケースはあるようです。

　出資を通して財産的、金銭的側面から何らかの影響力行使を意図したケースや個別の対策の必要上、いわゆる MS 法人に出資持分を持たせるケースなどです。しかし、株式会社が出資持分を持つことはできますが、社員になることはできません。社員になることができなければ退社することができませんので、退社による持分払戻請求権を行使することもできません。つまり出資の回収は、医療法人の解散時か他者への譲渡しかありません。こうした特性も理解しておく必要があります。

　厚生労働省では、医療法人格の売買にも注意を払っています。毎年行われている全国医政関係主管課長会議では、数年来継続して会議資料に以下の記述がみられます。

（医療法人の設立認可の取消（休眠法人の整理）、マネーロンダリング・テロ資金供与の防止）

○　（中略）医療法第 65 条の規定により、医療法人が成立した後又はすべての病院等を休止若しくは廃止した後、正当な理由なく 1 年以上病院等を開設又は再開しないときは、設立認可を取り消すことができることとなっている。休眠医療法人の整理は、医療法人格の売買等を未然に防ぐ上でも極めて重要であり、実情に即して、設立認可の取消しについて適切に対応されるようお願いする。

（「全国医政関係主管課長会議資料」令和 2 年 3 月 6 日より）

　医療法人格の売買そのものが本意ではなく、特に非医師による医療法人支配の状態を排除することを意図しているものと推測されます。

6　医療法人の合併及び分割

　平成 27 年度改正以前の医療法では、医療法人の組織再編成に関する規定は合併に関するもののみでしたが、平成 27 年度改正医療法で、分割に係る規定も整備されました。

　組織再編成全般に関し、医療法第 6 章医療法人第 8 節に「合併及び分割」という項目を設け、合併に関してはさらに小項目で吸収合併及び新設合併を、分割に関してはさらに小項目で吸収分割及び新設分割という項目を設定して体系化されました。

　医療法人の合併に関しては、厚生労働省より通知（医政支発 0926 第 1 号平成 26 年 9 月 26 日）も出ており、合併の前後における医療法人形態（社団・財団の別）、合併の前後における医療法人の持分について記載があります。

①　医療法人の形態に関して

　医療法人は、他の医療法人と合併することができ（医療法第 57 条）、平成 26 年度医療法改正以降は社団医療法人同士、財団医療法人同士のみならず社団医療法人と財団医療法人の合併も可能です。

　さらに、通知には社団医療法人のみで合併する場合、合併後の医療法人は社団医療法人でなければならないこと、また、財団医療法人のみで合併する場合には合併後の医療法人は財団医療法人でなければならない旨記載されています。

②　医療法人の持分に関して

　合併前の医療法人がすべて持分あり医療法人でありかつ吸収合併による場合、合併後存続する医療法人は持分ありの医療法人とすることができます。

　合併前の医療法人がすべて持分あり医療法人でありかつ新設合併による場合、合併後の医療法人は持分なしの医療法人となります。

合併前の医療法人がすべて持分なし医療法人の場合、合併後の医療法人は持分なし医療法人となります。

　合併前の医療法人に持分あり医療法人と持分なし医療法人が混在する場合、合併後の医療法人は持分なし医療法人となります。

●医政支発 0926 第 1 号平成 26 年 9 月 26 日（抜粋）

第 2　合併の手続

（中略）

1　合併決議及び認可（法第 57 条関係）

（中略）

（3）　合併後存続する医療法人又は合併により設立する医療法人については、合併をする医療法人が社団たる医療法人のみである場合にあっては社団たる医療法人、合併をする医療法人が財団たる医療法人のみである場合にあっては財団たる医療法人でなければならないこと。

（中略）

2　合併の認可の申請（医療法施行規則（昭和 23 年厚生省令第 50 号。以下「規則」という。）第 35 条関係）

（中略）

（2）　合併前の医療法人のいずれもが持分の定めのある医療法人である場合であって、合併後いずれかの医療法人が存続するときに限り、合併後存続する医療法人の定款において、残余財産の帰属すべき者として国若しくは地方公共団体又は医療法人その他の医療を提供するものであって、厚生労働省令で定めるもの以外の者を規定することができること。

　　したがって、次の場合においては、合併後は、持分の定めのない医療法人となること。

①　合併前の医療法人のいずれもが持分の定めのない医療法人であ

る場合

② 　合併前の医療法人のいずれかが持分の定めのない医療法人であり、それ以外が持分の定めのある医療法人である場合

③ 　合併前の医療法人のいずれもが持分の定めのある医療法人であって、合併により新たに医療法人を設立する場合

　なお、合併や分割の対象医療法人に持分あり医療法人が存在する場合には、法人税の組織再編税制にも、十分な注意が必要です。合併の手法や組織再編税制は、医療法人の資金繰りに多大なる影響を与えるおそれがありますので、細心の注意が必要です。

（鳴海英俊）

4-5 非医師の理事長選出要件等

1 非医師の理事長選出の要件

　令和2年3月6日に開催された令和元年度全国医政関係主管課長会議において、厚生労働省は、都道府県の医政担当者等に、非医師の理事長の選出に係る認可について、平成26年3月に発出した「医師又は歯科医師でない者の医療法人の理事長選出に係る認可の取扱いについて」という通知にて、医師または歯科医師以外の者について要件を設定して門前払いをするのではなく、しっかり候補者の経歴などを総合的に勘案し、認可について判断するよう通知しているので、引き続きご留意いただきたいと説明しています。

　引き続きと書かれているのは、少なくとも平成25年度全国医政関係主管課長会議からずっと同様の説明がされているからです。

　そして平成26年3月に発出された通知には、非医師の理事長選出の要件は健政発第410号厚生省健康政策局通知により技術的助言が行われていると書かれています。

■医師又は歯科医師でない者の医療法人の理事長選出に係る認可の取扱いについて

医政指発 0305 第 1 号

平成 26 年 3 月 5 日

各都道府県衛生主管部（局）長　殿

厚生労働省医政局指導課長

医師又は歯科医師でない者の医療法人の理事長選出に係る認可の取扱いについて

医療法人の理事長に関しては、医療法（昭和 23 年法律第 205 号）第 46 条の 3 第 1 項において、医師又は歯科医師である理事のうちから選出することとされているが、同項ただし書の規定により、都道府県知事の認可を受けた場合は、医師又は歯科医師でない理事のうちから選出することができるとされている。

このただし書の運用に関しては、「医療法人制度の改正及び都道府県医療審議会について」（昭和 61 年 6 月 16 日付け健政発第 410 号厚生省健康政策局長通知）により技術的助言が行われており、具体的には、候補者の経歴、理事会構成等を総合的に勘案し、適切かつ安定的な法人運営を損なうおそれがないと認められる場合には、都道府県医療審議会の意見を聴いた上で、都道府県知事の認可が行われるものである旨も示されているところである。

しかし、昨年、各都道府県に対して当該認可の取扱いに関する調査を行ったところ、一部の道府県において、理事としての経験年数が一定期間あることや財務状況が黒字であることなど、満たすことが必須な要件や、そのうち一つでも満たすことが必要な複数の要件などを設定するといった運用が見受けられた。

各都道府県においては、このような要件を設定して門前払いをするのではなく、しっかりと候補者の経歴、理事会構成等を総合的に勘案し、都道府県医療審議会の意見を聴いた上で、当該認可について判断するよう、必要に応じて現在の運用の改善を検討されたい。

なお、来年度中に再度、当該認可の取扱いに関する調査を行う旨を申し添える。

■ 健政発第 410 号厚生省健康政策局通知　　　（抜粋・下線は筆者）

5　医療法人の理事長
（1）　法第 46 条の 6 第 1 項の規定の趣旨は、医師又は歯科医師でない者の実質的な支配下にある医療法人において、医学的知識の欠落に起因し問題が惹起されるような事態を未然に防止しようとするものであること。
（2）　同項ただし書の規定に基づく都道府県知事の認可は、理事長が死亡し、又は重度の傷病により理事長の職務を継続することが不可能となった際に、その子女が、医科又は歯科大学（医学部又は歯学部）在学中か、又は卒業後、臨床研修その他の研修を終えるまでの間、医師又は歯科医師でない配偶者等が理事長に就任しようとするような場合には、行われるものであること。
（3）　次に掲げるいずれかに該当する医療法人については、同項ただし書の規定に基づく都道府県知事の認可が行われるものであること。
　　①　特定医療法人又は社会医療法人
　　②　地域医療支援病院を経営している医療法人
　　③　公益財団法人日本医療機能評価機構が行う病院機能評価による認定を受けた医療機関を経営している医療法人
（4）　（3）に掲げる要件に該当する以外の医療法人については、候補者の経歴、理事会構成（医師又は歯科医師の占める割合が一定以上であることや、親族関係など特殊の関係のある者の占める割合が一定以下であること。）等を総合的に勘案し、適正かつ安定的な法人運営を損なうおそれがないと認められる場合には、都道府県知事の認可が行われるものであること。
　　この場合、認可の可否に関する審査に際しては、あらかじめ都道府県医療審議会の意見を聴くこと。
（5）　（3）及び（4）の取扱いに当たっては、暴力団員による不当な行為の防止等に関する法律（平成 3 年法律第 77 号）第 2 条第 2 号に規定する組織の構成員又は関係者が役員に就任していないこと、また、就任するおそれがないことを十分確認すること。

下線を引いた箇所は、一般的な医療法人における非医師の理事長選出の要件です。

　子どもが医科または歯科大学に在学中である場合以外にも、公益財団法人日本医療機能評価機構が行う病院機能評価による認定を受けた医療法人であれば、無条件で非医師の理事長選出ができると書かれています。

　問題は、候補者の経歴、理事会構成等を総合的に勘案し、適正かつ安定的な法人運営を損なうおそれがない場合です。

　平成27年4月1日より、2以上の都道府県の区域において病院等を開設する医療法人の監督等に係る事務・権限は、厚生労働大臣から主たる事務所の所在地の都道府県知事へ移譲されましたが、2以上の都道府県の区域において病院等を開設する医療法人（以下、「広域医療法人」）については平成17年5月23日に社会保障審議会医療分科会の了解を得たことにより、下記のように定められています。

■ 「厚生労働大臣所管医療法人にかかる「医療法人制度の改正及び都道府県医療審議会について」（昭和61年6月26日付健政発第410号）通知第一の5の（4）の社会保障審議会医療分科会における取扱いについて」（抜粋）

> 　次に掲げる①から④のいずれかに該当する医療法人
> ①　過去5年間にわたって、医療機関としての運営が適正に行われ、かつ、法人としての経営が安定的に行われている医療法人
> ※「医療機関としての運営が適正に行われている」とは、医療法第25条第1項の規定に基づく立入検査（以下「立入検査」という。）及び保険指導監査における指導を受けて改善が見られない場合や脱税等その他の法令違反がない場合をいう。（以下同じ。）
> ※「法人としての経営が安定的に行われている」とは、法人運営において経営が安定的に推移し健全（原則として収支が黒字であるか、収支が赤字の年度があった場合であっても直近の年度の収支が黒字であるなど経営が改善する傾向にあること及び貸借対照表上、債務超過となっていないこと。）である場合をいう。（以下同じ。）

② 理事長候補者が当該法人の理事に3年以上在籍しており、かつ、過去3年間にわたって、医療機関としての運営が適正に行われ、かつ、法人としての経営が安定的に行われている医療法人

③ 医師又は歯科医師の理事が理事全体の3分の2以上であり、親族関係を有する者など特殊の関係がある者の合計が理事全体の3分の1以下である医療法人であって、かつ、過去2年間にわたって、医療機関としての運営が適正に行われていること、及び、法人としての経営が安定的に行われている医療法人

※「親族関係を有する者」とは、6親等内の血族、配偶者及び3親等内の姻族関係を有する者をいい、「特殊の関係がある者」とは次に掲げる者をいう。(以下同じ。)(特殊の関係がある者の説明は省略)

④ 医療法第46条の3第1項の改正規定の施行日(昭和61年6月27日)において、すでに設立されていた医療法人については、次に掲げる要件のいずれかに該当する場合

ア 同日において理事長であった者の死亡後に、その理事長の親族で、医師又は歯科医師でない者が理事長に就任しようとする場合

イ 同日において理事長であった者の退任後に、理事のうち、その理事長の親族であって医師又は歯科医師でない者が理事長に就任しようとする場合

上記はあくまで広域医療法人の非医師の理事長選出の要件ですが、284頁の通知が出たことに伴い、各都道府県も厚生労働大臣所管医療法人と同様の扱いをしていると思われるので、ほとんどの医療法人に非医師が理事長に就任できるチャンスがあることがわかります。

② 理事長選任特例認可申請

非医師が理事長に就任するためには、都道府県に対して理事長選任特例認可申請をして、認可を受ける必要があります。認可を受けていないのに

勝手に非医師が理事長に就任することは、できません。

　理事長選任特例認可申請書及び添付書類は都道府県によって異なりますが、東京都の場合は非医師を理事長に選出することの決議を行った社員総会の議事録（財団法人の場合は理事会と評議員会の議事録）と、理事長就任予定者の履歴書、認可されれば理事長に就任する旨の承諾書、及び印鑑登録証明書を添付することとなっています。

　この他に子どもが医科または歯科大学に在学中の場合には、在学証明書、285頁の抜粋に書かれている期間の貸借対照表、損益計算書及び勘定科目の内訳書を添付します。例えば287頁の抜粋②に該当するとして理事長選任特例認可申請書を提出するのであれば、３期分を添付します（あくまで東京都の場合）。

［議事録の記載例］

　非医師を理事長に選出することの決議を行った社員総会の議事録の記載例は、次のようになります。なお、その医療法人の状況により議事録の記載の仕方は大きく異なります。

　記載例の医療法人の状況は、下記のとおりです。

・平成〇年〇月に医療法人化したクリニックだが、平成〇年〇月に初代理事長×××が亡くなったため、初代理事長の知人の医師〇〇〇が理事長に就任した。この〇〇〇は別の医療法人の理事長も兼ねている。

・このクリニックの借入金の連帯保証人は〇〇〇と初代理事長の配偶者（非医師）△△△がなっているが、〇〇〇から別の医療法人の経営に専念したいので連帯保証人を外してほしいと申し出てきたので、理事長選任特例認可申請を行うことになった。

第〇号議案　理事長選任特例認可申請の件

　議長は、現在本社団の理事長は〇〇〇であるが、下記の理由により理事△△△を理事長とするために東京都知事に対して理事長選任特例認可

申請をしたい旨を述べた。

・本社団は×××が個人開業していた××クリニックを平成○年○月に医療法人へと組織変更して設立されたが、×××が平成○年○月○日に死亡したので、○○○が理事長に就任している。しかし、○○○は医療法人社団○○会の理事長も兼ねており、○○○より医療法人社団○○会の経営に専念したいと申出がされている。

・本社団は□□銀行から融資を受けており、その連帯保証人に○○○がなっているが、○○○は医療法人社団○○会の理事長でもあるので、本社団の借入金の連帯保証人から外してほしいと申出がされている。

・そこで設立以来ずっと理事として医療法人の運営に携わってきた△△△を理事長に選出し、今後も本社団を適切に運営したい。

議長は、理事長候補者である△△△は本社団の理事として3年以上在籍しており、かつ、過去3年間にわたって、医療機関としての運営が適正に行われ、かつ、法人としての経営が安定的に行われていることを説明し、その承認を求めたところ、全員異議なくこれを承認し、本案は可決された。

なお、被選任者である△△△は理事長への就任を即時承諾した。

③ 非医師が理事長に就任した場合の留意点

前述したように、ほとんどの医療法人に非医師が理事長に就任できるチャンスがあります。

しかし、就任できてもその後の医療法人の運営が上手くいくとは限りません。上記の議事録記載例の医療法人は、長年実質的に医療法人の運営を行ってきた初代理事長の配偶者が理事長に就任しましたし、開設している医療機関もクリニックなので問題なく運営できていますが、開設している医療機関が病院の場合は、なかなか上手くいかないところが多いようです。

病院は医師、看護師、薬剤師、理学療法士など国家資格を持った人達で

構成された職場です。

　その中で特に資格も持たず、先代理事長の子どもというだけで非医師の者が理事長になっても、医療現場には確実に口は出せませんし、経営面でも管理者である医師や古参の看護師長をまとめていくのは、至難の技です。

　病院で数十年という下積み経験があり病院の業務や運営について熟知している者であればまだしも、大学卒業後まだ数年しか経っていない者は、たとえMBA（経営学修士）などを取っていても全く意味がありません。病院の業務や運営について熟知していなければ、国家資格を持った医師や看護師をまとめることは難しいと思ってください。

　ただ、経営状況が非常に厳しい医療法人に企業再建実績がある方が理事長に就任する場合などは、たとえ非医師であっても案外上手くいくようです。

　経営状況が厳しいということは、病院再建は待ったなしなので、医師であろうがなかろうが病院を建て直してくれるのであれば、医師や看護師も協力的になるようです。

（西岡秀樹）

4-6 医療法人の出資持分払戻請求

1 医療法人の形態と出資持分

　昭和25年の医療法改正によって制度化された医療法人は、時代の要請、政策によって様々な種類の医療法人が制度化され、今日に至っています。最近における大きな転換は、平成19年の第5次医療法改正に基づく医療法人制度改革です。それまで最も多く設立されていた持分の定めのある社団医療法人は設立できなくなり、新設は財団または持分の定めのない社団医療法人しか認められなくなりました。従来の持分の定めのある社団医療法人は、一般的に社員から法人運営に必要な財産の出資を受けて設立され、その出資した額に応じて、その後の法人の資産に対して有する持分相当の財産権を有します。この財産権を、出資持分といいます。

●**厚生労働省の社団医療法人の旧モデル定款（平成19年3月以前）**（抜粋）

> 第9条　社員資格を喪失した者は、その出資額に応じて払戻しを請求することができる。
>
> 第34条　本社団が解散した場合の残余財産は、払込済出資額に応じて分配するものとする。

　社員資格喪失時の払戻請求権と解散時の残余財産分配請求権の財産権を、あわせて持分といいます。しかし第5次医療法改正により、医療法人の非営利性を徹底するため持分に関する改正が行われ、モデル定款も改められました。

●**厚生労働省の社団医療法人の新モデル定款（平成19年4月以後）**（抜粋）

> 第34条　本社団が解散した場合の残余財産は、合併及び破産手続開始

の決定による解散の場合を除き、次の者から選定して帰属させるものとする。

（1）　国

（2）　地方公共団体

（3）　医療法第31条に定める公的医療機関の開設者

（4）　郡市医師会又は都道府県医師会（民法第34条の規定により設立された法人に限る。）

（5）　財団医療法人又は社団医療法人であって持分の定めのないもの

旧モデル定款の第9条に相当する払戻規定はなくなりました。

「出資額に応じて払戻しを請求することができる」ことが、営利法人の利益配当と同質視され、医療法人の非営利性の確保ができないとの疑義が生じ、第5次医療法改正以後、平成19年4月以降に設立される医療法人は、社員資格喪失時の払戻請求や解散時に残余財産を出資額に応じて払戻しする規定を設けることができなくなりました。

② 経過措置型医療法人

従来の持分の定めのある社団医療法人は、出資限度額法人も含め経過措置型医療法人に分類されています（次頁図）。経過措置型医療法人とは、医療法附則第10条第2項に定められた医療法人です。

●医療法附則第10条第2項（下線は筆者）

施行日前に設立された医療法人又は施行日前に医療法第44条第1項の規定による認可の申請をし、施行日以後に設立の認可を受けた医療法人であって、施行日において、その定款又は寄附行為に残余財産の帰属すべき者に関する規定を設けていないもの又は残余財産の帰属すべき者として同条第5項に規定する者以外の者を規定しているものについて

は、<u>当分の間</u>（当該医療法人が、施行日以後に、残余財産の帰属すべき者として、同項に規定する者を定めることを内容とする定款又は寄附行為の変更をした場合には、当該定款又は寄附行為の変更につき医療法第50条第1項の認可を受けるまでの間）、同法第50条第4項の規定は適用せず、<u>旧医療法第56条の規定は、なおその効力を有する。</u>

　新法施行後も、旧法に基づいて設立された医療法人は存在しており、特に持分の定めのある医療法人は、出資者の持分＝財産権の効力を残したままとなっています。「当分の間」とはいつまでかと、よく議論になります。私見ですが、財産権は憲法で保障されている最も基本的な権利であるため、財産権を侵害するような改正はできないと考えます。

■医療法人の類型：改正医療法に伴う医療法人の移行

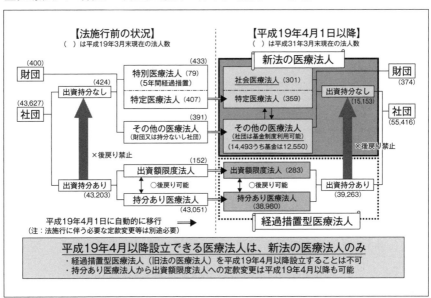

（「第1回医療法人の事業展開等に関する検討会資料」より抜粋、改訂）

③ 医療法人の機関

■持分の定めのある社団医療法人の場合

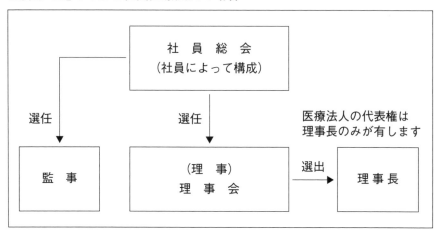

【社　　員】　社団医療法人の構成員です。

【社員総会】　社団医療法人の必須機関であり、社員によって構成される合議体です。この社員総会での意思決定によって、法人は運営されます。したがって、社員総会は法人の最高意思決定機関です。

【理　　事】　社員総会で選任され、法人とは委任関係に基づいて職務を行い、任務を怠ったときは損害賠償責任を負います。

【理 事 会】　社員総会で決議された法人の意思決定を円滑に進める業務執行機関です。なお、平成27年改正医療法施行以降は社団医療法人の必須機関となりました。

【監　　事】　医療法人の業務運営と財産状況を監査する機関です。理事と同様に任務を怠ったときは損害賠償責任を負います。

■留意点

・理事長は、従来理事の互選によるとされていましたが、平成27年改正医療法により理事のうちから選出すると明記されました。

・社員は理事・監事のどちらの役職にも就任できます。

・医療法人の職員は、社員・理事のどちらの役職にも就任できますが、監事には就任できません。

・社員の権限と出資持分

　社員は医療法人の設立に際し、運営に必要な金銭その他の財産を出資します。ただし、出資することが社員の要件ではありませんから、出資を有しない社員も存在します。社員は社員の地位にあることによって、出資の有無にかかわらず社員総会における議決権を1個有します（医療法第46条の3の3第1項）。これは、株式会社の株主の議決権と大きく異なる点です。出資した社員は、社員資格喪失時の持分払戻請求権と解散時の残余財産分配請求権を有しています。

④ 払戻請求

　社員の入社と資格喪失については、厚生労働省の社団医療法人のモデル定款では、次に規定されています。（下線は筆者）

第6条　本社団の社員になろうとする者は、社員総会の承認を得なければならない。

　2　本社団は、社員名簿を備え置き、社員の変更があるごとに必要な変更を加えなければならない。

第7条　社員は、次に掲げる理由によりその資格を失う。

　（1）　除名

　（2）　死亡

　（3）　退社

　2　社員であって、社員たる義務を履行せず本社団の定款に違反し又は品位を傷つける行為のあった者は、社員総会の議決を経て除名することができる。

第8条　やむを得ない理由のあるときは、社員はその旨を理事長に届け出て、その同意を得て退社することができる。

ただし、上記第8条について「やむを得ない理由のあるときは、社員は<u>その旨を理事長に届け出て、退社することができる。</u>」とし、理事長の同意や社員総会の承認を得なくても退社できるとしている場合や「やむを得ない理由のあるときは、社員はその旨を理事長に届け出て、<u>社員総会の承認を得て退社することができる。</u>」と規定している医療法人も存在します。

社員の退社は、持分払戻請求にかかわる重要事項であるため、単に届出だけで退社可能とするのではなく、理事長の同意若しくは社員総会の承認を要件にすることが法人運営にとっては安全です。いずれの場合でも正当な手続きにより退社した者には、経過措置型医療法人のうち持分の定めのある社団医療法人においては、社員資格喪失時の払戻請求権が生じます。

●厚生労働省の社団医療法人の旧モデル定款 （一部抜粋・再掲）

> 第9条　社員資格を喪失した者は、その出資額に応じて払戻しを請求することができる。

⑤　払戻請求手続

①　社員の退社が社員総会の承認によって行われる場合の持分払戻請求の手続き

(i)　退社する社員は、退社願及び出資金の払戻請求書を理事長に提出する。

(ii)　医療法人は、臨時社員総会を開催し、社員の退社及び出資の払戻しを承認する。

(iii)　医療法人は、社員名簿から退社社員を削除する。

(iv)　医療法人は、出資額に応じた払戻額を算定し、払い戻す。

(v)　医療法人は、決算後に資産総額の変更登記を行い、登記完了届を提出する。払戻時に純資産額が減少しますが、ただちに資産総額の変更登記をする必要はありません。

退社して払戻しを請求する者と払戻しを行う医療法人側の利害が対立す

ることが予想されますが、払戻額の最終決定は社員総会の承認です。払戻しの権利を行使しない場合、社員でなくなった出資者には解散時の残余財産の分配請求権が残ることになります。

② 出資額に応じた払戻額の算定方法

　出資額に応じた払戻額については、最高裁判決「平成20（受）1809 出資金等返還、損害賠償請求事件」で払戻額は、「出資社員は、退社時に、同時点における被上告人の財産の評価額に、同時点における総出資額中の当該出資社員の出資額が占める割合を乗じて算定される額の返還を請求することができることを規定したものと解するのが相当である。」とされましたが、「社団たる医療法人の財産の出資社員への分配については、収益又は評価益を剰余金として社員に分配することを禁止する医療法54条に反しない限り、基本的に医療法人が自律的に定めるところにゆだねていたと解される」としています。

　また裁判官の補足意見にも「出資社員への分配に関し、54条に反しない限り、私的自治（自律）にゆだねられていると解される。」とされていて、払戻額の算定方法は基本的に医療法人が決めるのであって、払戻請求者が決めるものではありません。しかし、持分払戻請求権に関する訴訟においては、払戻請求者は自分に有利な算定方法で計算した金額を医療法人に要求するケースがほとんどです。

　具体的な払戻額の算定には、相続の場合の取引相場のない出資持分評価方法だけでなく、いくつかの計算方法がありますが、残存出資社員への贈与や医療法人を個人とみなしての贈与税問題があるので、どの方法を採用するかは注意が必要です。

6 医療法人の出資持分の評価

　持分の定めのある社団医療法人の持分は、出資の払戻以外に、譲渡することができますし、相続、遺贈または贈与の対象にもなります。譲渡の場

合の評価額は譲受人との協議、交渉により決定されます。相続または贈与の場合の評価額は、取引相場のない株式の評価方式に準じて評価します（財産評価通達194－2）。医療法人の規模によって、類似業種比準方式、類似業種比準方式と純資産価額方式との併用方式、純資産価額方式により評価されます。類似業種比準方式とは、類似の業種の株価や純資産額を参照して評価対象会社を評価する方法ですが、医療法人は類似する業種がないため「その他の産業」の比準要素を使います。純資産価額方式は、評価対象会社の時価ベースの純資産価額から、帳簿価額ベースの純資産額との差額にかかる法人税等相当額を控除して算定する方法です。会社規模の判定では、医療法人はサービス業の一種と考えられることから「小売・サービス業」の区分で判定します。

■相続税財産評価通達　取引所の相場のない株式

医療法人の規模		評価額の計算方式
大会社		類似業種比準価額または純資産価額のいずれか低い金額
中会社	大	純資産価額または「類似業種比準価額×0.9＋純資産価額×（1－0.9)」のいずれか低い金額
	中	純資産価額または「類似業種比準価額×0.75＋純資産価額×（1－0.75)」のいずれか低い金額
	小	純資産価額または「類似業種比準価額×0.6＋純資産価額×（1－0.6)」のいずれか低い金額
小会社		純資産価額または「類似業種比準価額×0.5＋純資産価額×（1－0.5)」のいずれか低い金額

[規模の判定]

① 　従業員70人以上の医療法人は、大会社に区分されます。
② 　従業員70人未満の医療法人は、（イ）取引金額基準または（ロ）従業員と総資産価額基準のいずれか大きいほうの会社区分になります。

（イ） 取引金額基準

20億円以上	大会社	
5億円以上20億円未満	中会社	大
2.5億円以上5億円未満		中
6,000万円以上2.5億円未満		小
6,000万円未満	小会社	

（ロ） 従業員数と総資産額基準

総資産額 ＼ 従業員数	35人超69人以下	20人超35人以下	5人超20人以下	5人以下
15億円以上	大会社			
5億円以上15億円未満	中会社の大			
2.5億円以上5億円未満	中会社の中			
4,000万円以上2.5億円未満		中会社の小		
4,000万円未満				小会社

類似業種比準価額の計算

$$ A \times \left[\frac{\frac{Ⓒ}{C} + \frac{Ⓓ}{D}}{2} \right] \times しんしゃく率 ※ $$

※しんしゃく率は、大会社 0.7　中会社 0.6　小会社 0.5

A　類似業種の株価　（「その他の産業」の株価）

C　類似業種1株当たりの年利益金額

Ⓒ　評価する医療法人の1株相当の年利益金額

D　類似業種の1株当たりの純資産額

Ⓓ　評価する医療法人の1株当たりの純資産額

■類似業種比準価額計算上の業種目及び業種目別株価等（平成 27 年と 31
　年の一部抜粋）　　　　　　　　　　　　　　　　　　　（単位：円）

| | 業種目 | | B
配当
金額 | C
利益
金額 | D
簿価
純資
産額 | A（株価）
上段：各月の株価、下段：課税時
期の属する以前 2 年間平均株価 | | | |
	大分類	番号				前年 平均	2 月	3 月	4 月
平成 27 年	その他 の産業	118	3.5	20	199	248	285	298	409
							406	408	409
平成 31 年 令和元年	その他 の産業	113	5.2	33	263	419	381	387	391
							396	398	401

　国税庁から毎月の類似業種比準価額計算上の比準要素が公表されていま
す。医療法人の出資持分評価には「大分類　その他の産業」の比準要素を
使います。最近 5 年間の中で、底値と高値と思われる平成 27 年と平成 31
年の 2 月、3 月、4 月分の実数値を上記に例示してみました。

　平成 27 年と平成 31 年の C 利益金額、D 簿価純資産額、A 株価の比準
要素を比較すると、平成 31 年の比準要素のいずれもが平成 27 年を上回っ
ています。このことは、評価対象の医療法人の利益水準等が同じであった
としても、平成 31 年の評価額が高くなることを意味します。持分評価を
絡めた相続対策を実行するタイミングの見極めに比較検討が必要です。

___

純資産価額の計算

　純資産価額（相続税評価額）

　＝（㊖資産合計額－㊖負債合計額）－｛（㊖資産合計額－㊖負債合計額）

　　－（㊙資産合計額－㊙負債合計額）｝×37％（平成 28 年 4 月以降）

　㊖は相続税評価額により計算した額　　㊙は帳簿価額によって計算した額

[医療法人に対する出資の評価の留意点]

1. 医療法人の出資持分は株式ではないので、単位は「株」ではなく「口」です。1口は原則として1円ですが、定款に「本社団の出資は、これを○○口に分ち、出資1口の金額は、金○万円とする。」と規定している医療法人も存在します。取引相場のない株式の評価における比準要素等は、1株を額面50円としての数値ですので、いずれの場合においても換算が必要です。

2. 医療法人は剰余金の配当が禁止されているため、配当還元方式の適用はなく、原則的評価方法で評価します。社員は議決権を平等に有しているので、同族株主判定はありません。

3. 医療法人は剰余金の配当が禁止されているため、類似業種比準価額を計算する際には、比準要素から「1株当たりの配当金額」を除外し、「1株当たりの利益金額」と「1株当たりの純資産価額」の2つで計算します。

4. 純資産価額を計算する場合には、医療法人の社員の議決権が平等であるため、評価通達185のただし書きの80%を乗ずる計算は行いません。

7 払戻請求が医療法人に与える影響と対策

　出資社員の相続発生によって、相続人は上記の評価額に基づく相続財産を有することになり、剰余金や資産の含み益の多い医療法人ほど相続税が多額になります。この結果、相続人は納税資金を捻出するため、医療法人に対し出資持分の払戻請求をせざるを得ない状況が生じるとされますが、出資社員に相続が発生すると相続人から払戻請求が必ず起こるわけではありません。

　被相続人が生前または遺言で、払戻請求することを意思表示していた場合には、その権利が行使され、払戻しによるみなし配当が発生し、所得税の準確定申告を行い、相続人は配当請求権を相続します。一方、被相続人が払戻請求について何も意思表示していなければ、一旦相続人は出資持分

を相続します。その後、相続人が社員であれば退社して払戻請求権を行使するかどうかを決めます。相続人が社員でなければ社員資格喪失による払戻請求を行使することはできません。

　たしかに利益剰余金や資産の含み益が多い医療法人に出資払戻請求権が行使されると、時価の純資産価額等に基づいた価額等で払い戻さなければならないから、資金力のない医療法人は、その存続が危ぶまれることになります。

　3　出資持分を持つ社員が退社し、出資持分の払戻請求権を行使した場合、その払戻しが医療法人の経営を圧迫する。

　多額の相続税を支払うため、あるいは意見対立から、出資持分を持つ社員は退社に伴い、その出資持分についての払戻しを請求する事が出来ます。出資額に応じた払戻しとなりますから、内部留保が多くなればなるほど、払戻す金額が多くなります。この出資持分の払戻しが、医療法人経営を圧迫しかねません。

　出資持分払戻請求に関する代表的な判例としては、社団医療法人の出資社員が死亡したことにより発生した出資金返還請求権を相続等により取得したなどとして、当該出資社員の子が出資金の返還等を求めたものなどがあります（最高裁平成22年4月8日判決）。

「出資持分のない医療法人への円滑な移行マニュアル」（平成23年3月）より一部抜粋

　出資社員の払戻請求による医療法人の経営危機を防ぐためには、次の方法が考えられます。

・持分の定めのある医療法人のままの場合
　①　持分なしへの移行を行わず、徹底的に出資持分評価額を下げる。
　②　出資限度額法人へ定款変更する。

・持分の定めのない医療法人に移行する場合
　③　基金拠出型医療法人へ移行する。
　④　認定医療法人制度を利用し、持分なし医療法人に移行する。

⑤　特定医療法人に移行する。

⑥　社会医療法人に移行する。

　それぞれの移行については厳しい諸要件があり、税務上の課題があります。規模の大きな病院や分院を多く経営する医療法人は、③④⑤⑥を検討することをお薦めします。クリニックを経営する医療法人は、①の方針に基づいて（イ）値上がりの可能性のある不動産は所有しない、（ロ）将来の役員退職金も考慮に入れながら純資産額が多額にならないように法人運営を行い、早めに後継者に出資持分を贈与または譲渡で移すか、③④の対策を行うことが有効となります。

（小林　弘）

4-7 相続発生時の出資持分の相続と払戻し

① 出資持分には2つの権利がある

　平成19年3月以前に設立されたいわゆる経過措置型医療法人の定款には「社員資格を喪失した者は、その払込済出資額に応じて払戻しを請求することができる。」という規定と、「解散のときに存する残余財産は、払込済出資額に応じて分配する。」という規定が入っています。

　つまり出資持分を所有している者は「出資持分払戻請求権」と「残余財産分配請求権」の2つの権利を持っています。

　このうち「出資持分払戻請求権」は「できる規定」であり、社員資格を喪失した者は出資持分払戻請求権を行使するかしないかは任意で選択できます。

　これに対し「残余財産分配請求権」は「する規定」です。医療法人が解散して残余財産が確定した時は必ず分配しなければなりません。

② 相続発生時の出資持分の扱い

　出資持分所有者かつ社員だった者が死亡した場合、社員資格を喪失しているので出資持分払戻請求権を行使できる権利が発生していますが、出資持分払戻請求権は「できる規定」なので、社員資格を喪失した者は出資持分払戻請求権を行使するかどうかを表明する必要があります。

　ちなみに、社員資格を喪失した者とは死亡した被相続人のことであり相続人ではありません。相続人が判断できると勘違いしているケースが多いので注意が必要です。

　なお、出資持分所有者であっても社員でない者が死亡した場合は、出資持分の相続しかあり得ません。社員資格を喪失していないからです。

出資持分所有者かつ社員だった者の相続発生時の出資持分の扱いをまとめると、下記のようになります。

① 出資持分の相続（原則）
・株式会社でいう株式を相続。
・財産評価基本通達により評価し、有価証券である特定同族株式として相続税の申告を行う。
・医療法人の資本金（出資金）は変わらない。

② 出資持分払戻請求権の相続（例外）
・株式会社でいう株式買取請求権を相続。
・出資持分払戻請求額は被相続人の準確定申告で「みなし配当」として申告。
・医療法人から払戻しを受けた金額または金銭債権である出資持分払戻請求権を相続財産として申告を行う。
・医療法人の資本金（出資金）は減少する。

3 出資持分払戻請求権の行使の要件

出資持分払戻請求権の行使の要件は、出資持分所有者の生前に行うのか、相続発生時に行うのかで異なります。

① 出資持分所有者の生前に行使する時の要件
（1） 社員退社
　　定款の規定で社員退社に社員総会または理事長の承認が必要となっている場合は、承認を得て社員を退社する必要があります。
（2） 払戻請求権の行使を表明
　　通常は退社（辞任）届しか出さないと思いますが、出資持分を持っている社員が退社する場合は、退社の意思と出資持分払戻請求権の行使の意思について表明する必要があります。前述したように

出資持分払戻請求権は「できる規定」です。社員退社と同時に自動的に発生する権利ではありません。

② 相続発生時に行使する時の要件

（1） 社員資格を喪失した者（被相続人）の意思確認

よく相続人が出資持分を相続するか出資持分払戻請求権を相続するか決めると思われがちですが、社員資格を喪失した者は被相続人です。

したがって、相続人が勝手に選択できるものではなく、被相続人の意思表示がなければ出資持分を相続するのが原則です。

（2） 相続人全員と医療法人の同意

被相続人の意思表示がなく相続人が出資持分払戻請求権を相続したと主張する場合は、後々のトラブルを避けるためにも相続人全員の同意と、医療法人の同意を得ておくべきです（この要件については筆者の個人的見解）。

（3） 被相続人の準確定申告で「みなし配当」として申告

（4） 医療法人から払戻しを受けた金額または金銭債権である出資持分払戻請求権を相続財産として申告（有価証券である特定同族株式ではない）

4 出資払戻請求権に関する裁判事例等

① 平成20（受）1809 出資金等返還、損害賠償請求事件

経過措置型医療法人の出資社員が死亡したことにより発生した出資金返還請求権を相続等により取得したなどとして、当該出資社員の子が出資金の返還等を求めた有名な裁判事例です。

残念ながら死亡した社員が出資持分払戻請求権を行使したかどうかは全く触れられておらず、相続人が当たり前の如く出資持分払戻請求権を請求

しており、その請求が妥当かどうかだけ争われた裁判です。

この裁判で、「出資社員は、退社時に、同時点における被上告人の財産の評価額に、同時点における総出資額中の当該出資社員の出資額が占める割合を乗じて算定される額の返還を請求することができることを規定したものと解するのが相当である。」としています。

② 平成29(オ)236号・平成29年(受)288号　出資金払戻請求事件

この裁判は、相続人が出資持分ではなく出資金払戻請求権を相続したとして医療法人に出資金の払戻しを請求しましたが、医療法人は、被相続人が準確定申告をしていないこと、相続税の申告において金銭債権ではなく有価証券である特定同族株式として計上していること等を主張し、裁判所も出資持分そのものの相続を選択したと認め、出資金払戻請求権を有していないとされました。

また、この裁判で「最高裁判決（上記①の裁判のこと）は、社員であった被相続人の出資持分が払戻請求権に転化したことについて当事者間で争いがないことを前提としたもの」(名古屋地裁豊橋支部)と判断しています。

③ 裁決番号「平180089」裁決年月日「平成18年11月27日」
（裁決事例集No.72・265頁）

国税不服審判所で、中小企業等協同組合法に基づく事業協同組合の組合員の死亡脱退に係る脱退組合員持分払戻金について争われた事例です。

この事例で原処分庁（国税）は、「本件各組合員の本件払戻金の請求権（以下「本件払戻請求権」という。）は、本件各組合員の出資持分が本件各組合員の死亡によって本件払戻請求権に転化し、一旦本件各組合員に帰属した後に、本件各組合員の遺産として相続人により相続されたものと認められる。」としています。

つまり、払戻請求権は死亡した組合員に帰属した後に、遺産として相続人に相続されたとしており、そのため、払戻請求を受けた金額は死亡した組合員の準確定申告でみなし配当として申告すべきということです。

なお、この事例は「事業協同組合の組合員は、組合法の規定に基づき、死亡によって組合を脱退し、その持分払戻金は、脱退した日の属する事業年度終了の日における組合財産を基に定款の定めるところにより計算され、その事業年度の決算承認を行う通常総会において決定される。」とされており、定款において死亡による組合脱退の場合は持分払戻金を通常総会において「決定される」という規定になっています。

　前述したように医療法人は「できる規定」です。ここが事業協同組合の定款と決定的に違います。

⑤　医療法人運営管理指導要綱への指摘事項

　各都道府県は、厚生労働省が定めた医療法人運営管理指導要綱をもとに医療法人に対して指導を行っていますが、その医療法人運営管理指導要綱の記載に誤りがあると思われます。

■医療法人運営管理指導要綱

2　社員は社員総会において法人運営の重要事項についての議決権及び選挙権を行使する者であり、実際に法人の意思決定に参画できない者が名目的に社員に選任されていることは適正でないこと。	・未成年者でも、自分の意思で議決権が行使できる程度の弁別能力を有していれば（義務教育終了程度の者）社員となることができる。 ・出資持分の定めがある医療法人の場合、相続等により出資持分の払戻し請求権を得た場合であっても、社員としての資格要件を備えていない場合は社員となることはできない。

「相続等により出資持分の払戻し請求権を得た場合であっても、社員としての資格要件を備えていない場合は社員となることはできない。」とありますが、「相続等により出資持分を得た場合であっても」が正しいです。

そもそも払戻請求権を得ているのであれば、社員になる必要はありません。

出資持分権は社員退社というきっかけがあって初めて出資持分払戻請求権になり、医療法人の解散というきっかけがあって初めて残余財産分配請求権という権利になります。

出資持分払戻請求権や残余財産分配請求権から出資持分権に戻ることは本来あり得ません。

この件について、筆者は令和元年に厚生労働省医政局医療経営支援課に意見書を提出しています。

そして、令和元年7月に厚生労働省医政局医療経営支援課の医療法人指導官と医療法人係長が筆者の事務所に来所し、意見書について説明を求められました。

厚生労働省内でさらに検討し、必要であれば改定したいとのことでしたが、残念ながら本稿執筆時点（令和2年7月）でまだ改定されていません。

最近、出資持分所有者かつ社員だった者の死亡に伴う医療法人への出資持分払戻請求に関するトラブルが多発していますが、医療法人運営管理指導要綱の誤った記載がこのような事態を生じさせている一因だと筆者は思っており、1日でも早く改正されることを願っております。

（西岡秀樹）

第5章

医療法人解散の実務

5-1 医療法人の解散

1 医療法人の解散概要

医療法第55条には、医療法人社団の解散事由が定められています。

●医療法第55条

> 社団たる医療法人は、次の事由によって解散する。
> 一　定款をもって定めた解散事由の発生
> 二　目的たる業務の成功の不能
> 三　社員総会の決議
> 四　他の医療法人との合併（合併により当該医療法人が消滅する場合に限る。次条第1項及び第56条の3において同じ。）
> 五　社員の欠亡
> 六　破産手続開始の決定
> 七　設立認可の取消し

本稿では医療法人社団の解散について解説します。

2 各解散事由について

解散事由によって、届出の手続きが必要なもの、認可申請の手続きが必要なもの、そして医療法以外の法律による手続きが必要なものの3種類があります。医療法のみではなく、破産法による破産手続もあり、また、そもそも医療法人においては破産のような清算型の出口だけではなく、再建型の民事再生・特定調停、あるいは私的整理も十分に検討する価値があります。本章では解散にスポットをあてて解説していきますが、様々な可能性を検討してみることも忘れないでいただきたいと思います。

■解散の概要

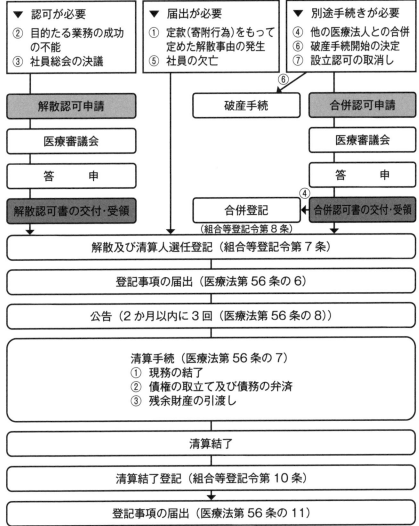

あとで詳しく解説しますが、やむを得ず解散する場合、届出か認可か、大きく2つに分かれます。

　届出が必要なケースでは、解散の届出のみで解散できます。

　一方、認可を得る必要があるケースでは、少々時間がかかります。この認可は、設立のときと同様、医療審議会によって審査されます。したがって、いつでもいいというわけではなく、年に2回ほどの医療審議会開催に合わせる必要があります。設立同様、日程を確認してスケジュールを組んだ上で進めてください。

　医療法人は、永続的な医療提供体制の確保を目指して設立するという面があります。医療審議会では、そのような観点からも審査されると考えてください。つまり、きちんとした理由もなしに解散は認可されません。解散はやむを得ずに選択されるものでしょうから、当然関係者間で話し合われたと思いますが、残念ながら解散せざるを得なくなった事情をしっかり共有しておくことも大切です。

　ここでは、各解散事由について見ていきます。

①　定款をもって定めた解散事由の発生

　医療法人は、定款で解散事由を定めることができます。ただし、無制限というわけではありません。医療の提供を目的として設立される法人であることから、例えば「開設する医療機関をすべて廃止したとき」との規定が考えられます。

　これに対しては、開設する医療機関をすべて廃止することで解散できるとすると、恣意的な解散を許してしまうことになって不適切ではないかとの疑問がありました。

　しかし、このような規定を設けようとすれば、設立・定款変更にかかわらず行政機関による認可を受けなければなりません。その時点で審査を経ていますので、このような批判は当たらないとの回答がなされています（平成3年9月12日厚生省健康政策局指導課長回答）。

　なお、解散事由を定款で定める場合、登記事項となります。この点につ

きましては、3-3「医療法人の登記手続」を参照してください。

② 目的たる業務の成功の不能

　設立した目的を達成することが不可能であることがはっきりしたなら、その法人を存続させる理由はありません。このような場合、解散事由となります。

　どのようなケースであれば「成功の不能」といえるのかは解釈に委ねられますが、例えば火災で診療所が焼失してしまったとしても、再建の可能性があれば成功の不能とまではいえません。総合的に判断する必要があります。

③ 社員総会の決議

　医療法人の最高意思決定機関である社員総会で解散を決議し、解散することができます。

　この場合、通常の議案と同じ過半数ではなく、総社員の４分の３以上の賛成が必要（医療法第55条第２項）です。ただし、この条件は、定款で変更することも可能です。

　実際上、社員総会の決議によって解散するケースは少なくありません。例えば、長期間事業停止となってしまったケースや、唯一の医師である理事長が急逝し後継者が見つからないというケースでは、解散決議によって解散されています。

　上記２点、「目的たる業務の成功の不能」と「社員総会の決議」を理由として解散する場合、認可申請の手続きが必要となります。この点につきましては、5-3「認可による医療法人解散」で詳しく解説します。

④ 他の医療法人との合併

　他の医療法人との合併を選択することもできます。この場合も、消滅する側の医療法人、あるいは両方の医療法人が解散することになります。

　近年、後継者不足や個々のライフプラン重視の傾向もあって、病医院の

M&Aが増加しています。単純な営利法人のM&Aとは異なり、医療に関する許認可やその特殊性から、医療法人の合併は慎重かつスピーディに進めることが求められます。サポートする専門家としても、コンサルタント以外に、税理士・公認会計士、そして許認可が絡む以上行政書士の参画が不可欠であり、チームとしての対応が望まれていると感じています。

　合併の認可が出た場合、続いて登記を申請することになります。平成24年5月31日付け医政指発0531第2号「医療法人の合併について」という通知の中で、合併の登記は次の3種となっています。登記に関しての専門家は司法書士ですので、登記手続につきましては、司法書士に相談することをお勧めします。

　　① 　合併後存続する医療法人については、変更登記
　　② 　合併によって消滅した医療法人については、解散登記
　　③ 　合併によって設立した医療法人については、設立登記

⑤　社員の欠亡

　「社団」というからには、社員が一人もいなくなってしまっては存続できません。このような状態を「欠亡」といいます。東京都などでは、社員数が2名となった時点で、速やかに3名以上の社員となるべく努力する旨の誓約書を提出させられます。合議体としては3名以上が適切であるとの考えです。

　社員が1名となってしまっても即時解散というわけではありませんが、社員の欠亡が解散事由となることは認識しておいてください。

⑥　破産手続開始の決定

　破産は、清算型の法的整理であり、破産法に基づいて手続きを進めることになります。この場合、医療の提供とは無関係ですので、知事ではなく裁判所が監督することになります。

　ただ、冒頭でも触れましたが、再建を目指す民事再生や特定調停などの法的整理、そのほか私的整理によっても再建、あるいはより緩やかな清算

が可能です。医療法人の場合、株式会社等とは違い、消滅してしまうと地域の医療体制にも影響を及ぼす可能性があります。

したがって、必ずしも清算により消滅することが解決になるとは限りません。医師といえども経営手腕が求められるようになった近年、医療法人の合併とともに破産も増えつつあり、地域医療の崩壊も叫ばれる状況の中、幅広い観点からあらゆる可能性を検討していただきたいところです。

⑦ 設立認可の取消し

医療法第65条または第66条によって、設立認可が取り消されることもあります。

●医療法

第65条　都道府県知事は、医療法人が、成立した後又は全ての病院、診療所、介護老人保健施設及び介護医療院を休止若しくは廃止した後1年以内に正当な理由がなく病院、診療所、介護老人保健施設又は介護医療院を開設しないとき、又は再開しないときは、設立の認可を取り消すことができる。

第66条　都道府県知事は、医療法人が法令の規定に違反し、又は法令の規定に基づく都道府県知事の命令に違反した場合においては、他の方法により監督の目的を達することができないときに限り、設立の認可を取り消すことができる。

　2　都道府県知事は、前項の規定により設立の認可を取り消すに当たっては、あらかじめ、都道府県医療審議会の意見を聴かなければならない。

第66条の2　厚生労働大臣は、第64条第1項及び第2項、第64条の2第1項、第65条並びに前条第1項の規定による処分を行わないことが著しく公益を害するおそれがあると認めるときは、都道府県知事に対し、これらの規定による処分を行うべきことを指示することができる。

第65条は、医療機関を開設しない、あるいは再開しないことを理由に、設立の認可を取り消すことができると規定しています。

　確かに、医療機関のない医療法人を放置すれば、実態のない法人格を残すことになってしまいます。こうした場合には、設立の認可を取り消されることがあります。

　ただし、正当な理由がある場合には取消事由とはなりません。例えば、理事長が急逝したあと、後任の決定に時間がかかっているというケースや、震災などによって復興に時間がかかるケースなどが考えられます。

　第66条は、法令違反に対して「他の方法により監督の目的を達することができないときに限り、設立の認可を取り消すことができる」としています。

　どちらの場合も、「設立認可の取消し」ということで、医療法人が最初から存在しなかったことになります。しかし、そうはいっても実際に法人設立登記がなされていたのであれば、もともと存在していなかったというには無理があります。

　そこで、認可の取消しが解散事由になっているというわけです。設立認可を取り消されたことによって解散し、解散登記へと進むことになります。

③　解散の効果

　解散の登記をすると、清算手続を目的とする法人となり、清算人が就任します。この場合、新たに事業活動をすることは目的外ということになります。医療法人の場合、すでに入院している患者に対しては引き続き医療の提供を継続することも必要ですが、可及的速やかに転院手続などを進めることになります。

　清算人の就任は、解散と同時に登記します。清算事務は医療の提供とは無関係ですので、医師ではない者が清算人となることもできますし、裁判所に監督されることになります（医療法第56条の12第1項）。この点は、破産の場合と同様です。通常は理事が清算人となりますが、定款の定

めにより、若しくは社員総会で社員以外の者を選任することも可能です。

　清算人の職務は、医療法第 56 条の 7 に規定されています。

●医療法第 56 条の 7

　清算人の職務は、次のとおりとする。
　一　現務の結了
　二　債権の取立て及び債務の弁済
　三　残余財産の引渡し
　2　清算人は、前項各号に掲げる職務を行うために必要な一切の行為を
　　することができる。

　医療法人は医療機関を開設していますので、それらを廃止する手続きも
清算人が行うことになります。さらに、債権・債務の清算を経て、残余財
産があればしかるべきところに引き渡すのが清算人の職務です。

　平成 19 年 4 月以降に設立された医療法人の場合、残余財産を引き渡せ
る相手先は、「国若しくは地方公共団体又は医療法人その他の医療を提供
する者であって厚生労働省令で定めるもののうちから選定」されます（医
療法第 44 条第 5 項）。

　これに対して、平成 19 年 3 月以前に設立された医療法人の場合は、モ
デル定款にもあるように「払込済出資額に応じて分配する」と規定されて
いれば、出資者に払い戻されることになります。

　最終的に清算事務が終われば、清算結了の登記を行います。そして、解
散及び清算人の選任、清算結了の各登記を行った後、それぞれ都道府県等
に届け出て完了です（医療法第 56 条の 6 、11）。

（河野理彦）

5-2　社団医療法人の解散時の税務及び財産の帰属

1　解散及び清算

　解散とはその法人格の消滅を生じさせる「原因となる」法的事実です。すなわち、合併を除き、解散によって法人格がただちに消滅するわけではなく、清算手続ないし破産手続の結了をもって法人格が消滅することになります。清算手続は解散法人の後始末をする手続きであり、解散法人の資産債務の整理を行い、残余財産を確定させていく手続きです。

　医療法人の解散に関しては以下の規定があります。

●医療法第 56 条の 2

> 　解散した医療法人は、清算の目的の範囲内において、その清算の結了に至るまではなお存続するものとみなす。

2　解散届と清算結了届

　税務官庁への届出手続としては解散届と清算結了届があるのみです。解散届は医療法人による解散決議をもって所轄税務署長、都道府県、市町村宛に遅滞なく解散の届出をします。所定の様式があるわけではないので、「異動届出書」の様式を使用し、「異動事項等」の欄に「解散」及び「事業年度」と記載してそれぞれ清算人、清算事業年度についての情報を記載します。

　清算が結了した場合も、同様に清算結了を届け出ます。「異動届出書」を使用し、「異動事項等」の欄には「清算結了」と記載して「異動年月日（登記年月日）」欄に清算結了及び清算結了登記の日付を記載します。

■解散の日以降の法人税の確定申告スケジュール例

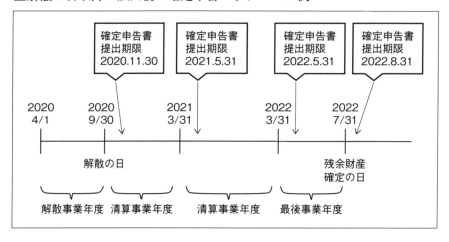

③ 解散医療法人に係る事業年度の取扱い

　会社法においては、事業年度開始の日から解散の日までを一つの事業年度として扱い、これを「解散事業年度」といいます。それ以降は解散の日の翌日から1年間ごとに清算中の各事業年度が終了します。また、清算事業年度の途中において残余財産が確定した場合には、直近の事業年度終了の日の翌日から残余財産確定の日までが一つの事業年度となり、これが最後事業年度となって終了します。この扱いは税務上も同様です（法人税基本通達1-2-9）。

●法基通1-2-9

（株式会社等が解散等をした場合における清算中の事業年度）
　株式会社又は一般社団法人若しくは一般財団法人（以下1-2-9において「株式会社等」という。）が解散等（会社法第475条各号又は一般法人法第206条各号《清算の開始原因》に掲げる場合をいう。）をした場合における清算中の事業年度は、当該株式会社等が定款で定めた事業年度にかかわらず、会社法第494条第1項又は一般法人法第

227条第1項《貸借対照表等の作成及び保存》に規定する清算事務年度になるのであるから留意する。（平19年課法2-3「三」により追加、平20年課法2-5「三」により改正）

　医療法においては上記医療法第56条の2の規定があるのみで、解散後の事業年度について明確な規定がありません。医療法人解散後の法人税申告は、法人税基本通達1-2-9には該当せず、法人税法14条1項1号（内国法人のみなし事業年度）により行われます。

　なお、平成22年10月1日以降の解散については、原則、解散の日の翌日以降もその所得計算は継続企業と同様の損益法となるために、通常事業年度と同様の確定申告書及び別表を用いて申告します。ただし、継続企業の所得計算及び税額計算と異なる点もありますので注意が必要です。

④ 解散事業年度に係る税務申告

　解散の日に終了する事業年度は、1年に満たない事業年度になるケースがほとんどと思われますが、基本的に事業活動継続中の事業年度となりますので、本来的に、通常年度と同様の損益法によって所得計算を行います。しかし、1年に満たない事業年度である場合の月割計算が必要になります。所得金額計算上の月割計算が必要なものとしては、寄附金の損金算入限度額、交際費の損金算入限度額計算における定額控除、減価償却限度額、繰延資産の償却限度額の計算があります。税額計算においては、中小法人の軽減税率適用範囲、法人住民税均等割について月割計算が必要です。

① 青色欠損金の繰越控除

　青色欠損金の繰越控除は、通常事業年度同様の適用となります。

② 欠損金の繰戻還付

　法人について解散（合併による解散を除く）が生じた場合には、解散の

日前1年以内に終了した事業年度または解散の日の属する事業年度のいずれかの事業年度に欠損金があるときは、繰戻還付が認められます（法人税法第80条4項）。この解散の場合の特例は、資本金の大小に関係なく適用されます。具体的には、以下の2つのパターンが想定されます。以下、解散事業年度を当期とします。

・前々期が黒字かつ前期が赤字（当期の黒字・赤字は不問）

・前期が黒字かつ当期が赤字

　一般的に、解散事業年度に役員退職金を支給することにより、その解散事業年度に多額の損失が発生することが想定されます。欠損金の繰戻還付請求によって法人税の還付を受けることが可能ですので、役員退職金を考慮したタックスプランニングは重要です。ただし、事業税、都道府県民税、市町村民税には欠損金の繰戻還付制度はありません。

　また、還付請求に関する注意点は、以下のとおりです。

ⅰ　還付所得事業年度から欠損事業年度まで連続して青色申告書を提出していること

ⅱ　欠損金の繰戻しによる還付請求書の提出期限は、原則として欠損事業年度の確定申告書提出期限までに、その確定申告書の提出と同時に行いますが、解散にあっては同請求書の提出期限は、解散の日から1年以内となっていること

5　清算中の事業年度に係る税務申告（平成22年10月1日以降の解散）

　清算中の各事業年度では、通常事業年度と同じ確定申告書の作成及び提出が必要です（法人税法第74条1項）。各事業年度終了の日の翌日から2か月以内に提出しなければなりません。また、期限延長特例の適用があります（法人税法第75条の2第1項）。

①　青色欠損金の繰越控除

　清算中の事業年度においても、青色欠損金の繰越控除の適用を受けることはできます。ただし、中小企業を除いて平成24年4月1日以降に開始する事業年度から、青色欠損金の控除限度額が繰越控除前の所得の金額の100％ではなく、80％に制限されています。清算法人はこの制限から特に除外はされていないため、資本金が1億円超の法人等については、青色欠損金は繰越控除前の所得の金額の100％ではなく80％までしか控除できませんので、課税所得の計算に注意が必要です。

②　期限経過（期限切れ）欠損金の損金算入の特例（法人税法第59条3項）

　平成22年度税制改正により、それまでの財産法を旨とする清算所得課税が廃止され、平成22年10月1日以降の解散には損益法が採用されます。その結果、解散後の各事業年度の所得に法人税課税が発生することになりますが、それに伴って手当された措置です。

　清算手続の過程において、資産の処分や債務の整理を進める中で、資産の譲渡益や債務免除益が発生することが考えられます。平成22年改正前の申告では、事業年度ごとの課税所得及び納税が一旦は生じますが、それは清算事業年度予納申告とされ、残余財産が確定した後の清算確定申告において、結果として残余財産がそれほど残らなければ財産法による清算所得はゼロとなり、予納申告で納付した税金は税額控除され、控除しきれない場合には還付がされていました。平成22年改正後の損益法による申告ではそれらが益金に算入され、単年度ごとに課税所得及び納税額が発生するのは同じですが、毎事業年度を切っていき、最後まで損益法の考え方のため残余財産確定後に提出する確定申告において税額控除はされず、清算中の事業年度で納付してしまった法人税が残余財産確定後に戻ってくることは、原則ありません（ただし、欠損金の繰戻還付制度は適用可能）。

　これでは最終的に残余財産がないにもかかわらず、税額が発生すること

になってしまいます。清算中の各事業年度の確定申告で青色欠損金の繰越控除等の使用により課税所得が発生しないようにプランニングできるかどうかは非常に重要となりますが、もしカバーできないときには「残余財産がないと見込まれる」という要件のもと、所得の金額を限度として青色欠損金のほかに追加で使用できるのが期限経過（期限切れ）欠損金です。

③ 期限経過（期限切れ）欠損金の算出

期限経過（期限切れ）欠損金は、次の⒤から⒤を控除した金額です（法人税法施行令第118条）。

⒤ 法人税法第59条3項に規定する適用年度（以下、「適用年度」という）終了の時における前事業年度以前の事業年度から繰り越された欠損金額の合計額（当該適用年度終了の時における資本金等の額がゼロ以下である場合には、当該欠損金額の合計額から当該資本金等の額を減額した金額）

⒤ 法人税法第57条1項（青色申告書を提出した事業年度の欠損金の繰越し）または第58条1項（青色申告書を提出しなかった事業年度の災害による損失金の繰越し）の規定により適用年度の所得の金額の計算上損金の額に算入される欠損金額

上記⒤は、決算書上の金額ではなく税務上の金額となりますので、適用年度の確定申告書別表五（一）「期首現在利益積立金額」の「差引合計額31」として記載される金額であり、当該金額が負（マイナス）である場合のその金額（絶対値）です（法基通12－3－2）。⒤は、適用年度における青色欠損金の当期控除額または災害損失金の当期控除額であり、適用年度の別表七（一）の「当期控除額の計」の数値となります（法基通12－3－2）。

6 残余財産確定の日に終了する事業年度（最後事業年度）に係る税務申告

　直近の清算中の事業年度終了の日の翌日から残余財産確定の日までの事業年度（最後事業年度）について行われる確定申告です。この最後事業年度の申告も清算中の事業年度と同様に通常の損益法による所得計算によって行われます。申告期限は、残余財産確定の日から1か月以内となりますが、もし、その期間内に残余財産の最後の分配が行われる場合には、その分配の日の前日までに提出しなければなりません（法人税法第74条2項）。

　なお、青色欠損金の繰越控除、期限経過（期限切れ）欠損金も清算中の事業年度と同様に適用することができます。

7 社団医療法人解散時の残余財産の帰属

　残余財産とは、解散した医療法人がその清算手続を通して債務を完済した後、なお残っている財産のことをいいます。第5次医療法施行による一番の大きな変更ともいえるのが、この残余財産に関する扱いです。

　医療法上、医療法人では、定款または寄附行為に解散に関する規定を定めるよう要請し（医療法第44条2項10号）、その中で残余財産の帰属すべき者に関する規定を設ける場合には、その者は、国若しくは地方公共団体または医療法人その他の医療を提供する者であって、厚生労働省令で定めるもののうちから選定されるようにしなければなりません（医療法第44条5項）。そしてこの医療法第44条5項の規定は、定款または寄附行為の変更により、残余財産の帰属すべき者に関する規定を設け、または変更する場合について準用する（医療法第54条の9第6項）とされています。

　さらに、医療法第56条には次のように規定されています。

　解散した医療法人の残余財産は、合併及び破産手続開始の決定による解散の場合を除くほか、定款又は寄附行為の定めるところにより、

その帰属すべき者に帰属する。

2　前項の規定により処分されない財産は、国庫に帰属する。

これによって社団医療法人解散時の残余財産は、出資者に帰属しないように整備されました。

①　持分あり医療法人における残余財産の扱い

従来の持分あり医療法人の最大の特徴は、残余財産を「払込済出資額に応じて分配する」ことができるということですが、現行医療法では分配することはできません。その位置づけはどのようになっているのでしょうか。上記の規定を持分あり医療法人に適用すると、財産権侵害の問題が発生します。

そこで平成18年改正医療法附則第10条2項においてこうした持分あり医療法人を「当分の間」経過措置を適用する医療法人として規定し、定款の変更（医療法第54条の9第6項）を強制せず、退社時の持分払戻請求権と解散時の残余財産分配請求権を認めることとしています。

②　一般の持分なし社団医療法人の解散

社団医療法人に関しては、平成19年4月以降、持分なしの医療法人しか設立ができません。持分なしであるがために、親族への事業承継において相続税の心配がないという大きなメリットがあります。しかし、親族内に承継者がいない場合には、親族外の第三者に承継するか解散しなくてはなりません。解散の場合に残余財産の分配がないのは、前述のとおりです。よって、解散の可能性が想定されるならば、役員報酬額の調整や退職金の支給によって残余財産額をコントロールできるように、計画的な運営が必要になると思います。

③　過大役員退職給与と剰余金の配当

医業経営の非営利性等に関する検討会（平成15年10月17日～平成17

年7月22日）で議論されてきた内容や文脈から考えれば、法人税法上不相当に高額と認定された役員の退職金が、医療法人において剰余金の配当に当たると捉えられる可能性は否定できません。しかし、非常に難しい問題であり、医療法等に退職金と剰余金の配当の関係をクリアにする規定はありません。

　過大役員退職給与は法人税法上の取扱いであり、もちろん医療法人にも適用されます。

　法人税法では「役員給与の額のうち不相当に高額な部分の金額については、損金の額に算入しない（法人税法第34条2項）」と規定してあるだけですので、支給を受けた側の役員にとって、それがどの種類の所得になるのかは、所得税法の規定によります。

　所得税法では、退職所得を「退職手当、一時恩給その他の退職により一時に受ける給与及びこれらの性質を有する給与に係る所得をいう（所得税法第30条1項）」と規定しております。以下私見ですが、役員退職給与が過大だったとしても、明らかに退職の事実に基づき支払われたものであれば、受け取る個人の側では退職所得とされ、それが配当所得とみなされることはないと思われます。また、医療法人の解散を前提にした退職なので、退職の事実そのものが争点になることもないでしょう。よって、税法の側面から過大部分とされる退職給与があったとしても、それが剰余金の分配と取り扱われることは通常ないと考えます。

　役員退職給与が発生する事業年度では、相当の青色欠損金が発生することが想定されます。そして、法人税の申告においては欠損金の繰戻還付制度を使うことが有利になります。過大役員退職給与の損金不算入に関しては、税法上の問題としては欠損事業年度と還付所得事業年度への影響を考えなければなりません。さらに、医療法人の清算過程では清算人への報酬、事務所費用、会計事務所費用、司法書士報酬等登記関連費用も発生します。これらを総合的に勘案して、残余財産をコントロールすることが重要です。

（鳴海英俊）

5-3 認可による医療法人解散

　医療法人に後継者がいない等の事情により事業の継続が不可能となり、承継相手も見つからない場合、解散を余儀なくされることが考えられます。

　解散とは、「法人がその目的である本来の活動をやめ、財産関係などの"清算"をする状態に入ること（法律学小事典第4版増補版（有斐閣）87頁）」と定義付けられており、これだけで法人格が消滅するわけではなく、実際には、病院・診療所の廃止→解散→清算、という一連のプロセスを経て、法人格が消滅することになります。

　なお、社団たる医療法人の解散には、以下の場合があります。

　　㋐　定款に定める解散事由の発生
　　㋑　目的たる業務の成功の不能
　　㋒　社員総会決議
　　㋓　他の医療法人との合併
　　㋔　社員の欠亡
　　㋕　破産手続開始の決定
　　㋖　設立認可の取消し

　そのうち、㋐㋔は都道府県知事への届出を要し、㋑㋒の場合は医療審議会の意見を聴いた上での都道府県知事の認可を要することとなります。

　実務的に事例が一番多い㋒の社員総会決議による場合を例にとると、以下のような手続手順を踏むことになります。

① 病院・診療所・保険医療機関の廃止手続

ⅰ　**医療法上の病院・診療所廃止届出**（所轄保健所）
ⅱ　**健康保険法上の保険医療機関廃止届出**（地方厚生局都道府県事務所）

② 解散認可申請書素案作成

以下のような添付書類を付けて、申請書素案を作成します。

ⓘ 解散理由書

解散に至った経緯を文章化します。審査に際して最も重視されます。

ⓘⓘ 社員総会議事録（定款で社員総会議案に理事会の事前承認を要する旨を定めている場合は、理事会議事録も作成します）

決議する内容は、以下のとおりです。

・解散する旨

・残余財産処分方法

・清算人選任（定款どおり、理事の中から選任）

ⓘⓘⓘ 財産目録（社員総会当日現在）

ⓘⓥ 貸借対照表（社員総会当日現在）

ⓥ 残余財産処分方法（残余財産総額、解散事務費、残余財産帰属者）

ⓥⓘ 清算人就任予定者

③ 解散認可申請書素案提出、事前審査

作成した解散認可申請書（案）を都道府県に提出し、事前審査を受けます。ここまでは、各書類への押印は一切必要ありません。都道府県によっては、担当者にアポイントメントをとって申請書案を持ち込み、面前で審査をする場合もありますので、必ず都道府県所管課に連絡をとり、手順を確認します。

事前審査の後、必要に応じて担当者から修正の指示、差換書類提出等で、申請書を完成させます。

④ 社員総会招集、決議

定款規定に則り招集手続を経て、社員総会を開催します。議事録は、事前審査を受けたとおりに作成することが実務上の原則となりますが、事前審査の段階と違う議事になった場合は、その議事録を事前審査の差換書類

として都道府県に追加提出します。

⑤　解散認可申請

　事前審査が完了した時点で、本申請として申請書を（正）（副）（控）の3部提出します。

⑥　都道府県医療審議会に諮問、答申

　医療法人設立認可申請時と同様に、都道府県医療審議会に諮り、答申を得ます。

⑦　知事による解散認可

　都道府県知事名で解散認可書が、知事の公印で袋とじされた解散認可申請書の副本とあわせて交付されます。認可の日から、医療法人は「清算目的の範囲で存続」する法人となります。

⑧　解散・清算人選任登記

　認可書、社員総会議事録、清算人の就任承諾書及び印鑑証明書を添付して、解散・清算人就任の旨を登記し、同時に清算人の印鑑登録をします。印鑑は、法人代表印を継続して使用することも可能ですが、その場合も理事長としてではなく、清算人の印鑑として改めて登録を受けることになります。

⑨　登記事項届出

　解散、清算人就任登記が完了した旨を、登記事項証明書を添付して都道府県知事に届け出ます。

⑩　決算・税務申告

　解散日現在で決算書を作成し、税務申告を完了します。

⑪　官報公告（2か月間3回以上）

官報に「当法人は解散したので、2か月以内に申し出ない債権者は除斥される」旨を公告します。債権者からの申出の機会を保証するため、2か月の期間と3回以上の公告が義務付けられています。

⑫　清算手続（債権取立、債務履行、残余財産引渡等）

最後の決算後の税金の支払いや還付、その他債権債務を清算し、残余財産を確定します。残余財産がある場合は、解散認可を受けた際の処分方法のとおりに引き渡して清算を終了します。

⑬　清算結了登記

最初の官報公告から2か月を経過して以降、すべての清算事務が終了した時点で、清算結了の旨を登記します。この登記により、法人の登記簿は閉鎖されます。

⑭　登記事項届出

清算結了登記が完了した旨を、登記事項証明書を添付して都道府県知事に届け出た時点で、都道府県が管理する医療法人台帳は閉鎖され、すべての解散手続は完了となります。

以上が、社員総会決議による解散の流れですが、定款の規定の作り方によっては、社員が全員退社したことによる「社員の欠亡」を理由とする解散、病院、診療所のすべてを廃止したことによる解散等があり得ます。また、都道府県によっては、医療法人解散後に理事長個人で診療所を開設して事実上診療を継続する場合は認可を出さず、法人の継続を求める行政指導をする、または実体上は診療所を廃止していながらも解散手続が完了するまでは診療所を廃止ではなく休止として届け出ることを要求する等の明らかに法令解釈を誤っている自治体等も存在し、解散に至るまでの手順に

ついては実務の定着した流れが存在しません。

　また、解散認可を受ける際は都道府県医療審議会への諮問を経るため、年2～3回開催される審議会の日程に合わせて申請する必要があり、審議会のスケジュールによっては事前審査から清算結了まで1年近くかかる場合もあり得ますので、事前に所管の都道府県に相談し、時間に余裕を持って着手することが肝要です。

　なお、これらの手続きは多岐にわたり複雑であるため、都道府県からも税理士、司法書士、行政書士に相談し、各職種の連携で手続きを進めることが推奨されています。

（岸部宏一）

著者紹介

■税理士・行政書士　**西岡　秀樹**（にしおか　ひでき）

西岡秀樹税理士・行政書士事務所所長・一般社団法人医業経営研鑽会会長
事務所 URL　https://nishioka-office.jp/
研鑽会 URL　https://www.kensankai.org/
昭和45年東京都生まれ。大原簿記学校に在籍中に簿財2科目に合格、同校卒業後一度に税法3科目に合格して税理士となり、医業経営コンサルタント会社勤務を経て平成12年に独立。
平成22年に医業経営研鑽会を設立し、現在まで会長を務めている。
主な著書に「税理士・公認会計士のための医業経営コンサルティングの実務ノウハウ」（中央経済社）がある。

■税理士・行政書士　**竹居　泰子**（たけい　やすこ）

竹居税務会計・行政書士事務所所長・一般社団法人医業経営研鑽会理事
ホームページ　https://www.takei-kaikei.jp/
昭和37年横浜生まれ、幼少期から鎌倉で育つ。成城大学法学部卒業。
3ヶ所の会計事務所を経て、平成22年に独立開業　前会計事務所では医療事業部に7年間在籍し、医療法人の設立、医療機関の税務会計、コンサルティングを中心に幅広く従事する。この経験を活かし、現在は個人クリニック、医療法人に特化し、経営アドバイスを行っている。

■特定行政書士・医業経営コンサルタント　**岸部　宏一**（きしべ　こういち）

行政書士法人横浜医療法務事務所代表社員／有限会社メディカルサービスサポーターズ代表取締役　ホームページ　https://www.med-ss.jp/
昭和40年東京生まれ（秋田育ち）。昭和63年中央大学商学部卒業。MedS. 医業経営サポーターズ代表、一般社団法人医業経営研鑽会理事。
バイエル薬品㈱で10年余MRを経験後、民間医療法人（人工透析・消化器内科）事務長として医療法人運営と新規事業所開設を担当。平成12年より㈱川原経営総合センター（川原税務会計事務所／現税理士法人川原経営）で医業経営コンサルタント修行後、平成15年独立。全国の医療機関の経営支援実務の傍ら、医療法務実務の第一人者としての啓蒙・啓発活動を継続している。

■税理士　**鳴海　英俊**（なるみ　ひでとし）

ライフ税理士法人代表社員・一般社団法人医業経営研鑽会理事
昭和39年生まれ。昭和63年慶應義塾大学商学部卒業。野村證券株式会社に入社し、営業職員として事業承継に悩む中小企業オーナーの案件に触れる。この経験から税理士を目指して会計事務所に勤務。会計事務所では多くの医療機関を担当してコンサルタント業務に従事。平成19年ライフ税理士法人を設立し、税務を軸に開業医の広範な相談に対応することを旨として事務所運営をしている。平成23年、医業経営研鑽会の趣旨に賛同して入会。

■公認会計士・税理士　増田　卓也（ますだ　たくや）

税理士法人ファーストライン代表社員　http://www.1stline-tax.com
昭和53年生まれ。慶應義塾大学医学部中退、同商学部卒業。
公認会計士試験合格後、有限責任監査法人トーマツに大手金融機関、上場企業等の会計監査等を経験。
税理士法人ファーストライン代表社員就任後は主に個人クリニック・医療法人をクライアントとし、会計・税務や経営全般に関するコンサルティングに従事。

■税理士　小林　弘（こばやし　ひろし）

税理士法人メディカルビジネス代表社員・一般社団法人医業経営研鑽会監事
http://www.medical-business.co.jp
昭和31年生まれ。昭和53年中央大学経済学部卒業。大原簿記学校税理士科勤務。
平成2年税理士登録後、5年間医療法人経営の病院勤務、事務次長を経験。
個人クリニック、医療法人、特定医療法人、社会医療法人、社会福祉法人、MS法人、NPO法人、医師会病院等をクライアントとし、一貫して医療と介護福祉分野に特化した会計事務所を運営。
平成24年4月に医業経営研鑽会入会。

■行政書士・個人情報保護士　河野　理彦（こうの　ただひこ）

こうの法務事務所　ホームページ　https://kohno-office.jp
昭和46年千葉県生まれ。駿河台大学法学部卒業。平成15年に初挑戦で行政書士試験を突破、即独立開業。医療と運輸の許認可、そして遺言相続・医業承継を専門とする。
各分野の専門家とのネットワークを重視し、医師の独立から医療法人の設立支援はもちろん、その後の運営における「医療法務」の確立に心血を注ぐ。

3訂版
医療法人の設立・運営・承継・解散

平成27年 3 月20日	初版発行
令和 3 年 2 月20日	3 訂初版
令和 6 年 5 月30日	3 訂 4 刷

 日本法令®

〒101−0032
東京都千代田区岩本町1丁目2番19号
https://www.horei.co.jp/

検印省略

著　　者	一 般 社 団 法 人 医 業 経 営 研 鑽 会
発 行 者	青　木　鉱　太
編 集 者	岩　倉　春　光
印 刷 所	日 本 ハ イ コ ム
製 本 所	国　　宝　　社

（営 業）	TEL　03 - 6858 - 6967	E メール	syuppan@horei.co.jp
（通 販）	TEL　03 - 6858 - 6966	E メール	book.order@horei.co.jp
（編 集）	FAX　03 - 6858 - 6957	E メール	tankoubon@horei.co.jp

（オンラインショップ）　https://www.horei.co.jp/iec/
（お 詫 び と 訂 正）　https://www.horei.co.jp/book/owabi.shtml
（書籍の追加情報）　https://www.horei.co.jp/book/osirasebook.shtml

※万一、本書の内容に誤記等が判明した場合には、上記「お詫びと訂正」に最新情報を掲載
しております。ホームページに掲載されていない内容につきましては、FAXまたはEメー
ルで編集までお問合せください。